在歷史的投影中

范泓

目次

王雲五與「金圓券風潮」

一

1948年7月29日，國民黨總裁蔣介石在浙江莫干山召見行政院院長翁文灝、外交部部長王世杰、財政部部長王雲五、中央銀行總裁俞鴻鈞、財政部政務次長徐柏園、中央銀行副總裁劉攻芸、臺灣省財政廳長兼美援會聯絡人嚴靜波（家淦）等人，商討幣制改革案。

這一行人從南京乘專機至杭州，再經由京杭國道，到武康縣（今德清縣）三橋皐，換乘肩輿上山。從三橋皐到山頂的公路，抗戰時就已被毀，尚未修復，登山就要坐轎子，一路之簸搖，想必不是一件愜意的事。其間，發生過這樣一個小插曲：翁文灝等人三橋皐下車，守候在路旁的轎夫，衝著身材矮瘦的翁文灝一擁而上，竟無一人理會王雲五，據說是過於肥胖，「轎夫不願高抬」。這件趣事，是當時甫卸浙江省政府委員、民政廳廳長職務的阮毅成後來在一篇有關王雲五的文章中披露的。說起來，自是朋友間的相與笑樂，但轎夫們這種「不願高抬」的現實心理，對於這次力主幣制改革的王雲五來說，或可成為接下來發生「金圓券風潮」最好的注腳：民眾切身利益絕不容忽視，任何改革，都不可重苦國民。

這時的中國，經歷八年抗戰之後，生命財產毀損難以計數。作為執政的國民黨，理應給剛剛擺脫戰亂之苦的中國人，以一個恢復正常生活秩序、發展經濟、休養生息的機會。不料，戰後僅十個月，內戰即全面爆發，一打就是三年多。美國政府派來剛獲准退休僅十天的馬歇爾將軍居間調停，中共所堅持的底線是，反對「一黨獨大」，和談之外，以武力抗爭；國民黨不願放棄執政優勢，則希望在局勢稍加穩定、全國性的危機爆發之前，能夠迅速解決中共問題。

當時雙方兵力和地盤，國民黨占絕對優勢；但隨著戰後經濟不斷惡化，以及接收措施喪失民心，形勢此消彼長，國民黨的頹勢正逐漸明顯起來，這不止反映在政治層面上，經濟和金融等問題處理得也是一團糟。以淪陷區為例，抗戰結束後，政府一紙命令規定：不准使用偽銀行貨幣（中儲券、聯銀券等），偽幣二百元對一兌換法幣。如此變易，意味著淪陷區數億民眾的動產價值，一夜之間，變成了只有二百分之一。不到八個月，南京城裏最基本的生活物資，如稻米，暴漲五百倍之多！從美國駐華大使司徒雷登自 1947 年 9 月下旬給馬歇爾的內部報告中亦可知道：「到 8 月底，通貨比 5 月底膨脹了 64%，比去年初膨脹了 27%。1947 年的頭五個月一直維持著這樣高的通貨膨脹率，從年初始，預算赤字與通貨膨脹幾乎同步上升。……政府處境繼續惡化，行政上仍舊無能，這仍屬於基本趨勢。現在，中央政府猶如病入膏肓的病人，衰弱不堪。」（《被遺忘的大使司徒雷登駐華報告》，江蘇人民出版社，1990 年 7 月版）

二

1948 年 6 月，前商務印書館總經理王雲五就任行憲後的第一任財政部長。為挽救此時瀕於崩潰的經濟，提出幣制改革案，以「金圓券」代替業已崩潰的法幣，限制物價暴漲（即以行政辦法平抑物價）。在王雲五看來，「只有改革幣制，才能挽救財政經濟日趨惡化的局勢」（王雲五《岫廬八十自述》，上海人民出版社，2007 年 9 月第一版），這一想法，早在一年前就有了。

這裏有必要談一談「法幣」。

民國以降至抗戰爆發這段時期，中國財政與金融可用一個「亂」字來形容。最主要的原因，就是幣值制度尚無法確立，金融界資本家、軍閥與錢莊各自發行貨幣，單其硬幣就數十種之多。二次北伐後，蔣介石形式上統一了中國，由於仍無法統一貨幣，距真正的「國家統一」還有一段距離。1929 年，美國普林斯頓大學教授克麥拉應邀來華協助推動金本位制貨幣改革，未果；1933 年，國民政府引進銀本位制，即有名的「廢兩改元」政策，並開始鑄造銀幣。此時正值世界性經濟大恐慌，西方各國相繼脫離金本位制，改採以國家信用或政治力為基礎的通貨管理制度，到了 1935 年，美國政府大量收購世界銀元，致使國際市場銀價暴漲。中國民眾也大賣銀元換取美金，造成國內銀元大量流向美國，銀本位制搖搖欲墜。此時英國政府看准中國幣制即將崩潰，便打算積極介入，取得對新幣制掌控。為此，英國政府派出大師級金融專家李斯・羅思前往中國，指導進行幣制改革。1935 年 11 月 4 日，國民政府宣佈將銀元國有化、停止以銀元兌換銀行券的措施，所有通貨改成政府指定的紙幣，這就是所謂的「法幣」，即法定通貨。

法幣發行之初，對穩定和推動戰時中國經濟起到積極作用。「過去從來沒有人相信中國能完成財政改革，統一貨幣，但蔣介石在英美大力協助下手術成功、穩住了陣腳」。不過，由此帶來的負面影響亦極為深刻，「在這場豪賭之中，英國方面總共借款中國一千萬英鎊之多。……這也造成了中國在財政甚至外交上依賴英美的局面」（黃文雄著《日中戰爭》，臺北前衛出版社，2002 年 6 月初版）。中日開戰的 1937 年，國民政府發行的法幣總額推定為 14 億元；八年之後，就是抗戰結束那年，發行總額卻高達 5569 億元，暴增約 400 倍，通貨膨脹嚴重可想而知。

如果說法幣已漸成中國主流通貨，抗戰爆發後，實際上還有一場不見硝煙的「通貨攻防戰」。如日本人於 1937 年 11 月登陸杭州灣，即刻發行「軍用票」，其目的是貶低法幣值（後強制擴大至佔領區）；次年三月，日本人更處心積慮地協調華北聯合準備銀行發行「聯銀券」；共產黨八路軍在晉察冀邊區發行「邊區券」；汪兆銘「南京政府」成立後，則於 1941 年 1 月 6 日由中央儲備銀行發行「儲備券」（中儲券）。如此等等，「這場通貨戰爭競爭的不只是通貨的健全性、信用與流通性，其中也少不了製造讓對手經濟混亂的『假鈔戰爭』」。

抗戰結束不久，國共雙方重新開打。國民黨方面，由於軍費大增，財政惡化，大量印刷法幣，造成通貨膨脹，刺激物價上漲，財政赤字增加，至 1948 年 8 月 19 日金圓券發行前，法幣發行額增至 660 萬億元，比抗戰前夕增加了 40 餘萬倍，物價較抗戰前上漲了 3492 萬倍；此暴漲局面，反過來又導致加速法幣的流通速度和貶值速度。作家茅盾在回憶錄《我走過的道路》中這樣說：「當時流行著這樣的笑談：『在中國唯一仍然在全力開動的工業是印刷鈔票』。」

宋子文內閣（1945 年 5 月）、張群內閣（1947 年 4 月）均採取過應急措施，前者以拋售黃金平抑物價，「雖略收效於一時，終久亦告失敗」（王雲五語）；後者提出一個「經濟自助十年計畫」，即控制物價、穩定幣制、清理稅則、恢復生產等；然龐大軍費開支，最終未能抑止法幣瘋狂發行和貶值。針對米價上漲，中共與民盟共同發起「反饑餓、反內戰」運動（國民黨稱之為「吃光運動」），儘管行政院宣佈調整大學生副食費，卻未能抑止此全國性的「反饑餓運動」。

早在抗戰後期，蔣介石即曾多次邀請王雲五參加政府工作，「以貢獻其多年注重科學管理之經驗於戰時經濟」（吳相湘語），王以商務印書館一時無相當人選可資接替，婉言謝絕。抗戰後，蔣舊意重提，王仍願以在野從旁協助，不願入閣。1946 年 4 月，王雲五自重慶東下上海，蔣託王世杰赴滬堅邀，才有所鬆口。5 月 5 日，國民政府正式還都南京，蔣即任命王為經濟部長。任職約有一年，在若干計畫或步驟，與行政院長宋子文見解不和，曾三度辭職。這一次，之所以出任行憲後的第一任財政部長，「唯一的誘惑使我勉允擔任此職，就是對於改革幣制之憧憬……」

王雲五親擬「幣制改革平抑物價平衡國內與國際收支聯合方案」，其中第一條就是：採行管理金本位制，於最短期內發行新幣。此案與翁文灝交換意見後，次日特謁蔣介石，蔣「原則上表示贊同」（王雲五語），但為慎重起見，又指定中央銀行總裁俞鴻鈞及三位專家協助翁、王二人詳加研究，並草擬各有關辦法，由此有了一個「六人小組」。從 7 月 9 日至 28 日，整整二十天，三十幾

條原則，「經六人小組多次秘密討論」，並予修正後，由王雲五進一步草擬具體辦法。此修正案原本擬交 7 月底立法院休會前提請通過，蔣介石認為「時間或來不及」，且公佈前須「絕對保密」，故未再提交立法院討論。於是就有了本文開頭的那一幕，7 月 29 日，翁文灝、王世杰、王雲五、俞鴻鈞等人從南京趕赴莫干山，與蔣會面，共商幣制改革案。

三

為保密起見，這一行人返回南京途經杭州時，未看望任何人。

1948 年 8 月 19 日，正式頒佈《財政經濟緊急處分令》，公佈《金圓券發行辦法》、《人民所有金銀外幣處理辦法》、《中華民國人民存放國外資產登記管理辦法》、《整頓財政及加強管制經濟辦法》等四種法規。

一、《金圓券發行辦法》：規定以金圓為本位幣，法幣及東北流通券均停止流通。法幣三百萬元，換金圓一元，東北流通券三十萬元換金圓一元。金圓之法定含金量為 0.22217 公分，採十足準備制。金圓券發行總額以二十億元為限。對美金匯率，為金圓券四元合美金一元。

二、《人民所有金銀及外幣處理辦法》：公佈黃金白銀及外國幣券國有政策，人民持有之金銀外幣，應於 9 月 30 日以前，持向當地中央銀行兌換金圓券。

三、《中華民國人民存放國外資產登記管理辦法》：限令國人在國外存放款項，必需向政府登記，以便管理。

四、《整理財政及加強管制經濟辦法》：加強管制經濟，凍結物價，限定全國物品及勞務價格，按 8 月 19 日標準，折成金圓券出售，不得變動。

公佈之前夜，各種文件起章與謄正，均由王雲五一人辦理，「不肯假他人之手」。公佈第二天，行政院長翁文灝發表談話，說明經濟緊急措施意義。8 月 21 日，蔣介石通電各省市政府，曉示政府改革幣制、穩定經濟決心，並派出俞鴻鈞、蔣經國、張厲生、王撫洲、宋子文、霍寶樹等人，為上海、天津、廣州各區經濟管制督導員。

8 月 22 日，行莊復業，即中央銀行開始收兌金銀外幣的第一天，王雲五在南京辦公室接到中央銀行總裁俞鴻鈞上海長途電話，言賀幣制改革政策成功，並稱「……其情形之踴躍，著實出乎他所預料之外」。從相關史料看，幣制改革一月內，全國物價，雖隨地而異，稍有漲落，但「大體仍甚良好」（王雲五語）。除少數商品，如紙煙類漲價外，其他日用生活物品，均有回落至 8 月 19 日水準以下，「最初四十日的反應可說良好」（吳相湘語）。

9 月 3 日，從美國訪問歸來的傅斯年致函王雲五：「此事關係國家之生存，非公之無既得利益者不足以為此，卓見毅力。我是向來好批評而甚少恭維人的，此次獨為例外。」傅同時勸說王雲五取消此次赴美開會計畫，或許認為王作為幣制改革主持人，在此關鍵時刻不容離開。後來事實證明，這一擔憂不無道理。「行政院臨時卻將收兌金鈔之期限延長，那時候，我正在美國開會，接到此項消息，至感奇異，但自延長之日起，即十月一日起，不僅求兌者寥寥無幾，而四十日之樂觀局面，也就從此突變……」王雲五事後感傷地說。

此時出現兩大現象：一，開始有黑市。對外匯價，下跌甚速，由原來的四比一，下跌至十比一，逐漸至二十比一。二，搶購風潮興起。其原因是：加強經濟管制，凍結物價，屬硬性規定，店家老闆，只得服從。「不久聰明人便搶先購買，寖假而大家參加搶購。先搶洋貨雜品，次及米糧麵食。最後只要手上有錢，無所不搶，社會秩序騷然……」（徐柏園語）10 月 11 日，王雲五自美國會議歸來，認定此次搶購風潮，「至少在上海方面係有組織的舉動」。但對於更多民眾來說，其悵然與絕望，或不亞於戰亂帶來的紛擾與不幸。尤其是淪陷區民眾，持有的貨幣，九年之間三次重大變易，已等於烏有！「然而他們仍不怨不尤，搜查箱底找出少數收藏多年結婚金飾等遵令往兌成金圓券」。金圓券發行四十日內，以紙易金，兌得黃金美鈔逾三億元，可說是大多民眾將戰火劫餘全部奉獻，愛國心發揮盡致，但亦實屬被迫而徒喚奈何！

事實上，將金融市場攪亂非此時心如亂麻的小商人，真正是那些強勢的大資本家和大商人，赴滬實際主持經濟督導的蔣經國，在 8 月 22 日日記稱：自新經濟方案公佈之後，一般人民對於幣制的改革以及經濟的管制，多抱樂觀的心理；而政府人員則多抱懷疑的態度。……搗亂金融市場的並不是小商人，而是大資本家和大商人（蔣經國著《痛定思痛》，1955 年 12 月臺北出版）；從郭廷以編著的《中國民國史事日誌》中亦可知其違規之況，如 9 月 2 日：洩露改革幣制消息乘機牟利之財政部秘書陶啟明（所謂在滬拋售紗股之隱名士）被拘……9 月 3 日：申新紗廠總經理榮鴻元因私套港匯，證券經紀人杜維屏（杜月笙之第二子）因幣制改革前夕拋售永安紗股，被上海經濟管制督導員蔣經國扣押。10 月

1 日：宋美齡自京到滬（傳與上海揚子江公司囤積大批汽車鋼鐵棉紗案有關，該公司總經理為孔祥熙之子令侃）。

新幣發行前，蔣介石曾兩次諮詢前中央銀行總裁張公權。張直言相告：必須有充分現金準備或外匯儲備。或則控制每日發行額，較前減少，方可實行；若無充分現金準備，則至少也要把握物資，有力控制物價，使新幣不貶值。中央銀行副總裁劉攻芸在蔣召集的一次會上也說：此時改革幣制，對安定民心，未必能收宏效；因改革幣制要有充分的準備，我們目前的現金儲備，已愈用愈少！王雲五則說：我們有「關餘」，可充新幣之準備。劉反問：只剩下一個上海關了，還能收到多少？發行新幣，缺少現金準備，已違反貨幣學基本原理；即便如王雲五所說以「關餘」作準備，則仍需相當時日，「始可積存成數」。且關稅以關金為單位，抗戰時關金券已以二十對一法幣流行市面，等於變相發行大鈔。代收關稅的各外國銀行素來驕橫，抗戰八年中英關係每下愈況，若再指望英政府將如 1935 年推行法幣時予以支持，即將所有關稅以外匯撥交，「恐不十分可能」。凡此種種，王雲五事先理應周詳考慮，寧緩毋急，或多尋其他之方案。然上任後七十九天即斷然宣佈發行金圓券，「實在遠超過本人才能學識，以致愛國終致誤國」（吳相湘語）。

王雲五設法補救，擬方案兩種，翁文灝彷徨失措，不敢實行。10 月 16 日，「經管會對兩案，特別是預結外匯一案，意見未能一致，遷延莫決，而金圓券日益貶值，一般物價惡化尤甚，……而若干地方已發生搶購糧食情事」（王雲五語）。10 月 29 日，立法院主張取消限價；10 月 31 日，行政院臨時會議通過《改善經濟管制補充辦法》，決定放棄物價限制，糧食依市價交易，自行運銷，

紗布、糖、煤、鹽其他日用品由政府核定示價……等於宣告幣改失敗。

11 月 3 日，翁文灝內閣決定總辭；11 月 10 日，王雲五引咎辭職，黯然離去。

11 月 11 日，行政院宣佈《修正金圓券發行辦法》，同時頒佈《修正人民所存金銀外幣處理辦法》，准許民眾持有金銀外幣，准許銀幣流通，金圓券存款時得以金圓券同額兌換金銀，改訂金圓券兌換率，黃金每兩一千元，白銀每兩十五元，銀幣每元十元，美鈔每元二十元。其比率卻高於三個月前政府買進的五倍！此時人們對金融信心大跌，寧買黃金，而不要金圓券，「每日上海黃浦灘中央、中國、交通三銀行門前，自清晨至傍晚，鵠立群眾擁擠不堪，現象十分惡劣，終於發生擠斃人命」（張公權語）。

「發行不到三個月的金圓券完全失敗，前此以金銀外幣兌換金圓券的守法良民為之破產，怨聲載道，加速了大局的崩潰」（郭廷以《近代中國史綱》，香港中文大學出版社，1979 年第一版）。接著，平津失守，中原會戰失敗，軍事逆轉，互為因果，通貨進一步膨脹，至 11 月，金圓券總額突破原限二十億；至次年 5 月，上海撤守，發行總額已上漲了 63900 餘倍，幾成廢紙。

四

有學者提出「金圓券是大陸沉淪主因」（沈雲龍語），或許是從政策與民心的「得與失」來加來解讀的。以其所造成的嚴重後果看，未必過分之言。

不過，對當事人王雲五來說，在此金圓券背後，仍有許多難言之隱。至少，其結局與初衷相悖，而始料未及。1967 年前後，王近八十高齡，撰著「八十自述」，其中涉及「金圓券」三章，交友人阮毅成「核定」。阮針對文中未盡之言，多有疑問；王一一作答，坦誠無遮，甚至「是非功罪不願一辯」，或不失其磊落。

阮問：外間均謂我抗戰勝利之時，國庫有外匯七億元美金。宋子文接任行政院長，一年餘即揮霍殆盡，因而通貨膨脹，幣制遂被迫不得不加改革……

王答：當時確有七億元美金，亦確為宋子文用光……

阮問：幣制改革案，中央早有擬議，迄未定案，因無人敢負如此重大責任，而於先生接長財政部後，斷然提出。並有人謂係奉命提出，終於造成重大風潮，甚至大陸撤守，此亦被指為重要原因。因而先生係屬代人受過，究竟真相如何？

王答：一、中央確有數種幣制改革草案，但均不成熟。本人到財政部後，一一取閱，曾有所參考。金圓券辦法，係本人獨創，並無人授意。惟事先報告中央時，曾說明此須軍事上有把握，方能實施。否則軍費無限制開支，而失地日多，人心動搖，即斷不能辦幣制改革。而軍方首長，皆謂軍事絕對有把握，並可於幾個月內，即可將北方肅清，於是方敢放手做去。不料十月初，濟南即告撤守。而東北駐軍竟自印鈔票，幣信遂告下跌，終至無法挽回。所謂代人受過，本人從未敢以此作推諉之藉口也……二、中央當時有鑒於通貨膨脹之危險，急求改革幣制。初意能得美援幫助，而美國竟袖手不理……

阮問：先生當時主張統一各省地方貨幣。尤其是東北幣與台幣，但為人在審查小組中反對，致未能徹底實現。反對者係何人？

王答：反對最力者，係臺灣省政府。但民國三十八年（1949年）嚴靜波先生，在台改革新臺幣，其構想與前一年本人之辦法相同。嚴之所以成功，乃由於臺灣軍事安定。而陳辭修（陳誠）先生之堅毅，又遠非翁文灝所可及。

阮問：先生當時主張封存京滬各大都市銀行之保管箱，在審查小組中，遭受堅決反對，致未能實行。反對者係何人？

王答：反對最力者，係俞鴻鈞。

阮問：先生於民國三十七年（1948年）九月底，赴美國開會，是否當時可以不去？

王答：係因是年國際貨幣基金會，輪值我國主席。我前往出席，乃是希望在美援未恢復前，先能在基金會曾謀求貸款。行前將一切補充辦法，親自擬就，送交翁文灝。而翁膽小，竟聽信俞鴻鈞之言，謂上海工商界要求收兑金鈔，延期一個月截止，予以同意。俞鴻鈞時任中央銀行總裁，在上海辦公。俞又曾在戰前，任上海市長，自易受上海工商界甚至幫會人士之包圍。本人當時如在國內，或翁肯有負責任，即不致有此失敗。

阮問：先生主張糧食限價，而有人反對，堅持自由買賣。糧價一經放鬆，其他物價乃皆無法管制，此亦為導致金圓券失敗之主要原因。未知反對糧價限價者，究係何人？

王答：反對者最有力者，為糧食部部長關吉玉。附和之者，為主計長徐堪。二人均謂糧食不足，限價則政府無法應付軍糧，影響軍事。其實，二人皆想做財政部長，故不願支持我之政策。其後，我辭職獲准，接長者，果為徐堪。

阮問：文中針對金圓券後期，曾謂擬將向人民收兑之金鈔，拋出一部分，可以收回金圓券數億元，以免金圓券發行膨脹，但為何未予實行？

王答：因翁文灝捨不得再拋出去。其時，總統因北方軍事緊急，赴北平指揮。本人欲赴北平報告，翁謂彼尚有其他要政，須行報告，應由彼前往。我謂金圓券事甚複雜，他人恐說不清楚。翁謂總不宜二人均離開南京，君有何話要說，可全部寫出來，必全文轉呈。結果，翁到北平後，對再拋出事，一字未提。

阮問：金圓券發行後，究竟收兑到民間黃金、美鈔、外匯若干？其後又如何支用？

王答：共約收到美金四億至五億之間。民間所存，必不止此數。熟人中，凡曾兑換金圓券者，皆當面對我，責罵備至。當時上海收兑者，均送中央。平、津、廣州，各一部分。武漢，則為當地軍人扣留，並未解繳……

王雲五上述追憶中，似對翁文灝其人其事微詞頗多。

而以翁多年為人與處事，則一直遭人詬病：貌似恭謹，心懷機詐；諂上驕下，巧於仕途……（沈雲龍語）胡適與之過往幾十年，知之甚深。1948 年 10 月，金圓券危機之時，在北平，胡適請陶希聖轉告蔣介石一句話：翁不能做行政院長！陶聞之大驚，問何故？胡適說：「蔣先生謬採書生，用翁詠霓組閣。翁詠霓自在長沙撞車以後，思想不能集中。同時，他患得患失，不知進退，他對朋友嘻嘻嘻的一笑，沒有誠意，而對部下，則刻薄專斷，他不能做行政院長。」（陶希聖〈關於敦請胡先生出任行政院長及其他〉，臺灣《傳記文學》第 28 卷第 5 期，1976 年）

著名史學家吳相湘指出：「政府當局祇知以學人或社會賢達當政，企圖一新國人耳目，而不詳究其專長而任意安置。這完全是政治上粉飾行為，無補於政治革新的實際，且適以誤國，王雲五即因此被犧牲。」王本是一出版社總經理，雖讀書博而且勤，然衡以近代學術標準，最多是一「雜家」，而絕非「專家」；況且一大出版機構每年收支數目，遠不如一中型銀行，見識與經驗自有高下；翁文灝是一地質學家，於財政金融更是一竅不通。尤其危機來臨，虛與委蛇，心有旁騖，缺少擔當，此次幣制改革焉有不輸之理？加之國民黨長年訓政，獨享政權，對多元勢力無法包容，亦未能疏解；行政腐敗，經濟崩潰，物價飛漲，流民增多，社會不滿難以平息，此正為中共革命「江山易幟」的最佳時機，蔣政權大陸潰敗之日，為期不遠矣！

束雲章其人與事

歷史已然不知翻過多少頁，在今天，知道束雲章這個名字的人肯定不會太多了。

一、從中銀一小職員做起

1915 年，年近三十的束雲章經由推薦考選，始入北京中國銀行，任職總管理處。

此時中國銀行由大清銀行改制，是中國獨一無二的銀行，雖採行英美新制，「許多清季官場風氣，還是非常濃郁。行員稱為師爺。若干人存有半官半商半中半洋的僚氣」。束雲章畢業於京師大學堂（北京大學前身）英文部預科，入此行非科班出身，受到歧視，少不了一番歷練。試用期間，自習會計及銀行簿記，總算升到了「領組行員」，也就是管發行。一般說來，銀行的主要業務分為存、匯、放，發行工作似乎有點「無足輕重」。束雲章卻是謹飭縝密，不習流俗，在發行「暗記券」鈔票時，千方百計擴大了發行額，受到總管理處的重視。所謂「暗記券」，是指不屬於本行範圍的外地銀行鈔票。鈔票上面有暗記，本行代為發行而已。只要繳到對成現金就可發十足的鈔票，等到外地那家銀行從市面上兌回這批鈔票，超過 50%後，才向本行索補差額。因此可用少數的現金準備，來擴大本行的金融周轉。在通行硬幣的時候，就要靠

發行來進行推廣，其手腕如何，完全取決於個人之能力。由於束雲章勤勉供職，「別人辦不了辦不通的事，他一經手就告解決，上級主管非常器重，級位也逐步晉升」。

當時中銀的一套人事制度，摹仿英國銀行，年資及考核，訂得十分嚴厲和呆板，但同時可磨礪出堅毅沈著的良好品質。束雲章幹練有為，治事一絲不苟，各地辦事處及分支行，調進調出不知多少次，歷經十年以上，方升至漢口中國銀行副經理、鄭州中國銀行經理等職。1929 年，束雲章出任天津中國銀行副經理，主持發行業務，提出「吸收存款必須先放款」，「放款不能遷就勢力和情面，要扶持工農生產，創造發展」，反對「與票號錢莊，作某種聯繫或委託承兌」等主張，均被天津中國銀行總經理卞壽蓀（白眉）接納。當年的發行額，即增至四千萬元，為歷年來的最高記錄，已超過天津交通、上海商業儲蓄、浙江興業三家銀行之總和。而創辦合作社，舉行合作貸款，推行改良棉種，「創全國銀行與農村社會直接接觸之先聲」；扶植天津寶成、河南衛輝、華新、山西晉華、晉生、雍裕等紗廠，使其能起衰振敝，並接辦鄭州豫豐紗廠等，「金融實業，唇齒車輔，先生肩之，不遑啟處」（徐柏園語），以致聲譽大著，人稱「束八爺」（排行老八）。曾擔任國民黨中宣部副部長、兼任復旦大學新聞係主任的程滄波這樣評價束雲章：「從前我一位同鄉銀行界老前輩謝霖甫先生曾說過：『你不要看那銀行的房子那麼宏偉，銀行的房子是偉大，而其中的人物是十分渺小的。』這幾句話真是深入。我引謝先生這句話來論雲老，雲老不是大房子中的小人物，而是大房子中的偉大人物。他的人格偉大，胸懷宏達，真正夠得上是一位銀行家……」

二、脫穎金融而扶持實業

說起來，束雲章毫無背景，憑藉個人治事勤能，果決明快，在當時金融界脫穎而出，為中國銀行董事長宋子文、津行總經理卞白眉等人有所倚畀（時有「北卞南宋」之謂，北即卞白眉，南即宋漢章，宋係上海中國銀行總經理），實非偶然。不過，這位銀行大房子中的「大人物」，其一生最重要的事功，真正是從四十歲後才開始的。抗戰前幾年，河南豫豐和記紗廠因經營不善，曾向上海中國銀行借款若干。中銀總管理處不僅未加控制，反而轉知津行，繼續予以貸款。其原因豫豐和記係滬上鉅賈穆藕初先生合股集資創辦，為華北地區大型紡織企業之一。無奈穆氏企業甚多，對遠在二千餘里之外的紗廠，或有些鞭長莫及，以致連年虧損，難以維持。束雲章為維護中銀的利益，並考慮豫豐創辦不易，建議總行與穆氏商量，由中銀信託部收購該廠股票，協助管理。此時豫豐大小股東見公司處境艱難，不特股息數年未付，股票也無人問津，於是便紛紛出手，及至 1936 年 9 月，中銀信託部已掌控豫豐 90%以上股權，原董事長穆藕初召開臨時股東會，改選董監事。卞白眉當選董事長，委任束雲章為中銀管理豫豐紗廠辦事處主任、豫豐紗廠總經理，津行副經理職位不變。束雲章甫到鄭州，即開工生產，對原任廠長予以信任，總秘書、總會計、總稽核等亦驛馬未動，並在棉花收購價格、防止奸商壟斷等採取措施，是年年終決算，即略有盈餘。

次年抗戰軍興，中銀決定隨國民政府轉移，束雲章受命於非常時期，一方面代總行主持華北各分支行撤退事宜，一方面佈置將豫豐紗廠五萬餘紗錠全部拆遷重慶，「數萬箱機件從鄭州運到漢口，然後裝船至沙市、宜昌，溯江而上……」，正值秋冬長江枯水

期，水位低落，灘多險急，觸礁船隻不計其數，五萬餘紗錠運抵重慶，剩四萬餘錠；布機三百部，則不幸沉濳江底，其損失計 25% 以上。至 1939 年春，沿海各大口岸，均淪為敵手，大後方物資日趨見窘，極待自行補救，尤以紗布為軍民所急需。豫豐既已入川，政府莫不希望快建而早觀厥成，中國銀行董事長宋子文、豫豐董事長卞白眉等人，心情尤為迫切！束雲章督令日夜趕工，親力親為，且當機立斷，對建築承包商提出工料補償的辦法（時物價上漲，法幣貶值，承包商無利可圖，出現消極怠工現象），以維持適當利潤，終使廠房在預期內大功告成。是年底，一萬五千錠裝置完竣，翌年元旦既開工；之後又陸續裝置一萬五千錠；同時設立豫豐分廠，再添一萬錠，「至此，豫豐已開四萬錠，為後方首屈一指之紡織工廠」，中外人士，皆歎奇跡！

其時戰爭正烈，西北大後方工業蕭條，所有物資不敷軍需和民用，國民黨中央擬開發大西北。1939 年 11 月，宋子文特召束雲章，共商其事。束問宋子文：如何開發？宋言尚未細訂，無非設立工廠，改進農業，增加生產而已。束建議道：不如先由中銀投資二百萬元，創辦一家實業公司，設各種工廠，生產急需物資，由他本人兼任總經理。但因非常時期，公司必須擁有自主權，不受總行干預或動輒請示，始可完成任務。宋表示可行，即委任束雲章為中銀雍行（即天水分行，簡稱雍行）經理，分管陝西，甘肅、寧夏、青海、新疆五省銀行業務，兼及河南局部、湖北襄樊等地，並籌辦雍興實業有限股份公司，仍兼任豫豐總經理。這一年，束雲章五十五歲。

1941 年 10 月 10 日，雍興公司在甘肅天水城內正式成立，而各企業籌辦卻早在進行中。先後創設十三個廠礦企業：陝西蔡家坡紗廠，紗錠二萬枚；蔡家坡酒精廠，日產酒精一千加侖；蔡家坡機器廠，置設備三百部；陝西隴縣煤礦，日產煤四百五十噸；蘭州麵粉廠，每日製麵一千五百袋；蘭州毛紡廠，自行紡織與漂染；蘭州化工廠，設玻璃、肥皂、制藥三分部；蘭州機器廠，置設備五十部；四川廣元酒精廠，日產酒精五百加侖；長安印刷廠，置對開以下平板機及鑄字設備；還有長安制革廠、陝西虢鎮業精紡織廠、雍興高級工業職業學校（設紡織、機械兩科）。以上資金，均來自中國銀行，不僅與軍需有關，更多是民生濟用。與湖北省合作，將張之洞創辦的「武昌紗布局」遷至陝西，創立咸陽紗廠，加上戰前津行曾投資的咸陽及靈寶機器打包廠，此時三廠均由雍興代管。在西安設立火柴廠（合資），供應西北諸省，使無匱乏。1943 年，與新疆省政府合辦迪化紡織廠。更值得一提，雍興公司還擁有貨車數百輛，對外稱謂「西北運輸處」，對於支持抗戰，秦關隴阪蜀道，乃至緬甸往新疆，櫛風沐雨以遄征，功不可沒。而這一切，全賴於束雲章「金融扶植實業，工業支持抗戰」的堅定信念，「不憚締造之艱辛，惟以匡時為己任」，利用大西北有限資源，使之成為戰時一工業重鎮。據其助手呂鳳章回憶：「雲公於抗戰期間除主持雍行和雍興業務外，在重慶以豫豐紗廠為中心，也有很多工業，他的時間分配在西安與重慶各半，每次他到西北，對已有業務固然有很多指示與改進，也常策劃新事業。」抗戰勝利前夜，束雲章與同事仍在燭光下（時西安電力不足）商討籌辦造紙廠事，突接一電報，次日即趕往重慶，去接受政府的一項重要任命。

三、出長中國紡織建設公司

1945 年 8 月，日本投降，時任行政院長的宋子文再次找束雲章，擬聘為中國紡織建設公司總經理、兼任經濟部紡織事業管理委員會主任委員。束考慮良久，才表示接受，但唯領中銀一份薪水，不願享受中紡一切待遇。宋答應了這一要求。行政院之設中紡公司，是為接受全國各地原在華日商紡織企業，並採國營方式，經營兩至三年，以改善此時的財政之窘。此前，國民政府一直堅持紡織工業民營化原則，而戰後制定的《收復區敵偽工礦業接收整理計畫》，雖提及對敵偽工礦業可視情況實行民營，但基本原則卻是國營。儘管大後方紡織業資本家均表示不滿或反對，甚至提出「要求優先承購」，但 11 月 27 日召開的行政院第 722 次會議，仍通過中紡公司案。12 月 4 日，在重慶舉行第一次董監事會議，束雲章正式走馬上任。

中紡總部設在上海江西路 138 號，青島、天津、瀋陽等地設分公司。這次接受在華日偽紡織企業八十五家，紗錠二百六十三萬餘枚，線錠四十三萬餘枚，布機四萬四千餘台，員工十六萬餘人，為空前未有的一個國營紡織集團。當時美國最大的紡織企業，不過一百萬錠。束雲章坦言：「這是一個中外少有的機構，我在不求有功，準備失敗。」一般認為，國民黨接受工作十分不堪，中紡則一例外。當時駐節上海的江蘇省監察使程滄波這樣說過：「日本投降後，目睹各方面接受之混亂，唯有中紡公司有條不紊，接收不久，就開工生產。」滬上輿論也認為：倘若接受大員都能像束氏一樣，何愁戰後恢復生產之虞？

其實，中紡開辦並非一帆風順，「太平洋戰爭後期，日軍鋼鐵不足，拆毀許多紡織廠的機錠，用以煉鐵，設備多遭破壞」，真正可開動的紗錠僅二十五萬餘枚。以宋子文的想法，清點完畢後即迅速開工，談何容易？倘如沒有一種敢於負責、不為中挫的勇氣和魄力，不可能短期內實現開工。「束雲章廢寢忘食，待深思熟籌之後，決定實行人事、技術、營業、財務四大公開，作為經營中紡之方針；並依照滬、青、津等地民營企業員工待遇標準支付員工薪資，以安定員工生活，俾得專心為公司服務」。日本技術人員皆被留用，待遇與中國員工完全平等，如此公誠待人，「使不少日人感激涕零。後來返日，在日本成為工商業鉅子，對束氏盛德，感念至深」。歷時經年，已開動紗錠達一百七十四萬餘枚，線錠三十三萬枚，布機三萬八千台。為有效管理及穩定產品質量，束雲章挑選優秀技術人員、工程師和專家，組建一個檢查團，終年在全國各廠巡迴。

束出長中紡公司，實際掌控全國 80%以上紗與布的生產，國民政府亦望成為財政的一項重要來源。中紡開辦，流動資金算下來就需一千二百多億，政府則撥給了六十億；束當時稱：幸而得到美棉貸款，才從中設法維持。1947 年政府要求從 7 月至年底，撥繳國庫七百五十億，我們到 9 月止，就已撥去三百億，實際盈利已達到一千億以上……或許這是當時國營企業史上空前傑作，束雲章也自信地說：我不相信有比我做得更好的人！其時正值物資缺乏，幣值不穩，工潮迭起，局勢混亂之際，2 月政府宣佈禁止買賣黃金、外鈔，遊資開始集中至紗布等日用品的囤積上，黑市價格隨之狂漲。國民黨某些黨政要人，文武官員，乃至名公巨卿，意欲套購中紡紗布，轉手牟利，均遭束的拒絕。一時間，中紡紗布已成為平抑物價的法寶，每天拋出幾千件以上，牌價不到黑市幾分之一。「無怪蔣介石也要對束先生表示青睞，蔣經國擔任上海

金融特派員時，對金融以及平抑物價政策，常求教於束先生，並尊稱束老伯」。

1948 年 11 月，束雲章辭去中紡總經理之職。其理由是膺選為立法委員，不宜繼任，實則有更深的原因。1947 年 3 月 1 日，宋子文辭去行政院長，表明經濟形勢進一步惡化（宋拋售黃金平抑物價失敗）。束與新任濟經部長陳啟天（次年改任政務委員兼工商部長）多次衝突，分歧在於中紡與政府之間的關係。中紡初始，「全以商業性質組織公司開展業務，其最高機構應為董事會」，而此時則須受經濟部統管。束認為，無形中變成一政府機關，直接來自政府的指令、決策使其必須首先奉行長官意志，市場原則往往退居其次。及至次年，政府進一步加強棉業統制政策，並要求中紡繼續堅持拋售低價紗布政策，束表示反對，「政府目前拋售花紗布辦法，對棉價則儘量提高，對紗價則力予抑低，將使中紡公司不斷虧蝕，至於不能維持生產之地步……」而法幣瘋狂發行，物價暴漲，單單要求紗布一項繼續低價，與現實顯然不合。束雲章強烈要求中紡民營化和商業運作。

此時政府也打算出售中紡，以彌補財政赤字，回籠大量法幣，緊縮通貨。當時經濟部核定：全部國營事業之估價總值約二點五億美元，其中僅中紡公司總值達一點三億美元。出售中紡，遂成業內和游資關注的焦點，贊成與反對，各執一詞。束雲章雖然支持讓售民營，內心又憂慮政府會不會「把這種勝利的代價，交給一二個發國難財者所有」？於是如何出售中紡出現兩種意見：一為個別標賣；二為發行股票。政府決定採行後者，因正準備發行金圓券，以代替業已崩潰的法幣，其準備金之一便是出售中紡公司等這些原來的敵產。束雲章並無過多異議，唯要求中紡公司員工對於中紡股票擁有優先承購權，可集資承購一部分股票。

1948 年 9 月 4 日，中紡公司舉行最後一次董監事聯席會議，工商部長陳啟天、中央銀行副總裁劉攻芸、中紡公司總經理束雲章、副總經理吳味經、全國錢商業同業公會理事長「抹雲老人」秦潤卿等十餘人出席，決議舊公司（中國紡織建設公司）業務至 9 月 10 日為止，所有帳冊、案卷清理結束，從 9 月 11 日起改組為新公司（中國紡織建設股份有限公司）繼續營業。

9 月 6 日，中央銀行宣佈中紡股票四天後正式發售。「上海市場卻絲毫不感興趣，據各代售行局報告，售出股票寥寥無幾」，僅占規定出售二百萬股的 1.85%（其中上海出售 35850 股，南京出售 285 股，天津出售 540 股，北平出售 305 股），其根本原因在於，政府的棉業全面統制政策，抑制了民營紗廠自由經營權；而中紡股票規定只出售 30%，其餘則為政府掌控，縱有民股加入，仍未改國營本質，「中紡公司股票缺乏吸引遊資的魅力，加之 1948 年以後經濟情況惡化，不少紡織資本家紛紛逃貨、遷廠，致使整個紡織工業走向全業破產的邊緣。而國民黨統治末期政府各部門之間、國有資本與民營資本之間、決策監管當局與市場之間缺乏溝通和良性互動，資本市場日益失序，無法正常運作」，中紡民營化和股票發售最終失敗。

1949 年 1 月，束雲章偕夫人由滬飛抵臺北。先後出任臺灣中國紡織建設公司董事長、工商協會理事長、臺灣中國生產力中心董事長、工業總會理事長、國貨館董事長等職，兼任雍興、新華、益民、嘉興、益民等公司董事長。如何復興臺灣經濟，束向當局建言：擺在我們面前的有三條路，一是蘇聯式統制經濟；一是英

國式社會政策，由政府來控制管理重要公私生產事業，作合理的生產與分配；一是美國式自由企業，儘管有人攻擊它是資本主義，可是生產發達，科學進步，人民生活比較任何國家良好，國力富強冠於世界。我們的經濟政策、工業方針，捨仿效美式自由企業外，實無他途（束雲章〈怎樣整頓公營事業和扶植民營工業〉，1952年5月15日）。

四、「公誠勤敏」的立身處世原則

束雲章終身服務於中國銀行，一生對紡織和機器兩業投效最多。說起來，並非個人因素，實與當時民族工業的步履維艱不無關係。從歷史的脈絡看，中國早期南北開設的諸多銀行，「很少懂得生產事業，也無挹助實業的業務」。直至上世紀三十年代前後，「上海商業儲蓄銀行和中國銀行合組銀團放款挽救申新紗廠，使其復興，開端之後，才步入了金融業協助大工商業的正軌，發揮了鼓勵及挹助實業的作用」，這正是束雲章金融實業報國的起始，並於此一發而不可收，對中國紡織業產生了深遠的影響。

在熟識束雲章的友人看來，束之所以深得高層信任和支持，在事業上蔚為大觀，不僅在於其對理想或信念的身體力行，還有更重要的一點，就是一生堅持「公誠勤敏」的立身處世原則，「在任何時代，任何環境中，都保持著自己的人格，從不攀權附貴。……身上看不到一點市儈習氣」。早在京師大學堂求學時，束雲章常仗義執言，得罪校方。遜清遺老商衍瀛對此既賞識又有微詞：一切都好，就是嘴上不饒人，將來做人處事，如不痛自斂抑，必吃大虧……束雲章認為這位提調大人的話很對，可自己就是無法改變這種「耿介而不隨兮」的性格。

有一年，杜月笙到西安，歡迎場面很大，惟束雲章一人不願前往。問其原因，束回答：杜月笙是白相人，我為什麼要去接他？杜是中國銀行董事，按一般禮節，束當然要去接風。可杜又是青幫頭目，束不願與之合流。張公權先生原是中國銀行董事長，後任交通部長。1940 年赴西北視察，途經天水，當地機關和各界組織歡迎。束未去，張公權下了汽車即步行至中國銀行拜見束雲章。束對張說：因你的汽車到來，並無固定時間。而我工作又忙，派一位庶務作為代表迎接，他是你在總管理處時的老同事，最好不過了……張公權大笑，對束雲章冼練務實的處事風格，感懷至深。又有一年，戴笠到西安，宋子文特意通過中國銀行電臺託束雲章轉交一份電報，並指示束安排住宿。束不加理會，只派了一位副經理處理此事。事後人們分析，束是不願與這樣的人物打交道。儘管戴有所不快，束則若無其事一般。

束雲章的社會閱歷很深，雖然從銀行一小職員做起，卻有著良好的素修和見識，上至黨政官員，下至販夫走卒，一樣可以交談，又從不失其個人立場。在中紡時，經濟部長陳啟天約見束雲章，稱有公務面談。見面後，卻掏出一份名單，束數了一下，約有七八十人。陳對束說：這些均為黨政要員子弟及舍弟親屬，請老兄高抬貴手，覓一棲身之地，後當重報。此時中紡董事會受經濟部統管，若以一般處理，或有所接納。束雲章則不留情面：中紡為生產單位，並非救濟部門，凡事要計算成本，用人訂有標準。奉交名單，遇有機會，當量才延用。此時公司還有事，暫且告退……言畢，起身即去。

相反，被束雲章看中的人才，則不拘一格，大膽使用。在臺灣工商界頗具聲望的呂鳳章，抗戰前畢業於清華，留德時既獲國

家工程師稱號，不過二十六歲。束當時將他從西安大華紗廠挖來，並委以重任，不久即提升至雍興公司總核稽。後來雍興公司從西北遷回上海再到臺灣，全賴其一手主持，井然有序。呂鳳章回憶道：「我們搶運出幾百萬美金的機器，……連中國銀行也不知道有這麼一筆財富在臺灣。雲公指示我將運台機器清單做好，將清單一併交中國銀行。……他指示我要將一隻螺絲釘也記載清楚，不得有任何遺漏，雲公這種公私分明、一絲不苟的態度，不但為我們後輩所敬仰，就是全國上下工商界人士都熟悉他的為人，他在工商界清譽崇高不是偶然的……」

束雲章儼然舊派人物模樣，一身長衫褲褂，線襪布鞋，頭髮向後梳，長瘦的臉龐上，鐫有歲月風霜的皺褶。嗜酒與弈棋，為平生兩大愛好。適與國民黨元老戴季陶、著名學人朱家驊有兒女葭莩之親，不過彼此間，則不拘泥於名位，道義之交，尤甚於戚誼之篤；惟其酒，而情投意合，與戴季陶，「時或杯酒留連，一枰相對，偶逢休沐，恒至宵分」（束自語）；與朱家驊，滬上晤面，無須酒菜，僅以花生米助興，「相對乾杯，互不相讓，如此計飲大瓶白蘭地一瓶，薄荷酒一瓶，意猶未盡，經勸阻後，不醉而歸……」（婿朱國璋語）

1973 年 12 月 15 日，束雲章病逝於臺北，享年八十八歲。蔣中正親筆題輓：志業長昭。

「五四後期人物」殷海光

在我的自由閱讀中，對殷海光這個人一直有所關注。

殷海光稱自己是一個「頭腦複雜而心思單純的人」，這從他在公共領域裏的某些主張來看，確實受到過一些朋友的贊許或誤解，甚至是批評。因而，他又說：「我是最少被人瞭解的。許多人認為我苛求、驕傲。但我對自己卻更嚴格，更苛求。」殷海光的學生、旅美學者林敏生先生認為：殷海光在到台以後的歲月中，由於堅持理想所遭遇的政治迫害，與他面對這些嚴峻的迫害所展現的「威武不能屈」的嶙峋風骨，以及他對事理公正的態度與開放的心靈，對知識的追求所顯示的真切，和對同胞與人類的愛和關懷，使我們感受到一位中國自由主義者於生活與理想之間求其一致的努力所釋出的人格素質。在上世紀五十年代，殷海光與經濟學家夏道平先生同為《自由中國》半月刊的兩支健筆，讓世人矚目。在 1960 年「雷震案」爆發不久，為減輕其發行人雷震先生的所謂「罪嫌」，不顧個人之安危，與友人共同發表了轟動一時的〈《自由中國》言論撰稿人共同聲明〉，這篇由殷海光執筆的「聲明」，讓自由中國社的聶華苓女士對他的個人處境憂心如焚。這份「聲明」這樣說：「雷震先生是《自由中國》半月刊的發行人，因而他對《自由中國》半月刊的言論負有法律的責任；可是，我們是撰稿人，對於我們自己寫的文字，我們從來沒有打算規避自己

應負的言論責任。然而，不幸得很，我們細讀警備總部起訴書中有關《自由中國》半月刊言論的部分，和那本一現即隱的『白皮書』，我們發現其中儘是斷章取義，東拼西湊，張冠李戴，和改頭換面之詞。這一編織的結果，與我們的文章原義完全不符。我們認為這種舉措，關係乎我們個人者尚小，關係乎言論自由者大，關乎中國政治民主化前途者更大……」一個讀書人在暴風雨來臨之際，其應有的鐵肩道義以及錚錚風骨此時展現得淋漓盡致，讓時人慨然繫之。殷海光晚年堅持民主與自由的一些峻急言論，「主要是在公共領域內所產生的政治意義」，同時也體現了他在追求這些理想時所秉持的在公共領域中的情懷與人格。

在年輕時，殷海光就有一種「長風破浪會有時，直掛雲帆濟滄海」的襟懷意緒，這種效晉人宗愨之志、且具造闊的大意象，是他畢生對於政治理想追求的一種真實寫照。1969 年初秋，傅斯年先生的侄子、著名史學家傅樂成在殷海光逝世後，撰文回憶這位當年西南聯大的老同學，說殷海光當時最愛朗誦李白的那首〈行路難〉，「大概是民國三十一年的寒夜，在昆明西南聯大學生宿舍裏，海光兄倚案獨酌，曾用他洪亮的湖北腔，長吟著這首詩。當時我已就寢，朦朧之際，正聽到前面的四句，聲調蒼涼悲壯，頓時使我睡意全消，鬱悒不能自己」。傅樂成被這種蒼涼的「長吟聲」所震憾，正是殷海光感時傷世的一種真實情懷深深打動了他，以致終生難忘。殷海光當時是西南聯大哲學研究所研究生，是金岳霖先生的高足。他經常穿著一件黃卡嘰中山裝，喜歡在深夜裏來到同學的宿舍裏聊天，冬天則在外面加上一件黑棉布大衣。殷海光說話聲音洪亮，遠遠超過了聊天的程度，「而像是在演講」，其自信與斬釘截鐵簡直不像發自他那瘦小的身軀，每每讓人感到有一種困學信道的勇氣。有一次，殷海光在評價李白與杜甫時，認為「李白是天才，杜甫是白癡」，讓同學們大為愕然，於是有人認為「揚之則使升天，抑之則使入地」正是當年殷海光的性格特徵。不過，由於殷海光為人真誠，出言率直，往往贏得了不少人的好感，「每當他高談闊論，整個寢室都靜下來，他口講指劃，滔滔不絕，有時候夾雜著幾聲怪笑，別人絕少有插嘴的機會」。抗戰勝利後第二年春天，殷海光在南京《中央日報》社任主筆，與在「中央圖書館」任職的傅樂成交往仍篤，且談鋒如昔。當時「異常放蕩怠惰」（傅自語）的傅樂成結識了一位美麗的 H 小姐，對她極盡愛慕之能事，卻難擷芳心。有一天，殷海光在傅的宿舍裏聊天，正好這位 H 小姐也在場。但見殷海光興致勃發，大談時局，口若懸河，H 小姐在一旁聽得出神。殷海光走後，H 小姐對傅樂成說：「假如你有殷先生那樣好的學問，我一定嫁給你！」傅樂成受不了這番「刺激」，決心翻譯一部英文的西洋史以示自己的進取之心。儘管這位美麗的 H 小姐後來還是沒有嫁給他，但若干年後，從美國耶魯學成歸來的傅樂成寫出扛鼎之作《中國通史》，成了一位「不可忽視史學家」。這件事雖然與殷海光沒有多大關係，但他的廣博學問與性格魅力一直為朋友們所津津樂道。

殷海光本名福生，是湖北黃岡人。在中學時代就善於思考，有「鬼才」之稱。高中二年級十七歲那年即翻譯《邏輯基本》一書。「七七」事變後，於 1938 年入昆明西南聯大就讀。1949 年到臺灣，在台大哲學系任講師，幾年之後升任教授。這時，著名學者牟潤孫也來到台大執教，經徐道鄰之介紹與殷海光結為好友。牟潤孫讀過不少殷海光主張自由及反奴役、反專制的文章，「對他的議論和見解非常佩服」。在牟先生眼中，殷海光是一個誠樸天真

的人。有一次，兩人在台大文學院門前相遇，牟先生邀他到家中坐談，那時殷海光還沒有結婚，便問：「你請不請吃飯，如果不請，我就不去了。」牟先生大笑，說「當然請了」。殷海光這才去了他家。當時牟先生的院內種了不少美人蕉，殷海光見了就說：「太難看了，我家裏有開紅花的美人蕉，好看極了，我給你重新栽吧？」語畢，不由分說，動手就拔，一霎間拔得淨光。聶華苓說過，殷海光就是一個愛花的人。過了兩天，他果然帶著自家的蕉秧來了，親手栽上。完事後，拍拍手，也不洗，進門坐下就吃飯。那時大家都住日式的房子，進門要脫鞋，殷海光的皮鞋永遠不繫帶子，說是「這樣省事」。還有一次，牟先生全家人外出，殷海光來後不見人，就走到院子裏坐等，把院裏的雜草拔了一番。牟先生回來時，鄰家太太告訴他：「學校派了個工人給你們拔草，直著眼睛向前走路，一腳踏在泥裏……」牟先生聞後感慨萬千：「這種率真坦白的泥土氣息，農村味道，在任何一個知識份子身上，我從沒有發現過。海光不僅治學，就是為人，也是超絕世俗的。」話雖如此，兩人在對待中國文化問題的態度上卻有著嚴重分歧。1954 年，牟潤孫應香港新亞書院之邀離開台大，殷海光表示極力反對，他十分鄭重地對牟潤孫說：「你為什麼加入那個集團？」實際上表明了當時殷海光對於中國傳統文化一種不屑的態度。在這個問題上，牟潤孫一直沒有弄明白，常想「如果海光專心治他的數理邏輯之學，不要講什麼文化，豈不甚好。……與其抱入世之心，希圖以言論改善現實，倒不如盡力去研究自己所長之學，在學問作出成績以貢獻於國家，比較起來，後者為更有意義些」。

其實，殷海光一直自詡「五四後期人物」，不斷地為「五四」的反傳統而辨護，甚至認為現代中國自由主義傳統「先天不足，後天失調」。同時，他又認為一個人應當以生命來堅持和落實自己的理想，他在給自己的學生一封信中這樣說：「書生處此亂世，實為不易，像我這樣與眾不同的人，生存當然更為困難，往後的歲月，可能苦難更多。自由和真理及正義的追求，是要付出代價的。」此時殷海光正在積極介入雷震主持的《自由中國》半月刊，身為編委之一，他寫下了大量批評時政的激越文字，不斷與國民黨威權政治發生激烈的言論衝突。這一期間，殷海光對於現實政治極為不滿，對臺灣的前途更是悲觀。尤其在「雷震案」之後，他判若兩人，在公開場合下，常常獨自不語，見到一些老友時，臉上也顯得一片「冷漠」。傅樂成有一次與之談及「雷震案」，殷海光只說了一句：「怎麼得了啊！」同時，他對胡適先生也多有誤會，就因為胡適在當時沒有去探望獄中的雷震先生，便從此不再提「胡適」這個名字。胡適先生去世時，也未去弔唁。可見這時他的心情，正像當年在西南聯大那個寒夜中長吟李白的那首詩一樣，「拔劍四顧心茫然」，頗為絕望。「後來殷海光生病，傅樂成與杜維運去醫院看他，「他只是微笑，不發一言；繼而維運兄也上前搭訕，態度仍是一樣，弄得我們十分尷尬。」離開醫院，傅樂成無奈地對杜維運說：「你看他像不像蘇格拉底？」殷海光雖與老友們有意疏遠，卻益發受到了學生們的愛戴。在台大每次演講時，總是擠滿了聽眾，學生們之所以喜歡他，「是因為他不但有學問，而且有自己的思想，同時待人又非常熱誠坦白」。然而不久，在錢思亮任台大校長時，殷海光在種種壓力之下被迫「離開」了臺灣大學（後又改為只領薪水，不許授課），他在〈我被迫離開臺灣大學的經過〉一文中這樣說：「十八年來，從中國大地逃到臺灣島上的自由知識份子被摧殘得所剩無幾了。我這樣的一二人之被清洗，乃是『事

有畢至』的，問題只在等待機會。」殷海光對傅斯年卻抱有一種特殊的情感。上世紀五十年代初，當傅斯年「歸骨於田橫之島」時，殷海光深夜獨自在他的靈前痛哭不止，並作長文追悼之。陶希聖三公子陶恒生先生對筆者說過一件往事，當傅斯年任台大校長時，臺灣當局高層就有人暗示傅斯年讓殷海光離開台大。傅斯年與陶希聖先生商議之後，決定不予理睬，繼續留任殷海光。殷海光與陶希聖是湖北同鄉，常去陶公館聊天，可算忘年交。傅樂成後來說，倘若孟真先生能多活十年、二十年，殷海光「或許不會遭遇後來的橫逆」。

1954 年，傅樂成赴美國耶魯求學期間，殷海光正在哈佛做「訪問學者」。殷海光曾到傅樂成的住處盤桓了兩三天。傅白天陪他去參觀耶魯的圖書館、藝術館及當地的博物館，晚上二人促膝談心，泛論上下古今。臨別時，殷海光若有所思地對傅樂成說：以後有機會再來美國，一定到耶魯來，並希望與傅樂成同在耶魯一起讀幾年書。實際上，殷海光回到臺灣後，一面在台大教書，一面為推動臺灣的民主憲政而竭盡全力，對國民黨威權政治的批判態度未曾有過絲毫改變，但臺灣當局再也不允許他出島了。以傅樂成的話來說，殷海光以其「辛辣動人的文筆加上長江大河般的辭鋒，使他的聲譽鵲起，成為一般青年學子的偶像」。與此同時，殷海光對時下批評他的文字一概不加理會，也讓傅樂成大惑不解，他認為「討論學術，辨別是非，有理則據理以爭，有錯則坦白承認，又有什麼關係」？為此，傅樂成曾多次與他交換過意見，發現《自由中國》時代的殷海光無論在思想或態度上「確實變了」。

在西南聯大求學階段，殷海光是一位較為保守的「右翼青年」，與「一二九」中的那些激進的「左翼青年」在政治上大相徑庭，如臺灣的徐高阮，如大陸的李慎之。後來居正之子居浩然站在國民黨的立場上撰文評價殷海光與徐高阮，認為這兩個人在「個性遭遇方面十分相同，所走道路卻正相反」，他本人雖然「十二萬分同情殷海光的遭遇，卻絲毫不同情他的標榜民主」。殷海光在學生時代雖然就加入了國民黨，但晚年在當教授時，則不遺餘力地抨擊國民黨的專制，這種「逆轉」在臺灣引起了許多學人的不滿，甚至對殷海光的人格也有所攻訐。而在大陸，後來的情形又恰恰相反。李慎之晚年在給學者舒蕪的一封信中提及殷海光這個人，說那時他們這些「左派」自視甚高，「昆明西南聯大有一個叫殷福生的人，年齡大概與我們差不多，專與學生運動作對。十來年後，他在海外華人中以殷海光的大名，被推為提倡民主的一代宗師，不過在那個時候，他是根本不入我們眼中的，因為無非是一個『反動學生』而已」。事實也正是這樣，在「一二九」運動中仍是左翼青年領袖之一的徐高阮卻也變了，變得正好與殷海光「背道而馳」，徐從所謂「左」轉向了「右」，殷則從所謂「右」轉向了「左」。如此表述，固然是一種意識形態的話語，並非準確，或許更過於簡單，但似乎更能說明一些問題。徐高阮在「一二九」之後與中共分手，固然有著他本人在當時對中共北方局最高領導人之一劉少奇在天津的某些指示有所不滿，但他也未必意識到國民黨的專制同樣也是對個人價值的否定以及對民主、自由的一種最大摧殘。殷海光雖然是一位學者，雖然在一生用心最多的學術專業邏輯與分析哲學上並無更多的原創貢獻，但他確實是一位不畏逆橫而反專制的堅定人物之一，用他的學生李敖的話講，他最終的成就「恰恰是在人格上的」。殷海光曾這樣說過：「我近來更痛切地感到任何好的有關人的學說和制度，包括自由民主在內，如果沒

有道德理想作原動力，如果不受倫理規範的制約，都會被利用的，都是非常危險的，都可以變成它的反面。民主可以變成極權，自由可以成為暴亂。自古以來，柏拉圖等大思想家的顧慮，並不是多餘的……」這是對民主與自由一種最具理性的認識，可在當時，殷海光剛毅而清醒的聲音，非但未能對當局產生振聾發聵的作用，反而惹來了當政者的厭恨。在這一點上，殷海光的「轉變」與雷震的個人政治經歷卻頗為相似。雷震從國民黨高官，成為蔣介石的階下囚，其中最重要的一點，就是他對於任何形式的專制都不加認同。殷海光與雷震等人透過當時的公共論壇《自由中國》半月刊將民主政治理念闡釋得準確到位，這對於日後臺灣社會的政治轉型真正起到了推波助瀾的作用。蔣介石曾在國民黨黨部召開的中常委會上說：「殷海光不是與黨『國』一條心的人。在大陸那一段，他反共是積極的，我曾經召見過他，對他期望甚大。……他在《自由中國》上寫的那些東西，實際上是在幫共產黨的忙。我們不能養蛀蟲蛀自己的船。」

殷海光之所以「不辭冒險犯難」，堅持自己的民主理念，就是因為能夠清醒地認識到，他的這些主張「具有持久的、人間現實的真理性、福利性、與公共性」，臺灣社會及人民的福祉就在於將來能否實現憲政的民主，而這一切則端賴今天所從事民主的基礎建設工作。1966 年 12 月 1 日，殷海光在給林毓生夫婦的信中無不悲傷地說：「你知道我在這個島上是島中之島。五四以來的自由知識份子，自胡適以降，像風捲殘雲似的，消失在天邊。我從來沒有看見中國的知識份子像這樣蒼白失血，目無神光。他們的亡失，他們的衰頹，和當年比較起來，前後判若兩種人。在這樣的氛圍裏，懷抱自己的想法的人之陷於孤獨，毋寧是時代的寫照。生存在這樣的社群裏，如果一個人尚有大腦，便是他不幸之源啊！」

殷海光晚年是孤獨的，一頭憂鬱的白髮，幾多黯淡的心情。他甚至不願與過去的老友有更多的接觸和來往，這時能夠到松江路殷宅訪他的客人多半是他的學生。聶華苓回憶道：有時，老朋友來了，也不一定邀客入室，「只是靠著野草蔓生的木門，三言兩語，一陣哈哈，……有時也請人坐在臺階上，一人捧一個烤紅薯，談邏輯，談數學，談羅素，談他最近在外國邏輯雜誌上發表的論文……偶爾他也請客入室，席地而坐，一小鍋咖啡，一小盤沙利文點心——那樣的場合，多半是談更嚴肅的學術、思想問題，客人多半也是他的學生」，這種憂鬱的心境，主要是因為殷海光對當時現實政治的極度失望，再加上諸多老友對他的不理解，以及自身耿直的個性所致。有一次，傅樂成委婉對他說起兩人當年在西南聯大曾經說過的「旋轉乾坤」之類的豪語，殷海光半晌無語，最後閉目搖頭說：「如今已是智竭力窮了。」而在目睹了上世紀六十年代臺灣那場沸反盈天的「中西文化論戰」之後，殷海光對中國傳統文化的認知則有所轉變。殷海光臨死前，東海大學的徐復觀去看望他，他對徐承認自己以前的某些說法不對。後來甚至在信中對徐復觀這樣說：「相識二十多年來，先生常為海光提到時厭惡的人物之一，但亦為海光心靈深處所激賞的人物之一。」牟潤孫認為這是殷海光「服從真理的態度」。他的學生陳鼓應編過一本《春蠶吐絲——殷海光最後的話語》，殷海光在病中遺言裏這樣說：「我現在才發現，我對中國文化的熱愛，希望能再活十五年，為中國文化盡力。」有人認為，殷海光在文化取向上的這一轉變，主要是想「重新審視自由主義與傳統文化的關係，謀求在兩者之

間做一些會通的工作」，這正如林毓生在給殷海光的一封信中所說：「如果一個時代的知識份子完全放棄了傳統，他們即使高唱自由，這種自由是沒有根基的。」也就是說，他想通過對中國傳統文化的批判、更新以及創造性的轉化，從而「為自由、法治與民主的落實提供文化根基與精神土壤」。殷海光自己也說：「中國的人生態度和基本價值取向，既不進又不退。中國人好稱古道，效法祖宗，現在看起來是很令人感到可笑的事。因為我們現在的時代精神是進步主義。以至於中國被迫放棄原有的價值取向，弄得大家積非成是……」

殷海光一生著述甚多，其中最具影響的是翻譯哈耶克的《到奴役之路》以及德貝吾的《西方之未來》，著作有《中國文化的展望》上下兩冊，《政治與社會》上下兩冊，《殷海光全集》十八冊等。1967 年，哈佛大學邀其前往研究中國近代思想，未獲臺灣當局許可。1969 年 9 月 16 日，殷海光因罹患胃癌不幸去世，終年五十歲。上世紀七十年代初，雷震先生出獄後，自購墓地，除預留其夫婦二人的墓穴外，另有三座，就是專為安葬亡兒、移葬早逝的《自由中國》社同仁羅鴻詔、殷海光而建。殷海光的墓碑由雷震親筆題寫。移葬之時，殷海光夫人夏君璐女士特意從美國致函雷震先生，囑其墓碑一定要鐫刻上「自由思想者」這幾個字。雷震受此啟發，遂將這塊墓園命名為「自由墓園」。哲人已逝，世事滄桑，二十多年後，殷海光身後的那個世界出現了意想不到的變化，這大概是他生前未能預感到的。

羅家倫與《新潮》雜誌

《新潮》雜誌是八十多年前傅斯年（孟真）、羅家倫（志希）等十幾位北京大學學生創辦的一份雜誌。在當時，除了影響力頗大的《新青年》之外，《新潮》是另一份提倡新文化運動的富有號召力的雜誌，風行一時。1917 年秋天，傅斯年、顧頡剛、徐彥之（子俊）、潘家洵（介泉）等人經常在一起聚會，他們在談及北大的將來時，感到信心十足，並抱以諸多希望，認為「學生應該辦幾種雜誌」，「學生必須有自動的生活，辦有組織的事件，然後所學所想，不至枉費了；而且辦雜誌是最有趣味，最於學業有補的事，最有益的自動生活」（傅斯年語）。羅家倫在北大讀的是英國文學，這時剛二十歲。創辦《新潮》雜誌就這樣被提上議事日程，卻因沒有一個具體的計畫，而延宕了不少時日。至同年 11 月 19 日召開第二次會議時，北大「新潮社」才算正式成立。依照當時「簡章」的第五條，分設編輯部和幹事部，前者總攬編輯業務，後者主持編輯以外的事務性工作。編輯部主任為傅斯年，編輯為羅家倫，書記是楊振聲；幹事部主任是徐彥之，幹事為康白情，書記是俞平伯。「新潮社」設在北大圖書館紅樓辦公室右側的一個房間裏。

1919 年 1 月 1 日，《新潮》雜誌正式創刊。雜誌名稱出自羅家倫的建議，以「批評的精神，科學的文義，革新的文詞」為標幟。

發行者為北京大學出版部，此事得到校長蔡元培及文科學長陳獨秀的支持，顧問則是胡適先生。北大學生組織社團，創辦刊物，除了探討學術的愛好和救國啟蒙的熱情外，還有重要的一點，也是為日後踏入社會做好應有準備。這本雜誌只有一百五十頁，創刊號各欄文章共二十一篇，傅、羅二人寫了十四篇，占「創刊號」總篇幅的十分之七之多，其中有關介紹《新潮》雜誌宗旨一文〈今日之世界新潮〉就出自羅家倫的手筆。創刊號即引起很大反響，「第一期至第五期的總編輯是傅斯年，編輯是羅家倫，兩人具有很好的國學基礎，又正年輕氣盛，因而在編輯方面大刀闊斧，撰寫文章下筆千言，不留情面，使雜誌的形象新穎生動，也為白話文創作樹立了良好的模式」（羅久芳語）。羅家倫後來也說，當時為了《新潮》撰稿、審稿及其它編務，自己經常要忙碌到深夜。照最初設想，《新潮》擬每年刊發十期，第五期為一卷，每卷終了時即進行職員的改選。但到了第五號於 1919 年 5 月 1 日出版後，五四運動爆發，新潮社的骨幹人物均忙於運動，導致第二卷第一號延至同年 10 月才出版，第二號也延至同年 12 月。其間，傅斯年於這一年秋天赴英國留學。在新潮社成立一周年的會議上，決定將原來的編輯、幹事兩部改設編輯一人，經理一人，由羅家倫出任主任編輯一職。第二卷第一號羅家倫一個人就寫了七篇文章，第二卷第二號羅家倫又寫了一篇論文、一篇演講記錄、兩篇評論、一篇書評和兩通復信，包括不少對當時學術界及一般社會弊病抨擊的文字。李雲漢先生後來在臺灣《傳記文學》上回憶說：「這真是件苦事，志希先生擔任這項苦差事達一年以上，直至民國九年秋赴美研究，才把新潮的編輯工作交給了新任的主任編輯周作人，新潮的光芒也開始暗淡起來了。」

羅家倫在北大許多學生活動中，與《新潮》有著同樣重大歷史意義的，就是參與 1915 年 5 月開始的一連串救亡抗議行動，即著名的「五四運動」。那幀已不多見的泛黃歷史照片，將羅家倫當年自始至終走在遊行隊伍前列的身影定格，成為浩繁史料中珍貴的現場鏡頭之一。1919 年「五四」那天，所散發的唯一一份印刷品——《北京學界全體宣言》的傳單，即出自這位北大三年級學生之手。這篇僅一百八十字的宣言，被認為「寫得大氣磅礴，字字鏗鏘，極富號召力」，臺灣學者劉維開在《羅家倫先生年譜》中則強調：「這篇宣言用了生動、簡潔的白話文，反映了文學革命的效果，一般人都認為它是青年知識份子的精神」，這也是羅家倫「為學生界所周知和推重之始」。羅家倫晚年與北美學者周策縱回憶當年往事，言及起草這篇宣言時說，「心情萬分緊張，但注意力卻非常集中，雖然社裏（指《新潮》雜誌社，作者注）的人來來往往，很是嘈雜，卻好像完全沒有留意，寫成後也沒修改過」。羅家倫對這種亢奮的「革命激情」一直津津樂道，曾以「毅」為筆名在《每週評論》第二十三期上撰文分析過這場運動的「三種真精神」，並首創「五四運動」一詞，為官方以及各派史家一直延用於今。以周策縱的研究，五四運動中的「新潮」主要領導人所主張的社會革命觀念顯然部分地受到俄國「十月革命」的影響，他指出：「在創刊號裏，羅家倫論及當代世界的潮流，他說，在世界上每一個重要的時期，幾乎都有它阻擋不住的潮流。……根據羅家倫的看法，二十世紀的世界新潮流就是俄國的十月革命：『現在的革命不是以前的革命了！以前的革命是法國式的革命，以後的革命是俄國式的革命。』他認為法國大革命是屬於政治性的，然而自此以後的革命都會是俄國革命的類型，即會發生許多社會革命，在這

些革命裏，民主會戰勝君主，平民會戰勝軍閥，勞動者會戰勝資本家……」

說起來，羅家倫是一個有著「革命情結」的人。關於這一點，最早可追溯到他十二歲那年，在父親傅珍公的有心開導下，讀鄒容的《革命軍》，實為仰慕「革命」之始。羅後來在文章中證實，「某晚公歸，於袖中出鄒容《革命軍》一書示余，余讀之狂喜，革命思想遂以勃興」。羅的父親此時身任江西撫署軍政參事，竟開明之至，讓一個十二歲少年夜讀禁書，無異於在單純而又萌動的心靈中，播下一粒來春待發的種子。1914 年，羅家倫至上海復旦公學就讀。這是一所西式的學校，創辦人中有革命黨人，與國民黨有著千絲萬縷的關係，孫中山曾任校董會主席。「復旦尚有一個特點，就是言論自由的精神。因此復旦學生的政治興趣比其他學校的學生來得濃厚」。在求學期間，羅家倫與宋教仁長子宋振呂、黃季陸（後曾任四川大學校長）、吳南軒（後曾任清華大學、復旦大學校長）等人為同窗好友，與國民黨人士如黃興、戴季陶等人有過往之交。黃、戴二人此時在中國已聲名大震，其影響力如日中天。羅與這些國民黨要角的實際接觸，顯見政治上的某種傾向。他在校參與編輯《復旦》季刊，曾撰〈二十世紀中國之新學生〉一文引起反響，滬上報紙且有轉載；並在「天仇」時代，與戴季陶多次面晤；羅家倫是最早獲悉黃興病危不治消息的人之一。1916 年那個深秋，當他佇立在黃興床前，向這位英年早逝的前輩默哀致敬時，不禁「心中酸痛，熱淚如麻」。這些看起來頗有點「新舊參半」的往事，影響羅家倫在青少年時代精神上的成長。其中最明顯的一點，就是羅家倫日後在《新潮》歲月以及五四運動中的驚人表現，似可印證當年他對「革命」之嚮往的真實心情。也就是說，從他十年前在狂喜之中捧讀鄒容的《革命軍》，到後來不期然地寫下中國近代史上的名篇「五四宣言」，兩者之間有著血脈般的內在關聯。「在 1917 年進入北大很久以前，羅家倫就受益於上一代人在國外常常雜亂無章地尋求的近代教育」。正是在這種近代教育的薰陶之下，使青年羅家倫在知識上得以拓展視野，在思想上嶄獲新的觀念，在政治上對國民革命抱有好感，在行為上則承續了一種「自由精神」，正如他本人後來在一篇文章中所認為的那樣：這種自由精神是近代中國三代知識份子積累的最大成果，它並非只屬於學生，而是由推翻帝制官僚政治的最初鬥志傳遞給他們的。進入北大不久，羅家倫與傅斯年、康白情等人創辦《新潮》雜誌，其激越的社會革命主張與實踐，不僅包括宣導新文化運動，而且堅決的反軍閥、反侵略。從這個意義上講，「新潮社的人員便與五四運動的發生，有著直接而密切的關係。而羅先生在這一運動中，亦可說是居於推動的重要角色」。

羅家倫對北大《新潮》雜誌的貢獻不可低估。他擁護新文化運動，主張用西方進步思想來改革中國的文化和社會。《新潮》大部分社員為當時北大學生，也有一兩位新潮教授加入。這些人的專長一般不出哲學、文學和歷史，其共同的特點，就是具有「新」的色彩：以宣導新學，迎接新潮，刷新思想，反思傳統。傅斯年在〈新潮之回顧與前瞻〉一文中說過：「我們的雜誌是由覺悟而結合的，至於將來，若不死於非命，我敢擔保必定放個光彩。」羅家倫也提及當時的年輕人對《新潮》的關注並不亞於對《新青年》的關注，他說：「我們天天與新青年主持者相接觸，自然彼此間都有思想的交流和相互影響。不過，從當時的一般人看來，彷彿新潮的來勢更猛一點，引起青年人的同情更多一點。新潮的第一卷第一期，複印到三版，銷到一萬三千多冊，以後也常在一萬五千

冊左右，則聲勢不可謂不浩大」。《新潮》雜誌六十六位作者中（一至三卷，三卷僅出了兩號），傅斯年發表文章最多，有四十四篇，其次就是羅家倫，共有三十六篇。羅家倫的文章大抵有四類，論文、評論、詩歌、通信，有時署名「志希」。不過，羅家倫對於「革命與運動」的認知並非一成不變，而是隨著客觀境遇的體悟而出現變化，就像「他的學問不靠苦學得來，而是靠敏銳的洞察力和感受力」（王聿均語）一樣，他對現實政治的觀察與判斷大抵亦是如此。至少他在肯定五四學生運動的同時，又深感其失敗的方面，即「學生的本身」和「社會的態度」。他在〈一年來我們學生運動底成功失敗和將來應取的方針〉一文中認為：學生的方面為自身弱點的暴露，如萬能的觀念、學術的停頓、落於形式的窠臼；社會的方面為社會態度的改變，如社會對學生的失望、社會有人心厭亂之勢、學生界成為一個特殊的階級等……蔡元培作為北大校長，其心情也是相當複雜的。他說「至於北京大學，他認為今後將不易維持紀律，因為學生們很可能為勝利而陶醉。他們既然嘗到權力的滋味，以後他們的欲望恐怕難以滿足了」。正因為「五四運動」，《新潮》雜誌停頓六個月之久，更不必說讀書、翻譯一類的計畫了。胡適先生從上海返京後，力勸北大學生儘快復課，他說「國家的紛擾，外間的刺激，只應該增加你求學的熱心與興趣」。1920 年初秋，羅家倫、周炳琳、段錫朋、康白情、汪敬熙五人在校長蔡元培、胡適等人推薦下前往歐美留學，這是由中國棉業大王穆藕初先生所資助的留學基金，此為羅家倫人生中又一個重大轉捩點。

羅家倫在出國留學前一天，以一個准政治家的口吻發表「國是建言」，這就是 1920 年 9 月 7 日北京《晨報》上的那篇〈臨別時一個緊急動議〉，「……我想現在中國呼聲最高的就是國民大會，問題最要緊的就是制定憲法。將來無論是國民大會制憲也好，非國民大會制憲也好，國民對於憲法總要有種主張。各國的憲法之所以成功，都是有種國民的主張做背景的，如英國的憲法，雖不成文，但是他這種神聖的威權，純粹是由於國民三次的表示：（一）『大憲章』，（二）『權利請願書』，（三）『權利保證書』。美國憲法的精神，是根據於『獨立宣言』的。法國憲法的要義，是根據於『人權宣言』的。所以我們中國的國民苟欲有真正我們所希望的憲法出現，則我們當聯合全國，趕緊有個我們的——『人權宣言』。……這個宣言當速由北京學生聯合會邀請在京的學者，精密討論，從速擬妥，並望各報紙多多有這類的意見發表，以作貢獻。……這不但是中國憲法史上極其重要的一件事，並且是世界人權史上極其重要的一件事。」

自民國建立以來，近代立憲進程基本是圍繞「天壇草案」在演變發展。「天壇草案」提出後的十年間，制憲工作分別由三個方面在進行，「一是廣州國會的議憲；二是直系『恢復法統』後北京國會的立憲；三是安福國會的議憲。前兩者承認『天壇草案』，安福國會則否認『天壇草案』」。段執政曾經提出過一個「八年草案」，較為全面地反映出段與安福國會對憲法進行改革和重新設計政體的意圖，但在民國一系列憲政危機中，「幾乎都有軍閥政治的參與」；軍閥政治的特點在於「形式上不否定憲法及其憲政體制的權威性，而在實質上則奉行以強權和實力作為政治遊戲的最高規則」。羅家倫離國前大談「民治觀念」，甚至提出制定中國的「人權宣言」，並以英、美、法等國作為參照系，可說是經歷了一次從「文化運動者」到「憲政理想者」的思想蛻變……就這樣，二十三歲的羅家倫懷揣對中國憲政的無限嚮往離開了命運多舛的祖

國。六年之後學成歸國，受聘於南京東南大學歷史系，其中開設的「中國近代史」課程，為我國大學在此領域中之始。1928 年，北洋政府垮臺後，羅家倫出任國立清華大學校長，在其就職演講中，表示主張學術獨立，開創新清華。

在「民主與獨裁」中的胡適

1932 年 5 月，胡適主編的《獨立評論》出版第一期。

這一年，胡適四十二歲，身任北京大學文學院院長。《獨立評論》是一本同人性質的政論刊物，若從近代思想史的角度來看，在二十世紀中國自由主義政論刊物中具有「承前啟後」的作用，與之前的《努力週報》、《新月》雜誌及之後的《觀察》、《自由中國》半月刊，在推進中國民主政治的過程中，正好可構成一個時代中國自由主義知識份子的價值譜系，而胡適則是這個「價值譜系」中一位舉足輕重的人物。這個時期的胡適，堅守民主政治、漸進改革的理念，在其民主思想、外交問題、教育理念、社會思想、中西文化觀等方面多有論述，但發生在 1933 年 12 月至 1935 年 2 月期間，前後兩個回合的有關「民主與獨裁」的論戰，實為胡適在《獨立評論》五餘年中最重要的思想表述，「儘管這種討論是學術性的，但其含義卻是有現實意義的，因為討論中反映了整個國家知識份子所關心的問題以及他們的價值觀。」[1]

引發這一場論戰的是胡適的老朋友蔣廷黻。1933 年 12 月，他在八十號《獨立評論》上發表一篇題為〈革命與專制〉的文章，被認為是「胡適的英美派知識份子朋友們第一個明確表態擁護『專制』的宣言」。蔣廷黻認為，當時的中國之所以內戰頻仍，國家無

1　〔美〕・易勞逸《流產的革命》（中國青年出版社，1992 年），頁 177。

法真正統一，其原因就在於未能像能英國、法國、俄國等國那樣，經歷過「十六世紀的頓頭朝的專制」、「二百年布彭朝的專制」和「羅馬羅夫朝三百年的專制」，因此，唯有先經過一個「專制建國」階段，國家才能有效地走向近代化。[2]蔣廷黻是一位歷史學教授，時任清華大學歷史系主任。他的政治言論頗為保守，首先是無條件地擁護當時的南京國民政府，其次重視經濟問題而輕視民主憲政問題。1932 年 4 月，他參加了在洛陽召開的國難會議，明確表示反對「取消黨治、實行憲政」的主張，甚至對未行憲之前由人民選舉國民代表會議的提案也不贊成。蔣廷黻的這篇文章引起了胡適的強烈反應，他感到「栗然以憂」，於是先後寫下兩篇反駁文章，分別發表在《獨立評論》八十一、八十二號上，並在次年給傅斯年的一封信中說「我豈好辯哉？不得已也」[3]。

上世紀三十年代，對中國知識份子來說，是一個「內憂外患」令人痛苦的時代。這種痛苦主要來自於大多數人對民主的一種幻滅感，於是選擇何種政制模式圖以救國就成了當時爭論的一個焦點。九一八事變之後，日本侵略野心日益膨脹，全國上下沉浸在「國難時期」的悲憤之中，置身於北方危城的知識份子更是憂心如焚。與此相對應的是，南京國民政府在訓政階段的不作為遭人詬病，雖然經濟上有所成就，但在政治上卻演變成「一黨專政」而得不到更多人的支持，不少知識份子屢次提出「提前結束訓政」、「如期結束訓政」的政治訴求，國民黨內部高層人士如孫科也有過類似的主張，這時置身在香港的胡漢民則表示應當儘快實

---

[2] 1933 年 12 月 10 日《獨立評論》80 號，頁 2－5。

[3] 1934 年 12 月 20 日胡適致傅斯年，《胡適書信集‧中冊》（北京大學出版社，1996 年），頁 631。

施憲政，並贊成黨外可以有黨[4]。實際上在《獨立評論》創刊前後這段時間，《時代公論》第六號上〈不關重要的國民代表會議〉和《國聞週報》第九卷上〈憲政能救中國？〉兩篇文章就已經引起了胡適的反感，他認為這是一種根本懷疑民主政治的悲觀論調。胡適對於推行民主憲政在國人中所造成的挫折一向敏感，不贊成「黨權高於一切」的奇談怪論。他當時認為，南京國民政府只有實行民主、開放政權才能真正有助於挽救國難，並認為這至少有兩個現實的好處：一是可以改良國民黨，使之面對「被人取而代之的可能」，「也許可以比現在幹的更高明一點」；二是可以收拾人心，著眼於「全國人心的團結，而不在黨內三五萬人的團結」，除一致禦侮之外，莫過於廢除黨治，公開政權，實行憲政。在胡適看來，這才是一條「政制改革的大路」。因此，蔣廷黻主張「專制」的文章在這時遭到胡適的質疑，完全在意料和情理之中。

作為老朋友，蔣廷黻並沒有正面回答胡適，而是再次撰文闡述自己對「專制」的一些看法：「以個人專制來統一中國的可能比任何其他方式的可能性高，因為中國人的私忠既過於公忠，以個人為中心比較容易產生大武力……即使現在的專制只是二千年來專制的延續，但是因為現在有了科學與機械這兩個東西，儘管政府完全無為，只要它能維持治安，這兩個東西就要改造中國，給它一個新生命。」[5]最早出來附合蔣廷黻的是清華大學社會學教授吳景超，他在《獨立評論》八十四號上，以〈革命與建國〉為題，聲稱從中國歷史上找到了一個治亂迴圈的法則，即一個週期的三個階段：自苛政至人民不安、至革命到現狀推翻；自群雄相爭至

---

4 參見1932年5月22日《獨立評論》80號，胡適《憲政問題》，頁5-7。
5 1933年12月31日《獨立評論》83號，頁2-6。

天下統一；自善政至和平恢復。進而斷言：中國這二十多年來仍未跳出第二個階段，所以現在最大的問題，就是「統一問題」。而統一，在中國歷史上幾乎沒有例外，都是以武力的方式完成的……胡適對這一「法則」當然深不以為然，他是一個反對武力的人。他在日記中流露出自己的失望心情：蔣、吳兩文「皆主張武力統一，他們都不是有政治作用的，而其效果將有『教猱升木』之患。故我作文闢之。」[6]這就是後來發表在《獨立評論》八十五號上的〈武力統一論〉一文。胡適在文中說，中國歷史上不乏「武力統一」的例子，但其結局，還是「山河破碎」。就中國而言，問題固然出在那些「失政」的軍閥們，而那些不背西洋教科書卻夢想個人專制的政客黨員是否也應當分擔一些責任？並且直言批評吳景超的這一法則「未免太拘泥於歷史例證了」，因為歷史是「不再來的」，所以「一切公式比例，都不能普遍適用」。

與此同時，新任天津《益世報》社論主筆的錢端升在《東方雜誌》第三十一卷第一號上的一篇文章〈民主政治乎？極權國家乎？〉，也引起了胡適的關注。錢端升畢業於哈佛大學，最早也是同情民主的，但由於受到當時世界範圍內專制傾向蔓延的影響，後來對民主的訴求日益淡薄。錢文在分析了當時歐洲民主政治之所以衰頹的原因後說：「一切制度是有時代性的。民主政治在五十年前的英國尚為統治階級所視為不經的，危險的思想；但到了 1900 以後，即保守黨亦視為天經地義了。我們中有些人——我自己即是一個——本是受過民主政治極久的薰陶的，這些人對於反民主政治的各種制度自然看了極不順眼。但如果我們要使中國成為一個強有力的近代國家，我們恐怕也非改變我們的成見不可。」胡

6　《胡適日記全編・第 6 冊》（安徽教育出版社，2001 年），頁 279。

適承認這是一篇自「論戰」以來「最有條理又懇摯動人的文章」，但他又說：「……錢先生的概論部分，我們初看了都覺得很動人，細看了就不能完全叫人心服。他把『民主政治』的定義下得太狹窄了，所以他不能承認歐洲戰後的民治主義的發展。他又把『經濟的民族主義』看得太普遍了，故武斷『不論在哪一個國家』都不免統制經濟，也就不能倖免獨裁的政制了……」[7]

無論蔣廷黻、錢端升，抑或吳景超，都是胡適的朋友。儘管政見有所不同，但本著「政論無所苟」的原則，他們都將這種認真討論國事的態度視為「我們的宗教一樣」，因為這關係到「幾千萬或幾萬萬人的幸福與痛苦，一言或可以興邦，一言也可以喪邦」，只有「自己的理智認清了責任而自信負得起這種責任」時，才可「出之於口，筆之於書」。就在胡適批評蔣、吳二人不久，有一天他去清華大學，見到蔣廷黻、吳景超、葉公超等人。他們去蔣廷黻家中喝茶，這時錢端升也從天津來，大家談的很高興。蔣廷黻對胡適說：「昨夜翻看《獨立》，覺得我們做的文章至少總可以算是認真想過才做的。只此一點，《獨立》當然是今日國內第一個好雜誌。」[8]這是 1934 年 1 月底的事情，由於這時蔣廷黻正準備出國，這場「論戰」第一回合的高潮大致就這樣漸落下來。然而，論戰並沒有真正結束。不久，胡適又寫下〈政治統一的途徑〉一文，仍是針對蔣廷黻和吳景超的：「……現在可以回到我上次提出的問題：如何能縮短這個割據時期？如何能在這個割據時期做到建國的大事業？換句話說，假如此時沒有用武力統一的希望，我

---

7 胡頌平：《胡適之先生年譜長編初稿》（臺北聯經出版事業公司 1984 年版），頁 1286。

8 《胡適日記全編‧第 6 冊》，頁 307。

們還有法子建設起一個統一的國家來嗎？我們設想的統一方法，……只是用政治制度來逐漸養成全國的向心力，來逐漸造成一種對國家『公忠』去替代今日的『私忠』。」[9]這裏所說的「國家制度」，指的就是「國會」。胡適認為「要各省選出的人來統治中央，要各省的人來參加中央的政治，來監督中央，幫助中央統治全國。」不過，這一「設想」在蔣廷黻看來，或許未免有點理想化了，因為在這之前他就認為「人民不要選舉代表；代表也不代表什麼人。代表在議會說的話不過是話而已，……只要政權在軍人手裏……你的國會有一連兵就可解散了。」胡適抱憾蔣廷黻說這些話是帶有「成見的過慮」，於是他在文中這樣問道：「一連兵誠然可以解散國會，……然而曹錕要做大總統，他用一連兵就可以包圍國會了，何必要花五千元一票去賄選呢？……何況有了賄選的國會，也就可以有賄不動的國會，有一連兵解散得的國會，也就可以有十師兵解散不了的國會。」胡適堅決主張以「政治制度」來逐漸養成全國的向心力，說，即便「各省要搗亂，就請到國會裏來大家一塊兒搗亂」，這無論如何，「總比『機關槍對打』要文明一點」[10]。

1934 年年底，《東方雜誌》欲推出新年「元旦號」徵文，向胡適約稿。這一次題目出得很大——「過去一年之回顧」，胡適只好挑選了一個認為自己可做的題目，這就是後來發表在《東方雜誌》三十二卷一號上的〈一年來關於民治與獨裁的討論〉一文。這篇綜述性的文字記錄了自 1933 年年底以來這場「論戰」的實況，同時也表明，這是一場未經任何「策劃」的論戰，完全是在當年「國

---

[9] 1934 年 1 月 21 日《獨立評論》86 號，頁 6。
[10] 同上。

難」這一背景下自覺進行的。然而胡適並沒有想到，就在寫下這篇「綜述」文章之後的第九天——1934年12月18日，丁文江在《大公報》上突然發表了一篇題為〈民主政治與獨裁政治〉的文章，這位老友批評胡適「民主憲法只是一種幼稚的政治制度，最適宜於訓練一個缺乏政治經驗的民族」的說法「是不可通的」。丁文江這樣問：「獨裁政治不可能，民主政治是可能的嗎？……中華民國的人民百分之八十或是七十五以上是不識字的，不識字的人不能行使選舉權的，是大家應當承認的。」並由此得出一個結論，「民主政治不可能的程度比獨裁政治更大」，中國應當「試行新式獨裁」。

丁文江的文章不經意又掀起了這場「論戰」的第二回合，而丁的這一說法更是讓胡適感到驚詫不已，他在深感失望的同時，隨即寫了一封長信作答，又附上一短信，其語氣頗為激動：「你們這班教猱升木的學者們，將來總有一天要回想我的話。那時我也許早已被『少壯幹部』幹掉了，可是國家必定也已弄到不可收拾的地步。那時你們要懺悔自己的誤國之罪，也來不及了！」[11]從胡適的書信中，我們很少見到有這樣的「憤慨」，在更多的時候，他總是「平情順理，清淺流麗」（周策縱語），讓人如沐春風。然而，這次在討論有關國家制度建設的取向和選擇上，胡適無法容忍卻步。丁的文章被轉載在《獨立評論》一百三十三號上，胡適〈答丁在君先生論民主與獨裁〉一文也在同期。胡適痛感這位老友「對於英美的民主政治實在不是很瞭解，所以他不能瞭解我說的民治是幼稚園政治的話」。胡適說：「民主政治的好處正在它能使那大多數『看體育新聞、讀偵探小說』的人每『逢時逢節』都得到選

---

[11] 《胡適日記全編・第6冊》，頁427。

舉場裏想想一兩分鐘的國家大事。……英美國家知道絕大多數的阿斗是不配干預政治，也不愛干預政治……只要他們『逢時逢節』來畫個諾，投張票，做個臨時諸葛亮，就行了。這正是幼稚園的政治，這種『政治經驗』是不難學得的。」而丁文江對胡適的批評更接近當時許多人的想法，他說：「事實上看來，民主憲政有相當成績的國家，都是政治經驗最豐富的民族。反過來說，政治經驗比較缺乏的民族，如俄，如意，如德，都放棄了民主政治，採用了獨裁制度。足見民主憲政不是如胡適之先生所說的那樣幼稚的。」

對於持有民主信仰的人來說，胡適的「民治幼稚觀」多少讓人有點尷尬，他們更願意接受他的「民主憲政可以逐漸推廣政權」這一理念。即便到了 1937 年 6 月，清華大學政治系教授張熙若仍認為「民主政治是人類有史以來最高明的政治制度」，因為「以理服人」，總比過去「以力服人」的政制更高一籌；但他還是不贊成胡適的「民治幼稚觀」，並指出其中的兩大弱點：首先是邏輯上不可通。因為「升學之後」是高度民治，還是專制與獨裁？若是前者，那時是否還能算是幼稚園？若是後者，難道胡適心目中的民治的用處竟是替專制與獨裁作預備工作？其次，與事實不符。如果國家是現代式的，則不論哪一種政制（民主與獨裁），所需要的智識的數量（丁文江語）都是一樣的。胡適在其「編輯後記」中為自己辯解，他說「張先生這篇文字實在還不曾搔著癢處。他引他的『智慧的數量與政制的關係』的議論，和丁在君的一百五十萬專家論，都和我的議論絲毫無關。我說的只是那代議式的民主『政制』（注意！這裏說的是政制）並不需要很高的智識程度，是一種幼稚園政制，只要我們肯進去學，包管拿到幼稚園畢業文憑。」[12]這一段話足見胡適當年在推廣民主時的迫切心情，在任何情況下，他都認為民主憲政要比獨裁專制高明得多，因為「……民主國家有失政時，還有挽救的法子，法子也很簡單，只消把『諾』字改做『NO』字就行了。獨裁國家的阿斗無權可以說一個『NO』字。」[13]

1935年1月20日，丁文江以〈再論民治與獨裁〉一文作出回答。他指責胡適「……忘記了今日中國政治的實際了，『猱』也罷，『三歲小孩』也罷，木已經升了，火已經放了，我們教不教是毫無關係的。」就當時中國的現狀，「單主張民主，反對獨裁」是不能發生任何影響的。因此，「唯一的希望是知識階級聯合起來，把變相的舊式專制改為比較新式的獨裁……」。丁文江這種「反對民主，主張獨裁」的言論，與他早年具有民主氣息的文字相去甚遠，這位曾與胡適共同創辦過《努力週報》的地質學教授，之所以在後來有所轉向，從他的一段「自白」中多少可看出當時的心態：「我少年曾在民主政治最發達的國家讀過書的。一年以前我又曾跑到德意志蘇俄參觀過的。我離開蘇俄時，在火車裏我曾問我自己：『假如我能夠自由選擇，我還是願意做英美工人，或是蘇俄的知識階級？』我毫不遲疑的答道，『英美的工人！』我又問道：『我還是願做巴黎的白俄，或是蘇俄的地質技師？』我也會毫不遲疑的答道：『蘇俄的地質技師！』在今日的中國，新式的獨裁如果能夠發生，也許我們還可以保存我們的獨立。要不然只好自殺或是做日本帝國的順民了……」[14]這是一段對中國的現實政治痛心疾首的

---

[12] 1937年6月20日《獨立評論》239號，編輯後記。

[13] 1934年12月30日《獨立評論》133號，頁8。

[14] 原載1935年1月20日《大公報》「星期論文」，轉載於《獨立評論》137號，頁19－22。

話。儘管丁文江仍然肯定英美的自由價值觀，卻同時又認為那是可望而不可及的；兩害相權取其輕，所以，他堅決主張以蘇俄模式作為中國未來發展的一個藍本。

除丁文江、蔣廷黻與胡適對壘的陣線分明外，不少人採取了折衷立場，這反映出在這場論戰中引發出的諸多觀點，就其具體的人來說，是比較複雜的。胡適在二十年後回憶說：「……我們的主張並不一致，常常有激烈的辯爭。例如對日本的問題，孟真是反對我的，在君是贊成我的；又如武力統一的問題，廷黻是贊成的，我是反對的；又如民主獨裁的爭論，在君主張他所謂『新式的獨裁』，我是反對的。」[15]例如吳景超，自提出「武力統一法則」後，有人以為他是完全贊成獨裁的。為此，他專門在《獨立評論》一百三十四號上發表〈中國的政制問題〉一文，說明這是人們對他的一種誤解。他這樣解釋：「我在那篇文章裏，討論的是一個事實的問題，或技術問題，而贊成獨裁與否，乃是一個價值問題，絕不可混為一談。關於獨裁政治與民主政治的選擇，我與胡適之先生的意見是相同的，我們贊成民主政治。」與吳景超一樣，北大政治系教授陶希聖也認同胡適「無為政治」這一觀點的。陶在《獨立評論》上共發表 22 篇文章，其中有一半是關於民主政治與憲法問題的。不過，當時他卻是以一種十分審慎的態度，在丁、蔣和胡之間作左右袒護：「……現在已經是國民黨獨裁的政治。政府也許能夠召集一個徵詢民意的會議，如前年所曾提出的國民代表會，也許不來召集。至於政府現實大權是在一人，還是多人，也只有事實來決定。即令大權不在個人，也與議會政治相差很遠的。即令按照建國大綱召開國民大會，那個誓行三民主義的縣民

[15] 胡適：《丁文江傳》（海南出版社，1993 年），頁 122。

代表會議，也與多黨議會不同。」[16]因此，他又說，胡適「主張的民主政治，很顯然是議會政治。……如果以議會政治論與國民黨相爭，國民黨內沒有人能夠同意。」一個多月後，胡適從廣西、香港等地南遊歸來，針對陶文，再作〈從民主與獨裁的討論裏求得一個共同的政治信仰〉一文，發表在 1935 年 2 月 17 日的《大公報》上（後《獨立評論》轉載）。他聲明自己所主張的「議會」是很有伸縮餘地的：「從民元的臨時參議院，到將來普選產生的國會，凡是代表全國的各個區域，象徵一個統一國家，做全國的各個部分與中央政府的合法維繫，而有權可以用和平的方法來轉移政權的，都不違反我想像中的議會。」至於「以議會政治論與國民黨相爭」這一點，胡適明白無誤地告訴陶希聖，我們現在並不願意這樣做，但實際上，「……國民黨的『法源』，建國大綱的第十四條和二十二條都是一種議會政治論。……國民黨如果不推翻孫中山先生的遺教，遲早總得走上民主憲政的路。」儘管胡、陶二人對「建國大綱」的解釋不盡相同，前者從寬，後者從嚴，但我們把這一時期的陶希聖視為「民主論者」還是比較恰當的。他後來在〈民主政治的一解〉一文中強調：「統一」並不就是專制，「民治」也並不必割據，因此主張「……地方割據必須打破，民主政治必須實行」[17]。用陶希聖本人的話來說，國難時期，「我與胡先生是站在一起的」，尤其是他後來的一些有關「開放黨禁」的文章，深得胡適的贊許。

1935 年 2 月，陳之邁發表〈民主與獨裁的討論〉一文。這位哥倫比亞大學哲學博士，歸國後不久就參與到這場論戰之中。自

---

[16] 1935 年 1 月 20 日《獨立評論》136 號，頁 12。
[17] 1937 年 5 月 23 日《獨立評論》235 號，頁 17－19。

1934 年至 1937 年，陳之邁共寫了 65 篇論文，其中有 46 篇發表於《獨立評論》。在這篇文章中，陳之邁表示不贊成「立即開放政權、實行憲政」，卻又認為「中國目前的現狀，理論上、實際上都應該把『國內問題取決於政治而不取決於武力』，因此絕對沒有瞎著眼去學人家獨裁的道理」[18]。他不主張開放政權的理由是：「中國人沒有族國的意識，……中國沒有強有力的輿論來做憲法的制裁，因為中國人大多數不識字。……散漫的人心應當收拾，族國的意識應當養成，誰都不能否認，但收拾與養成的方法不是一朝一夕可以成功，更不是一紙根本法所能達到。」[19]這些觀點實際上與蔣廷黻、丁文江等人相去不遠，因此他對胡適等人提出「開放政權以便收拾全國人心」這一說法不以為然。針對陳文中「對民主政治不可陳義太高，太重理想」這一看法，胡適認為這與自己的「民治幼稚觀」並無多大區別，他說「許多太崇高民主政治的人，只因為把民主憲政看作太高不可攀的『理智的政治』了，所以不承認我們能試行民治，所以主張必須有一個過渡的時期，或是訓政，或是開明專制，或是獨裁……」[20]胡適這一說法，後來得到北大政治系教授張佛泉的遙相呼應。張在一篇題為〈我們究竟要什麼樣的憲法〉一文中同樣主張：憲政隨時都可以實施，若不妨先從小規模做起……與胡適的「逐漸推廣政權」之說已然接近了。不過，這些都是 1937 年的後話了。此時，丁文江已去世一年多，論戰第二回合的高潮業已退去。不久，又逢「七七事變」和「平津淪陷」，因時局吃緊，《獨立評論》無奈被迫停刊。然而，胡適還是十分高

---

[18] 1935 年 1 月 20 日《獨立評論》136 號，頁 10。
[19] 1935 年 9 月 1 日《獨立評論》166 號，頁 4－5。
[20] 1935 年 3 月 10 日《獨立評論》141 號，頁 17。

興，又寫下〈再談談憲政〉一文[21]，並舊事重提，針對蔣廷黻曾經對他當面說過的一句話：「你那一段議論（民治幼稚觀）簡直是笑話，不值得討論。」胡適這時說，我的「僻見並不是笑話，乃是我在美國七年細心觀察民主憲政實地施行的結論」，並說自己也修過政治理論和制度的課程，甚至在 1912 的美國大選年，受過這方面的專門訓練，最後才奠定了對民主憲政的「始終信仰擁護」。

回望這一年零四個月、兩個回合「民主與獨裁」的論戰，不難看出，胡適在當時所表達的民主思想雖然多半是應對他人的觀點而引發出來的種種論述，但其背後卻包含著他對民主基本價值的一種深刻體認和追求。這主要體現在三個方面：一，政治統一非武力統一；二，民治幼稚觀；三，民主憲政的諸多好處……已然構成了這一時期胡適主張「民主政治」最重要的理由。也就是說，不論當時中國局勢如何複雜多變，分裂割據也好，文化落後也罷，抑或處於危急的國難之中，都不是政府拒絕推行民主憲政的口實，更不是實行「一黨專政」的必然。儘管胡適在三十年代的一些行止「偶有缺失」，但他對民主自由的無限嚮往，不論是在《努力週報》、《新月》時期，還是《獨立評論》五年中，以及之後的《自由中國》時代，都一以貫之，至死不渝，而且在勇於批判之外，也勇於肯定，突顯自由和獨立的本質立場。所以有人說，胡適是中國真正意義上的自由主義代表人物，並不為過。

---

[21] 1937 年 5 月 30 日《獨立評論》236 號，頁 5－6。

陶希聖眼中的胡適

1920年，當陶希聖還是北大法科（後改稱法學院）法律門（後改稱法律系）二年級學生時，胡適先生已出版《嘗試集》，旋即又有《胡適文存》第一集出版。陶希聖讀的是法科，因此沒有上過胡適先生的課，但一直尊他為師。即使後來兩人在北大共事，陶給胡適寫信時一直稱「適之師」，但胡適本人並不認為陶希聖就是自己的學生。只有一次不確定的「例外」，那是在胡適去世的前兩年，國民黨當局在臺灣鼓噪修憲或修改臨時條款，其目的是為了爭取蔣介石的三連任。針對這件事，胡適與雷震等人堅決反對。其中有一則報導披露，說在陳誠官邸的一次宴會上，胡適提出了三點質詢，其中第二點即「我有一個『荒謬絕倫』的學生陶希聖，他說修改臨時條款不是修憲……」當時「總統府」秘書長張群加以辨解，說「你的學生不是完全沒有道理！」在場的王世杰也附和：「不修憲，連任的問題也可以談談」[1]……這些在胡適日記中確實可以讀到，胡適稱「這一則報導，大致不錯。不知是怎麼傳出來的」。但這畢竟是剪報上的說法，胡適在日記中並沒有加以說明。執以胡適的為人及性格而論，在這樣一個重要的場合下，儘管可能會提及陶希聖關於修改臨時條款不是修憲這一問題，但絕

---

[1] 曹伯言整理：《胡適日記全編》（合肥：安徽教育出版社，2001年），第8冊，頁690。

不會說「我有一個『荒謬絕倫』的學生陶希聖」這樣的話。陶希聖知道後，曾對報端表示：「我們應當維護北大這位大師的尊嚴，不使其玷污於謠言製造者之手，現在關於胡先生的謠言是太多了，我們對於謠言的辦法，就是不理」[2]。胡適先生去世後，臺灣《傳記文學》舉辦過一次座談會，陶希聖舊事重提，在會上說「這不是胡先生的話，因為胡先生從來不說我是他的學生」[3]。不過，陶希聖與胡適之間的交往一直非同尋常。當年陶希聖不幸捲入「日汪密約」中進退失據、焦慮不安時，唯一想到可以寫信表達內心痛楚的人就是胡適。而當年蔣介石有心敦請胡適出任行政院長一職時，派的就是陶希聖秘密赴北平向胡適說項。這一歷史細節大概鮮為人知，人們更多的只是知道在這之前，同樣是胡適的朋友王世杰曾經為邀其出任政務委員一事而費盡了不少口舌。

1931 年上半年，年僅三十三歲的陶希聖在南京中央大學法學院任教。這時突然接到北平師範大學史學系學生會的一封電報，邀其擔任該校的教授。陶不勝詫異，為何聘請一個教授要由學生會來出面？未出三天，北平復馳來一電，這是母校北京大學法院院長周炳琳給他發來的一份通知，亦邀請擔任北大的教授。這對於陶希聖來說，似無以推脫，他當即給中大校長朱家驊先生寫了一封信，說明「北京大學是我的母校，母校的聘約不可推辭」，同時又給北平師學大學史學系學生會作覆，表示已接受母校北大的聘書，預備到了北平之後，「願意兼任師大史學系講師」。時任中央大學校長的朱家驊用人心切，一天冒雨來到陶希聖的宿舍，再

---

[2] 1960 年 2 月 17 日臺北《中央日報》。

[3] 陶希聖：〈關於敦請胡先生出任行政院長及其他〉，《傳記文學》第 28 卷第 5 期（1976 年，臺北），頁 19。

三表示挽留之意，甚至說「一個大學的風氣，以中國文學及史學兩系為樞紐。他的計畫是一步一步對中央大學的文史兩系，力求充實」，並稱已邀請顧頡剛也來中大史學系，由此勸說陶希聖不要走。陶希聖對朱家驊一再解釋，說無力抵抗母校的聘約，而且「學問還差得很遠，願意回到母校，力求上進」。朱家驊感到無奈，在大雨中告辭，陶希聖後來也形容自己是「在大雨中告別了中央大學」[4]。

胡適大陶希聖九歲。自陶到北大任教成了同事之後，兩人相處得一直彬彬有禮，以陶希聖的話來說，就是「各守各的分際」。這時《獨立評論》已創刊，每月在譯學館（北大三院）左首的清華同學會聚餐一次，陶希聖偶爾也去，但他不是獨立評論社的社員。「九一八」後，胡適在對待國事的態度上有所轉變。有一次，在文學院院長辦公室，胡適對蔣夢麟、陶希聖說：「我一向主張世界和平，從現在起，我是愛國主義者。」[5]這一期間，胡適、蔣夢麟、梅月涵、周炳琳、陶希聖等人，經常在一起聚首晤談，針對複雜多變的時局交換意見。1935 年 11 月 19 日，二十九軍軍長宋哲元邀請北平各界人士至中南海居仁堂談話，宣佈華北五省自治。胡適與傅斯年當場慷慨陳詞，表示反對。宋有了顧忌，敷設幾句便宣佈散會。胡、傅二人回到學校後，在深秋的黃昏中，立即邀請教授們在馬神廟二院一間教室裏集會，通報居仁堂之事。經眾人商討之後，一致認為在北方如此危情之下，北大的教授、學生只要還在北平一天，就應做好二十年的打算。甚至議到圖書儀器一概不搬，萬一平津失守，學校南遷，只要搭幾座茅棚，照

---

4 陶希聖：《潮流與點滴》（臺北：傳記文學出版社，1964 年），頁 124。
5 陶希聖：〈關於敦請胡先生出任行政院長及其他〉，頁 19。

樣可以講學諸如此類的細節。隨後胡適等人發表反對華北自治的聲明，產生巨大的影響。陶希聖當時就感到「這一股慘澹剛健之氣，真是可以開金石、動鬼神」。陶希聖甚至認為，五四之前，在中國學術界引領潮流的人物是梁任公；五四以後，則就是胡適先生了。

在「一二・九」學生運動中，胡適在北大遇到前所未有的挑戰，北大學生於他多有疏離，甚至有學生給他寫抗議信，認為「你還能當北大的文學院長嗎」？胡適沒有動搖，儘管在事實上「這一有組織的暗中運作不是胡適少數人『安心求學』的口頭勸說所能抵抗得住的」[6]。以余英時後來的考證，「一二・九是劉少奇主持中共北方局的一大傑作」。在陶希聖的記憶中，「一二・九」開始時只是一次規模很小的學生請願，是北大學生自發的，其動機是反對華北自治。這一天「稀稀落落約有百餘人，但隨後各校皆有行動，其中活動較厲害的是中國大學、北平大學、法商學院，教授們也以這幾個學校為多」，後來則發展到普遍罷課。就在這時，在北大教授每月一次的餐會上，文學院教育系教授尚仲衣提出「我們現在要實行抗戰教育，為什麼還要教這些課？」胡適聽了立刻說：「仲衣，你不要曲學阿世！大學教育就是大學教育，沒有什麼抗戰教育。」[7]陶希聖當時幫著胡適說話，同時又感到適之先生「義正詞嚴，有大勇氣，大魄力」。一周之後，即陶希聖認為的「一二・一六」事件，事態則更為嚴重。陶希聖這樣說：「現在有人把『一二・九』這筆帳掛到共產黨的項下，實在是錯誤，也可以說是荒

---

[6] 余英時：《重尋胡適歷程——胡適生平與思想再認識》（桂林：廣西師範大學出版社，2004 年），頁 39。

[7] 陳存恭整理：《陶希聖先生訪問紀錄》（臺北：國防部史政編譯局，1994 年），頁 14。

謬。……『一二・九』是北大學生自發的,『一二・一六』才是所謂學聯會鼓動起來的。從此北大就和其他大學,形成對立的形勢。『一二・一六』之後,北大學生大會在三院禮堂開會,我站在後排,只見胡先生上臺將要講話,有一部分學生搓地板,胡先生指著他們說『你們有話就站起來講,這樣子,下流!下流!』多數學生鼓掌,把那些預備鬧事的學生的氣焰給壓下去。胡先生講了一番話,斬釘截鐵,勸大家沈著,勇敢,上課講學。大會決定不罷課,北平的學校也就不罷課了……」[8]這一段文字見諸陶希聖1986年5月22日一次正式談話,兩年之後他就去世了。對於「一二・九」儘管今天可作新的審視,但陶希聖當時對胡適在這場學生運動中所堅持的大局觀以及理性態度慨然繫之,以致當宋哲元下令搜查北京大學三院、清華大學、中國大學,有三十多名學生、三位教授被捕時,陶希聖立即去找胡適商討解決辦法。陶希聖對胡適說:「現在這些軍政當局者都是我班上的偷聽生,與我很熟悉;再則二十九軍都是從鄉下投軍行伍出身的,看到秀才舉人都覺得了不起,相當尊重,大學教授起碼算舉人進士,今天教授們若肯出面與他們打招呼,他們必然高興,問題好解決;三則國立大學若與二十九軍站在一起,則今天的華北局面尚可支持,否則情勢更加惡劣。況且二十九軍宋哲元等果真附日、親日嗎?不是的,他們與國立大學師生同樣愛國,不過為應付日本不得不如此,所以我們應諒解,共同來維持北方局面……」9胡適在聽清楚了這一番話後,當機立斷,對陶希聖說「你去……」陶希聖隨即找到北平市市長秦德純,據理力爭。次日,軍方即停止了對各大學

[8] 陶希聖:〈關於敦請胡先生出任行政院長及其他〉,頁20。
[9] 陳存恭整理:《陶希聖先生訪問紀錄》,頁17。

的搜查，被捕學生和教授也相繼開釋。這一結果胡適當然是很滿意的。

陶希聖晚年在《潮流與點滴》一書中說：「有人誤解我是胡適之派。其實，我和他在治學方法與講學精神上，大不相同。北京大學這時包容著各種學派和學說，而章太炎先生學派有些教授是向左翼靠攏了。在國難中間，我與胡先生是站在一起的……」[10]據陶希聖回憶，當時章太炎門下除了錢玄同是站在胡適這一邊的，「其他的通通是反胡的，很奇怪的是他們也通通左傾了。他們並不曉得共產主義、人民陣線，可能純為『反胡』」[11]，這些人當中有北平大學女子學院院長范文瀾、中國大學講述三禮的教授吳檢齋，以及馬敘倫等。從陶希聖在《獨立評論》先後發表的二十二篇文章來看，其中一半是關於民主政治與憲法問題的。儘管在某些問題上，他的見解與胡適互有出入，但陶希聖在此時提出「開放黨禁」這一敏感問題，深得胡適的贊許。臺灣學者陳儀深認為「把這時期的陶希聖稱作『民主論者』還是恰當的」。胡適曾寫信給陶希聖，評說他這個人沒有「名師益友，但為文所向無敵，是不是運氣使然？」陶希聖生動地回覆：「武松打虎走滄州路，打盡天下無對手，但遇見張青與孫大娘，忽然心生感激與親切。而我見您的批評，亦生類似的感覺」[12]。在另一封信中，陶希聖又說：「假如先生願作我的導師（諍友），我也願作先生的諫臣。相反的思想有時是相成的。不過像我那樣意氣用事的文字，和『郎當』式的東西，收不到相成的效果，只供人家以趣味罷了……」[13]陶希

---

[10] 陶希聖：《潮流與點滴》，頁 141。
[11] 陳存恭整理：《陶希聖先生訪問紀錄》，頁 6。
[12] 同上，頁 24。
[13] 《胡適來往書信選（下）》（香港：中華書局分局，1983 年），頁 490。

聖雖然對胡適一向尊以為師，卻又願以諫臣的身份而相隨，真可謂「各守各的分際」，相輔相成了。陶希聖創辦《食貨》半月刊，是上世紀三十年代史壇上一件影響深遠的大事，儘管「其學術價值一直為政治的強光所遮蔽」，仍有待於今天的人們對於「食貨學派」有一個新的認識，但「陶希聖在歷史舞臺上所扮演的特殊政治角色」，卻是不容忽視的[14]。

「西安事變」發生時，胡適明確表示不支持張學良。當時國民政府下了三道命令：一，軍事委員會委員長不能行使職權時，由常務委員代行職權；二，行政院長一職由副院長孔祥熙代理；三，特派何應欽擔任討逆總司令。有一天，北大教授又在豐澤園聚餐，一向出言謹慎的胡適此時也有點衝動，竟對陶希聖說：「希聖，你們國民黨有讀書人，否則無法下這種命令，這是春秋大義。」陶希聖說:「我推想這件事處理過程中，最具影響力的可能是戴(季陶）先生。」胡適說：「我不是國民黨，我一向反對國民黨、批評國民黨，但是今天我要加入國民黨。」陶希聖說：「你若加入，我做介紹人」[15]。這件事我們只能當作胡適一時之心情，畢竟後來也沒有加入國民黨。而另一次在騎河樓清華同學會聚餐時，東北大學農學院院長金某亦在場，他剛從西安來，急切要與北平的教授們見面。他一再解釋說：「漢卿先生見中國無法兩面作戰，向委員長建議抗日不反共，未為委員長接受，故有此兵諫……」陶希聖回憶，胡適當時就直言相告：「什麼叫兵諫，這在軍紀上是犯上，是不當的，蔣委員長如有差池，中國要倒退二十年……」[16]

---

[14] 陳峰：〈《食貨》新探〉，《史學理論研究》2001 年第 3 期。

[15] 陳存恭整理：《陶希聖先生訪問紀錄》，頁 29。

[16] 同上，頁 30。

事實上，「西安事變」一爆發，胡適當時就有電報並以北平各大校長的名義告誡張學良，「陝中之變……名為抗敵，實則自壞長城」，這與陶希聖後來的述說基本相一致。這時胡適作為北平學界最具影響力的一位人物，對國事的態度實際上也代表著更多人的想法。「七七事變」當晚，北平市長秦德純在中南海邀請胡適、陶希聖、羅隆基等人商談國是。當時宋哲元已避回樂清故里，北平由秦德純一人勉力維持。秦對眾人說：「豐台已經被日本人占了，日軍又侵入長辛店演習，情勢危急，我們也沒有別的話說，只有一句話，希望上面不要聽信小報告，相信宋哲元先生和二十九軍是可靠的，是愛國抗日的。」羅隆基則接過話頭，沒頭沒腦地說：「華北特殊化，形成一個緩衝地區，也是好的。國民黨既是退出，何不讓各黨各派來玩一玩，活動活動呢？」話音畢落，胡適當即指著羅隆基說：「努生！你這是什麼話。你知道我一向批評國民黨反對國民黨。但依訓政時期的約法，國民黨行使政權，等於日本的天皇，倘若我們政府要求天皇退出日本，日本人將怎樣答覆。國民黨因為抗日，遭日本逼迫撤退黨部，而你們各黨各派在華北活動，若是抗日還不是會被日本趕走；如果不抗日，那你們做什麼呢？你的話說錯了。」[17]胡適1937年日記自6月21日起即未記，到7月20日才恢復，陶希聖的這一段憶述實可看出胡適當時複雜的心情。之後就是歷史上有名的牯嶺茶話會，胡適在會外與蔣介石還有過一次單獨談話，這時他已知戰爭確實不可避免了。8月，到南京後，蔣介石又約張伯苓、胡適、梅貽琦、陳布雷、陶希聖等人在黃埔路官邸午餐，張伯苓一開口就老淚縱橫，說自己幾十年的努力都完了。蔣見狀說：「抗戰勝利後，我還你一個南開大學。」

---

[17] 同上，頁43－44。也可參見《潮流與點滴》，頁143；

胡適則對蔣介石說，張自忠為了北平這座城市與日本人簽訂停火協定，以免城市遭到敵軍的破壞，這件事在國際法與慣例上，是合法的，不應被譴責。又說「兩國作戰，一方面作戰，一方面還是有交涉，外交部亞洲司高宗武這個人很好，可用。」[18]9月，胡適去國遠行，陶希聖、陳立夫、羅家倫、王世杰等人前來送行，胡適在日記中不無傷感地寫道：「坐在星光下，聽空中我們的飛機往來，心裏真有點捨不得離開這個有許多朋友的首都。」[19]不久，胡適即奉命出任戰時中國的駐美大使；陶希聖這時也離開了北大，從此棄學從政，並在日後捲入一場複雜萬端的政治旋渦之中。其間，他兩次給遠在美國的胡適寫信，傾述衷腸。

1947年行憲，翁文灝出任行政院長。後因貨幣制度改革受挫，「自應負責去職」。1948年10月，陶希聖在北平與胡適見過面。一日，陶希聖突然接到黃埔路官邸的電話，命其立即趕到。蔣發問：「你上次到北平去，胡適之先生對你說什麼？」陶希聖說：「胡先生只有一句話，要我只能報告你一人，不能對任何人說，那就是翁詠霓不能做行政院長。」陶還說，當時就問適之先生：你和翁詠霓是幾十年的老朋友，為什麼說這話？胡適坦言之：「蔣先生謬採書生，用翁詠霓組閣。翁詠霓自在長沙撞車以後，思想不能集中。同時，他患得患失，不知進退，他對朋友嘻嘻嘻的一笑，沒有誠意，而對部下，則刻薄專斷，他不能做行政院長。」這番話顯然是講很重了，而且又是轉告給當時中國最高領導人。如果沒有高度信任，胡適大概不會對陶希聖說出自己心中的如此焦慮。蔣介石似乎早有謀劃，對陶希聖說：「你現在就去北平請胡先

---

[18] 陳存恭整理：《陶希聖先生訪問紀錄》，頁59。
[19] 曹伯言整理：《胡適日記全編》，第6冊，頁711。

生來擔任行政院長，所有政務委員與各部會首長的名單由他開，我不加干涉。」陶希聖當日下午三時乘坐蔣安排的空軍飛機抵達北苑機場，在北京飯店給胡適打了電話。胡適則說已知道他來北平的任務了。胡適在 1948 年 11 月 22 日日記中只有一句話，「陶希聖從南京來，奉有使命來看我。可惜我沒有力量接受這個使命。」若干年後，陶希聖透露：當他說明來意時，胡適卻說「這是美國大使館及三兩個教授的主張，那是萬萬做不得的！」又說：「你看，現在滿地書籍，都沒有收拾，我根本不能動，我一動，學校裏人心就散了！」談到後來，胡適幽默地說：「我可以做總統，但不能做行政院長。」因為他認為目前這部憲法，既不是總統制，也不是內閣制，如果他做總統的話，就提名蔣先生為行政院長，這樣可以造成一部內閣制的憲法。陶希聖也不無幽默地說：「你若是做總統，我謀個小差事。」胡適問，想做什麼差事？「我做總統府的副秘書長」。胡適說：「你就做正秘書長嘛！何必屈就副秘書長。」「正的，太忙了。」其實，這是兩個友人之間的弦外之音，胡適又怎會去做這個總統？兩人約好第二天再談。第二天上午八時許，胡適就來到北京飯店。陶感到這裏不是談話的地方，因為新聞記者太多了。胡適則說：「你這次來，是背著黃包袱，我非來拜望不可。我們就走，到我家去。」於是兩人又折回胡府。這一次談話的最終結果自然是胡適不願去南京組閣，陶希聖深知胡適內心「不願放棄獨往獨來的自由」，他立即打電話給空軍華北區司令徐康良，請他派人來取給蔣介石的電報稿，將胡適的這個意思奉告[20]。蔣介石擬請胡適出任行政院長一事就這樣悄然發生又悄然結束，雖然在所謂行憲時期蔣某人仍具有一定的「提任之權」，卻又

[20] 以上均參見〈關於敦請胡先生出任行政院長及其他〉，頁 18－19。

可見胡適一以貫之「請政府為國家留一兩個獨立說話的人」的堅定立場。1949 年 1 月，蔣介石宣佈下野，其引退文告由陶希聖執筆完成。這一天，陶希聖連代總統李宗仁的電話也不願接，而是與胡適、葉公超一同登上了紫金山，「我們三人直上山頂，俯瞰南京，一時感慨萬千，無話可說」[21]。4 月，胡適赴美前夕，蔣介石從溪口打電話給滬上的陶希聖，想請胡適在臨行前去一趟奉化。陶希聖回憶道：「我接到電話，便去看胡先生。他說：『抗戰初期，我由南京往美國，您到上海路來送行。今天我打算去美國，您來送行。十四年了，人還在，山河已改了。』言下不勝感慨。他又說：『我應該去溪口，拜望蔣先生。我想了一下，還是不去的好。我就是這樣一直往美國去，能不能替國家出一點力？總是盡心去看著做。請你把這個意思轉達蔣先生……』」[22]陶希聖內心頓生淒涼，說：就這樣，胡先生走了。4 月 6 日，胡適與王世杰在雷震處用過早餐之後，即乘坐十一點的克利夫蘭總統號船離開了上海。這是胡適第六次出國，從此再也沒有回到過大陸。

陶希聖與胡適的交往並非始於北大任教期間，更遠可追溯到北伐時在上海。那時胡適先生與徐志摩等人在辦《新月》雜誌，風行一時。陶希聖在上海也辦了一個小刊物，叫做《社會與教育》，其間也有批評《新月》的文章，並與《新月》作家打過一兩次筆墨官司。那時陶希聖經常與胡適見面，但胡、陶二人親系密切還應當是在北大之後。在中國現代史上，陶希聖是一個備受爭議的人物，他自詡一生只有兩種武器，即一張嘴與一隻手，亦即演講與寫作，前者被時人譽為政論家，後者為經常寫社論主導言論。

---

[21] 陳存恭整理：《陶希聖先生訪問紀錄》，頁 250。
[22] 陶希聖：〈關於敦請胡先生出任行政院長及其他〉，頁 21。

由於他對胡適先生自始至終抱有一種敬佩之情，並有過如此諱莫如深的特殊交往，兩人的友誼足以讓史家細察待辨其中的一些奧秘了。陶希聖眼中的胡適是沒有經過人為修飾的胡適，也沒有更多意識形態的色彩，他對胡適的評價似顯得更加客觀而真實：「一個人在任何一個場合，一舉一動，恰好適應這個場合，無論是演說，或是談話，總有不失自己立場而又適應這個場合的一番意義。胡先生就是這樣一位學者。這話說起來容易，做到的人卻是少而又少。再從反面設想，假如一個人無論在什麼場合，一言一行，總有些不適應，無意義，這便可以反證胡先生為人行事，立言作文，真是『極高明而道中庸』，斷乎不是尋常的人可以想見與做到的……」[23]想想胡適在歷史上還真是這麼回事。在一個風雲激蕩的時代，尤其是面對知識與權力的兩難之境，處處顯見高明與遠見，同時又不失自己的立場。這樣的人在當時不多，即便在今天也微乎其微，書生陶希聖月旦人物的眼光有時也真夠準的。

---

[23] 同上。

胡適先生簽名本
——《師門五年記》及其他

這本不到六十頁的小冊子——《師門五年記》胡適先生簽名本，從臺北到紐約，又從太平洋彼岸回到中國大陸，兩度飄零過海，歷經四十多個春秋日月，其中漶漫著許多值得感懷和書寫的人與事，又輾轉於幾代溫暖的友情之手，「春歸秣陵樹」，最後竟成了自己「几案羅列」中可作浮生伴侶的珍愛之物。

這本《師門五年記》胡適先生簽名本，其「本事」涉及一段舊人舊事，而與此直接有關的人物至少包括胡適本人、作者羅爾綱以及受贈者潤章先生。關於這本小冊子的寫作緣起、出版波折，以及胡適先生對這本書的評價等細節，作者羅爾綱在書中早有述及，茲不贅言。只是書外一些並不為今人所熟知的往事，折射出一代學人的精神世界，說起來仍是饒有意味。

1993 年，太平天國史學家羅爾綱已寫出《胡適瑣記》一書，與五十年前因感念其師誼於十幾天內匆匆草成的《師門辱教記》合而為一，於 1995 年由北京三聯書店正式出版，三年後又有增補本。新版《師門五年記・胡適瑣記》，雖談不上「珠聯璧合」，但作為當年《師門辱教記》的背景闡述和事件注腳，似不妨看成是「姊妹篇」。只是在《胡適瑣記》中，羅爾綱再也不像先前那樣開口必稱「適之師」了，通篇皆「胡適」之名諱，給人以一種時過

境遷、物是人非之感。不過，在胡適眼中，這位及門弟子還算是比較厚道的人。當年在家中幫助做事時，「一介不苟取」，不要任何報酬，胡適始終將此事掛在嘴邊，並很「看重爾綱這種狷介的品行」。1949 年下半年，正當時局蜩螗之際，胡適第六次出國，先赴美國紐約做了「寓公」，後返台出任「中央研究院院長」；羅爾綱則在廣西貴縣江邊「淌下了熱淚」迎接人民解放軍的到來，隨後進中國科學院經濟研究所工作，幾年後又調入近代史研究所。臺北中研院近代史研究所潘光哲博士在〈胡適與羅爾綱〉一文中這樣寫道：「分處不同的環境，師生間的『思想』距離，亦更形遙遠了。只是，兩人之間的情誼，應該還埋藏在彼此的心靈深處，等待著適當的機會表白宣洩。」

倘若潘博士此言不虛，羅爾綱等待「表白宣洩」的適當時機應當是後來寫這本《胡適瑣記》；而胡適大概就是在 1958 年 12 月 17 日六十八歲生日之際，將《師門辱教記》易名為《師門五年記》，自費委請臺北藝文印書館代為兩次重印，凡兩千冊，以作為「贈送朋友之用」。胡適在「後記」中並沒有交待重印的真正動機，只是說這幾年裏朋友看見這書稿的，都勸他印出來。倒是胡適的秘書胡頌平在《胡適之先生晚年談話錄》中這樣記述，1958 年 12 月 26 日深夜，他與胡適同車返回臺北時，先生在車上談起了自費印刷《師門五年記》的真實想法，「等於替中國公學作廣告」，其心情與十年前在為《師門辱教記》作序時有所不同。羅爾綱曾回憶胡適當年給他的信說，「這本小小的書給他的光榮比他得到三十五個名譽博士學位還要光榮」。然而，征鴻過盡，萬千心事難寄，一晃已是十年過去了。這時大陸對胡適的「缺席審判」已然沒有結束，在意識形態領域中，胡適被定位於「帝國主義者的馴服工具」，文人郭沫若甚至說，胡適與蔣介石是一文一武的「難兄難弟」。就在這時，羅爾綱發表了〈兩個人生〉一文，對自己曾經「恭謹領受師教」（潘光哲語）作了一次徹底地清算。他在文章中「譴責」自己前半生中了胡適「反動學術思想的毒」，現在終於可以掙脫「胡適思想」的桎梏，告別「灰冷的、虛無的、無可奈何的人生」，從而走向另一個「熱愛的、滿懷信心的樂觀的戰鬥人生」。他力圖借助「自我批判」，表明自己在思想改造後如何痛下決心，無論是在政治或學術上，已與業師「一刀兩斷」。胡適當然可以隔岸冷眼觀看這裏所發生的一切，或許也不會相信羅爾綱與自己劃清界線完全是出於個人的「自由意志」，但羅爾綱這種「自我批判」的激越姿態，與幾年前流著熱淚迎接人民解放軍時的激動心情相暗合，其中未必就沒有內在的關聯和真實性。到了 1993 年，羅爾綱在寫《胡適瑣記》時，面對這一段難以言說的往事依然可以找到一個類於「自嘲」的口實，「……胡思杜與胡適還可以劃清敵我界線，我做學生的，更可以與老師劃清敵我界線了」，甚至「豁然開朗」地說：「二十年前，我是胡思杜的老師，今天胡思杜是我的老師」，而小於羅爾綱十多歲的胡思杜後來卻自殺了。

歷史總是可以讓人多角度地去思考。從 1954 年起，羅爾綱以馬克思主義的觀點、方法與立場，重新改寫、整理自己研究太平天國史的舊稿與新撰述的論著，並結集成書，洋洋七巨冊。從一個一般意義下史學家，轉變成一名馬克思主義史學家，其中的代價就是以揚棄胡適式的「舊考據方法」為前提，這顯然是胡適先生始料未及的。因此我們不妨推斷，在經過思想改造之後的羅爾綱，與業師道分南北，其師生因緣「早已在歷史上畫下句點」（潘光哲語），這從胡適後來與友人何勇仁談話時的語氣中也可看出：

「那個貴縣姓羅的學生是羅爾綱……」。1961 年 8 月 16 日，胡適又致函何勇仁，這可能是他最後一次提及羅爾綱的文獻史料。「上月廿三日蒙先生遠來看我，得暢談半個上午……那天我們談及貴縣姓羅的學生，大概就是羅爾綱。先生讀了他的『坦白狀』，想必也是這樣猜想罷？」這與胡適談起同樣是中國公學學生的饒毓泰、吳健雄時那種「得意」的神情判若兩人，似可反證胡適自費刊印《師門五年記》「等於替中國公學作廣告」這一說法，而非僅僅是為了彌補因自己滯後作序致使這本小冊子在重慶無法再版的某些遺憾。胡適自費印刷《師門五年記》以贈送友人，應當說與羅爾綱本人已沒有多大關係了。相反，這一年羅爾綱正式加入了中國共產黨，在水一方的胡適也許並不知道此事，但他在這個時候選擇此書自費重印，如若與羅爾綱在大陸發表「坦白狀」這件事聯繫起來看，其中的深意只能揣測而不為外人所知。至於當年胡適為什麼提出讓羅爾綱去自己家中做事，這從他晚年給歷史學家吳相湘的一封信中可以找到解釋，「……早看出爾綱的天資不太高，需要朋友督責，所以我總想管住他一點。」就在這封信中，胡適自責自己「太忙」，沒有功夫去監督他，因此才有了羅爾綱在《太平天國史綱》中出現曾遭至自己批評的「明人好名，清人務利」這樣浮泛空洞的論議。胡適由此又想到了陳獨秀和魯迅，感歎前者倘若不脫離北大、後者不離開北京的話，都「可能不會演變到後來那樣子」。1948 年 9 月，胡適南下參加中央研究院第一次院士會議時，與羅爾綱見過一面。兩人長談一個多小時，這是師生二人最後一次見面。從此白雲蒼狗，人生多歧路，這一段不期然的「師生情」至此也該是「人間沒個安排處」了。

胡適晚年為什麼要替中國公學「做廣告」，還得從他與母校的特殊情緣談起。光緒丙午年（1906年），胡適進上海中國公學時還是一個年齡尚不足十五歲的少年。中國公學之軔設，是因為當年日本文部省頒佈取締中國留學生規則而導致部分留學生慨然回國，在他們的主張之下所開辦的一所大學。中國公學的成立，從某種意義上講，亦即是一種民族精神的體現。姚宏業在其遺書中稱「中國公學不啻我國民族能力之試金石」。姚宏業是因其籌款困難，學校經費陷入絕境，才遺書投江自殺的。胡適在《四十自述》中曾說：「我也是當時讀了姚烈士的遺書大受感動一個小孩子」。因此，他於當年夏天投考中國公學。「胡先生之所以進中國公學可以說是受了民族精神這觀念所影響」（楊亮功語）。

對於胡適來說，中國公學正是他一生「身行萬里半天下，眼高四海空無人」（這幅對聯集句本由胡適贈錢君匋，後由錢先生親筆題書贈胡適績溪故居。作者注）的起始。胡適在中國公學受高等教育只有短短的三年時間，但對於後來他的人生道路及學術思想卻有著決定性的影響。據楊亮功先生回憶：「……胡先生在中國公學讀書時生活頗為拮据，甚至無錢住宿舍。而寄居在競業旬報社裏，飯食亦歸社中供給。旬報每出一期，可得編輯費十元，倘需寄錢養家。新公學成立時，學校請胡先生擔任低級各班英文，每星期三十點鐘，月薪八十元，但不能全發。」這種少年時代的求學窘境，胡適這一生大概都不會忘懷。在公學時期他就反對治學「苟且」，曾在競業旬報第 36 期上發表過一篇論「苟且」的文章，痛斥隨便省事不肯徹底思想的毛病。二十二年後，胡適接任上海中國公學校長。在其任內「學校秩序安定，教學水準提高，校內養成學生一種自由活潑讀書風氣，尤其是胡先生特別注意獎

掖青年人才，因此他在中國公學是最為學生所尊崇的最成功的一位校長」（楊亮功語）。羅爾綱在《師門五年記》中也說，「進了學校，首先使我痛快的，是不掛國民黨旗，星期四上午不做國民黨紀念周」，「這所大學，寧靜得猶如我國古代的書院」。當然，這時的羅爾綱還只是一個「在學校裏無聲無息的一點不活躍的學生」（羅自語），由於成績名列全校前五名，並得過校內獎學金，而為校長胡適所知。但在眾多中國公學學生中一直被胡適引為自豪的有兩個人，一位是饒毓泰，1919 年南開大學物理系的創始人；另一位就是吳健雄女士，兩人均為世界一流的物理學家。在最後一次酒會上，胡適對眾人說自己「對物理學是一竅不通，卻有兩個學生是名滿天下的物理學家，……算起該是『四代』了。這一件事我認為生平最得意的，也是值得自豪的。」所謂「四代」，係指饒毓泰、吳健雄是自己的學生，吳大猷是饒毓泰的學生，而楊振寧、李政道則是吳大猷的學生。胡適晚年寫過一篇〈中國公學校史〉，從學校軔辦之初一直寫到 1928 年他擔任校長時期為止。不僅如此，他還認為馬君武所寫中國公學「續史」中間省略太多，所以特地致函當年的副校長楊亮功希望也能寫一篇中國公學續史。就在逝世前的當天下午，胡適還將〈中國公學校史〉送給了吳健雄……而 1930 年 6 月，當羅爾綱夢一般地搬進位於滬西極司斐爾路的胡家，成了胡府「及門弟子」時，可謂梅心驚破，「有著說不盡的歡喜」。在這之前，他曾特地用掛號信以言謝校長的這番「知遇之恩」，其語誠摯而感人：「學生能夠到校長的家去，在一個偉大的靈魂庇蔭與指導之下去工作念書，實在做夢也沒有想到。……學生是個立志向上的人，到校長家去，是要竭盡自己的所能，謹謹慎慎地跟著校長走，如果校長以為學生是尚可以栽培的教訓的，學生實願畢生服侍校長，就是到天涯海角也去……」（1930 年 5 月 20 日，羅爾綱致胡適函） 這些知恩圖報的話，都是羅爾綱在《胡適瑣記》中從未提及的。羅爾綱在後來之所以能成為當代研究太平天國史的名家之一，莫不與在胡府數年「煦煦春陽」中謹領先生「不苟且」的師教有關。只是他最終沒能夠實現自己「畢生服侍校長」的心願，也未追隨先生「到天涯海角」去。

寫到這裏，也該說說潤章先生了。

這本《師門五年記》簽名本，就是胡適當年送給他的。「潤章」即李書華，曾留學法國，是一位著名的物理學家和教育家。上世紀二十年代，他是眾多留法學生中第一個獲得法國理學博士學位的人，其博士論文得到過居里夫人的指導，後被選登在法國科學週報和法國物理學報上。1922 年 6 月，李書華接到北大校長蔡元培的聘書，從法國馬賽港乘郵輪經蘇伊士運河、新加坡、西貢、香港於 8 月底回國，先後在北大任物理學教授、系主任。他把當時世界前沿的科技理論潛心編寫成教材，還趕寫出《相對論淺學》、《普通物理實驗講義》等多本教材。1925 至 1926 年，李書華執教的北大預科的物理水平已與美國哈佛大學一年級水平相當，本科畢業生水平也處在美國學士與碩士之間。北大學者陳平原在《老北大的故事》中這樣寫道，「二十年代『北大本科物理系畢業水準，比美國大學本科畢業（得 B.Sc.學位，以物理為主科）水準為高，比美國得碩士（M.Sc.）學位的水準為低』。這對於創辦不到三十年的北大來說，無疑是值得驕傲的。北大理科、法科的教授對中國現代化進程的貢獻，完全值得文化史家大筆書寫。」1932 年，李書華出任過一年國民政府教育部部長；1943 年至 1945 年，為中央研究院總幹事、中央研究院院士。1949 年 6 月，李書華赴

歐洲在巴黎大學及法蘭西學院從事「大分子研究」，並將長女留在了大陸。胡適則是在這一年4月6日乘坐遠洋輪 President Cleveland 號前往美國的。1953年，李書華從法國移居美國紐約。他與胡適、蔣廷黻等人同時被臺灣中研院院長朱家驊聘為留美院士。

胡適於1917年下半年開始在北大任教，比李書華早了五年。一個在文學院，一個在物理系。1924年冬天，胡適與李書華等人之間卻有過一次涉及國事的激辯。這一年11月15日，清廢帝溥儀被馮玉祥部逼出紫禁城，遷居醇親王府時，掀起了一場軒然大波。當日胡適即致信北洋政府外交總長王正廷，旋於11月19日在《晨報》刊載。胡適說：「我是不贊成清室保存帝號的，但清室的優待乃是一種國際的信義，條約的關係。條約可以修正；可以廢止，但堂堂的民國，欺人之弱，乘人之喪，以強暴行之，這真是民國史上的一件最不名譽的事。」胡適的信發表後，除溥儀的英文老師莊士敦表示贊許外，多數人紛紛指責。周作人在致函胡適時就說：「這次的事從我們秀才似的迂闊頭腦去判斷，或者可以說是不甚合於『仁義』，不是紳士的行為，但以經過二十年拖辮子的痛苦的生活，受過革命及復辟的恐怖的經驗的個人眼光來看，我覺得這乃是極自然極正當的事。」與此同時，北大同事李書華、李宗侗對胡適的言論也深感「非常駭異」。他們致函胡適，稱：「中華民國國土以內，絕對不應該有一個皇帝與中華民國同時存在。皇帝的名號不取消，就是中華民國沒有完全成立，所以我們對於清帝廢除帝號，遷出皇宮，是根本上絕對贊同的。這是辛亥革命應該做完的事，而現在才做完，已經遲了十三年了。」面對友人與同事的指責，胡適於11月28日作覆李書華等人：「人各有所見，不能強同。你們兩位既屢以民國為前提，我要請你們認清一個民國的要素在於容忍對方的言論自由。你們只知道『皇帝的名號不取消，就是中華民國沒有完全成立』，而不知道皇帝的名號取消了，中華民國也未必就可算完全成立。一個民國的條件多著呢！」胡適是受過英美憲政理念訓練的人，生平待人處事也時時本著「仁愛」與「同情」之心。他從美國留學歸國後曾在北大組織過一個「成美學會」，意即「君子成人之美」。尤其在「容忍比自由還更重要」的原則下，他對溥儀自是有著一種同情。這種「同情」還包括後來他去醇親王府看望溥儀，勸促他早日下定決心出國留學，以擺脫困境。胡適當時認為自己在這件事情上只是說了一句公道話，雖然有點「不中聽」，但他「只要求一點自由說話的權利」，可這「十幾日來，只見謾罵之聲，誣衊之話，只見一片不容忍的狹陋空氣而已」。 沒有「容忍」就沒有「自由」，這個被北美周策縱教授看成是「胡適的最後的重要見解」，實際上在這時就已初見端倪了。胡適對這個問題一以貫之的憂慮和遠見，反映出他對民主制度的一種深刻體認和期待：一個不能自覺捍衛「對方言論自由」的國家，所謂「民國」，又從何談起呢？以胡適之見，「英國不廢王室而不害其為民國，法國容忍王黨而不害其為民國」，這都是在一個現代制度之下才可能做到的事情。可此時北京政變也好，驅除舊帝也罷，其背後卻是直系軍閥內部之間的一種分裂和權爭。胡適在給李書華等人信的最後不無動情地說：「在一個民國裏，我偶然說兩句不中聽的話、不時髦的話，並不算是替中華民國丟臉出醜。等到沒有人敢說這種話時，你們懊悔就太遲了。」學者王毅在談及此事時總結道：「在胡適看來，能不能寬容異己者的意見，這是區分中國是否已經從中世紀制度進步到現代制度的根本界限。」這話說得再明白不過了。

儘管胡適與李書華在歷史上有過這樣一次爭辯，並未妨礙兩人之間的交往與友情。尤其上世紀五十年代滯留美國期間，兩人交往十分密切。1966 年臺灣《傳記文學》第 8 卷第 5 期上有過一幅照片，係胡適、李書華、王雲五、鄭天錫等人於 1957 年 10 月 9 日在紐約的一張合影，李書華居中，胡適在他的右側。第二年 10 月底，胡適離開美國，回臺北就任中研院院長一職。抵達三藩市時，他給李書華寫了一封信，交辦支票五百元之事，「作為院士選舉在美籌備委員會之用，只是一項眼前的用途而已」，同時與之「敬此告別……」。這時距胡適六十八歲生日以及自費印刷《師門五年記》只有一個多月時間。查耿雲志、歐陽哲生所編的《胡適書信集》，在 1959 年 2 月至 3 月間，胡適曾給李書華寫過兩封信。在其中的一封信裏，他希望李書華勸說吳健雄、楊振寧、李政道等人能回臺灣「作短期的勾留」，並垂詢「老兄能同大嫂回來走一遭嗎？」可見在這一時期李書華並沒有回過臺灣，這本薄薄的小冊子隨信寄贈的可能性極大。胡適逝世後，李書華撰〈胡適之先生生平及其貢獻〉長文一篇，刊登在 1962 年 5 月 30 日《大陸雜誌》第 24 卷第 10 期上，述要精闢：「……他是一個自由主義者，主張思想自由與言論自由。對於政治，他一向主張要憲法，並且要遵守憲法，確定法治基礎以保障人權……」這時的李書華在政治上與胡適已是相當一致了。李書華晚年身體欠佳，不能遠行，其後更是纏綿於病榻五年之久。賴其夫人王文田悉心照料，才得享高年。1979 年 7 月 5 日，李書華在紐約去世，終年九十歲，這時胡適已去世十七年了。李書華夫人王文田是張伯苓時代的南開老人，我所認識的劉鶴守先生則是當年南開的學生。李書華逝世後，王文田一直獨居在李書華生前任教的哥倫比亞大學校區寓所內，受到她一手培育的當年南開女學生的多方照料。2001 年，王文田女士在紐約去世，享年九十八歲。此時劉鶴守先生正在美國東部遊歷，後與參加料理後事的南開校友一起在清理遺物時，劉鶴守先生發現了這冊《師門五年記》胡適簽名本。在徵得同意之後，劉鶴老將這本小冊子帶回了國內。前年暑溽大熱，我與邵建兄去拜訪劉鶴老時，在他滿壁的書櫥中發現了此書，當時莫不為之而心動。後來劉鶴老見我真的滿心喜歡，便慷慨轉贈。「感月吟風多少事」，欣喜之餘，寫下此文，想不到竟還有這麼多的話可說。

胡適為何屈就東方圖書館館長

不久前，讀到過一篇杭州學者散木先生寫的短文〈胡適在葛斯德東方圖書館〉，這是文章的主標題，副標是「兼說從『中統』專員到圖書館館長的童世綱」。一文說了兩人，爬梳清晰，述要精闢，點到為止，其中談到了當時胡適先生對待美國人的態度，也談到了此時胡適之所以出任普林斯頓大學葛思德東方圖書館館長一職乃因生活拮据所致，文中這樣寫道：胡適之妻江冬秀「不願和兒子兒媳一同居住在泰國……吵著要來美國，一人還好辦，來去方便，夫婦兩人的生活就不同了，胡適不得不考慮找個工作，好在他能上能下，下崗再就業對他不是難事」。這裏所謂「下崗再就業」，指的就是 1950 年胡適受聘於葛思德東方圖書館館長這件事。唐德剛在《胡適雜憶》中，也談及此事，「孰知他底蓋世才華，竟只能在普林斯頓大學做一短期的中文圖書管理員」。唐德剛出語一向輕鬆詼諧，話中有話，給人的感覺彷彿是胡適出任葛思德東方圖書館館長一職，好像出自一種「無奈」似的。雖然美國人在面子上「還算相當尊敬」，但在敷衍胡先生之背後，「真正的態度又如何，則非胡氏之所知矣」。唐德剛由此舉了一例：一次他和哥倫比亞大學一位高層人物共進午餐，此公這時正在羅致人才以「充實有關漢學之教研」，唐德剛建議不妨請胡適來幫忙，誰知那人竟微笑著說：「胡適能教些什麼？」胡適先生做過中國第一流大學的

校長，著述等身，又當過幾年中國駐美大使，一些美國人對胡適卻似有天然「隔膜」，如此「敬而遠之」（唐德剛語），可見當時美國文化學術界在對待華人學者時的一種疏離態度。不過，具有遠見卓識的胡適先生則不加理會，不僅做了近兩年的葛思德東方圖書館館長，還做了十年的「榮譽館長」（1952—1962）。近讀 1975 年臺灣《傳記文學》第一百五十八、一百五十九期，刊有記者出身的學者作家陳紀瀅先生撰寫的〈胡適、童世綱與葛思德東方圖書館〉一文，方知胡適先生當年之所以心甘情願地屈就一個規模不大的「東方圖書館」館長一職，其真正的動機和「需要」並不在於每年五千多美元的薪水，而是認定這並非是一個普通的中國圖書館，「為了保存及發揚中國文化，一定要使它具有特性，讓它在眾多的圖書館中放異彩，既成為研究中國醫學、藥學僅有的特殊地方，也成為傳播中國一般文化的大眾場所」（陳紀瀅語）。

1952 年秋天，胡適先生在去職之前，曾經鄭重其事地對自己的忠實助手、繼任者童世綱說過：「您至少須在這裏待上十年，才有成功的希望，將來您就是一位文化大使。」童世綱自接任館長一職後，直至上世紀七十年代後期才退休，前後幹了將近有二十五年，遠遠超過了胡適所說的「十年」，還獲得了「終身名譽館長」之榮譽。童去世後，校方為表彰他所作出的傑出貢獻，在館內借書臺上豎起了一個銅牌，有「凡來此借書者，都應該感謝童博士」云云。童世綱早年畢業於武漢文華大學圖書館系，後來陰差陽錯地成為「中統」的一位專員，估計沒少做過違背己願或眾意的事情。但在歷經了人生的滄海桑田之後，終於在海外「學以致用」，找到了自己的真正歸宿，其中無疑有著胡適先生對他多年的教誨和信任。童世綱後來編撰過一本《胡適文存索引》，是否抱以對胡適先生的一種終生感激亦未可知也。

葛思德東方圖書館是美國第二大收藏中國圖書的場所。它的出現應當說是一個偶然，且又是一個「收藏家的圖書館」。這裏收集了許多有關中國醫學、藥學方面的書籍，最初購買這些書籍的人是一位名叫邱昂•莫爾•葛思德（Guion Moore Gest，1864—1948）的美國建築師、工程承包商，他是一個清教徒。當年他來華延攬生意時，因久患綠內障（也就是中國人所說的青光眼，作者注）而屢治未愈，對西醫失去了信心。後與美國駐華公使館海軍上校義理壽（Adviser　Commander Irvin Van Gillis，1875—1948）結識，在義氏的勸說之下開始試用一種由中國河北定州研製生產的品牌——馬應龍眼藥，想不到「霍然大愈」。從此，葛思德對中國藥品頓生興致，於是給了義理壽一筆錢，讓其代購中國醫書、醫藥資料等，特別是一些有關治療眼疾方面的書籍，不期而然地便成了葛思德個人收集中國書籍之開始。後來有人尋思「葛思德東方圖書館」之興起，發現這完會是由於一小瓶中國「定州眼藥」而促成，這話其實並不為過。在義氏為葛思德所購買的這些書籍中，僅醫藥方面的就有五百多種，近二千冊。與此同時，葛思德對中國的其他書籍也發生了濃厚興趣，到後來竟演變成一種投資，同時也是他個人在經濟上一項不小的負擔（上世紀三十年代初，由於美國經濟出現「大恐慌」，葛思德的財務狀況有所拮据）。不過，一個美國人對中國文化有著如此強烈的興趣，儘管引發之因或許有點微不足道，但無形中卻又是在孜孜以求地構建中國文化傳遞、交流、傳播的「功德無量」之事業。這裏值得一提的是義理壽這個人，這是一位對中國文化有著異常深厚情感的人物，他後

來為了替葛思德購買中國圖書，竟辭去公使館海軍武官一職，娶了一位滿族中國女子為妻，並以妻子的名義在北京購置一所房子，從此專心從事中國圖書目錄編注的研究工作。義理壽原為國際一流的刑偵專家，能講一口流利中國話，時任國立北平圖書館館長袁同禮先生與之過往甚密。袁先生曾對友人說過：義理壽可以憑藉放大鏡對其手指之用力進行科學分析，當眾表演判斷一個人是否用了兩台或三台打字機所打出來的文件，而且「屢試不爽」。後來義氏將這種「精確技術」運用於對中國書籍及版本的研究之中，獲得了意想不到的成果。若干年前，我讀過一本著名目錄學家、文獻學家王重民先生的文集《冷廬文藪》，其中提及他曾經受聘（1946 年）研究過葛思德圖書館中的中國善本。王重民對義理壽的目錄學研究評價甚高，他說「我已經又把義理壽所作專案的英文注解（自 1029—3707）審查過了，我覺得他對中國目錄學是非常的優異。在注解中，他幾乎沒有發生一點錯誤……」並且認定葛思德所收藏的這些中國圖書有著極高的價值，「在所有我曾審查過的中國圖書館收藏中，我認為葛思德收藏是最重要之一。我曾在國會圖書館（指美國，作者注）審查過一千五百個圖書專案。我又曾把國立北平圖書館於戰時存放在美國的二千七百個書目加以審查，我已以發現葛思德收藏的 A 部分（古典文學）百分之七十，和國會圖書館或北平圖書館，並未重複。D 部分（文藝寫作）有百分之五十不重複。這樣足夠證明葛思德收藏的價值了」。1926 年，經由葛思德購買、義理壽整理過的這些中國圖書暫時被存放在加拿大麥克吉爾大學內，後正式開放為「葛思德中國研究圖書館」，共有二百三十二種項目，包括圖書八千冊。到了 1931

年，葛思德的收藏已增至七萬五千冊（義氏為他購買圖書的工作此時基本上已停止）。

1937 年，普林斯頓大學高深研究所（Institute for Advanced Study in Princeton）得到洛氏基金會之助，獲得了葛思德以上的部分收藏，並被闢為該校圖書館的一部分。這時普林斯頓大學的校長係陶德先生（Harold W.D0dd），他是葛思德的一位朋友。葛思德後來致信陶氏表示要將自己的所有收藏都買給普林斯頓大學，陶德先生不置可否，無法認定這一大批中國圖書價值幾何，遂請胡適先生出面加以鑒定。對於醫書部分，非胡適之所長，但博學的大師對此並不陌生；而國學部分，他「知道的當然很多」。胡適認為這些醫書雖皆出自於中國，可是當時任何一家中國圖書館並沒有像葛思德這樣集中地收藏起來，他建議陶德校長不妨考慮這件事情。陶德先生欣然接受了胡適的這一建議，但有一個附加條件，即胡適先生必須出任這個圖書館的館長，「以謀繼續發展」。胡適在其任上審查過義理壽的目錄編注，對此留有深刻印象。他曾經以 1337 和 1338 號這兩個專案的注解為例，以此來證明義理壽的研究方法是「優異的」。這兩個專案為兩套清朝選集，即「武英殿聚珍版重印叢書」。由於這些書系分別排印並刊行二十餘年，一般人很難將之搜集成全套，曾任國民時期北京交通銀行總經理、藏書家陶湘先生說過「……這套叢書的單本時常發現，可是整套迄未被藏書家獲得……僅有最近收藏家繆荃孫先生經過一生尋覓，才找到一套英武殿聚珍版一三八種原書」。在義理壽的英文注解裏，特別敍述了在搜集這套叢書時的「重重困難」，他本人就是從中國近代圖書館之鼻祖、號稱「藝風老人」的繆荃孫先生手中才購得這套叢書的。不過，這肯定是在 1919 年之前的事情了，

因為繆先生壽終於此年隆冬。陳紀瀅聽童世綱介紹說，這套叢書當時在世界上僅有五套，義理壽竟收集到其中的四套，第五套現存於北京故宮內。義理壽不僅果斷地以高價購下此書，而且能夠細心考證與分辨各省版本與原版的異同所在。義理壽在給葛思德的一封信中這樣說：「當這些書（除去前四種八卷是在活字體以前，用木板印成的）及活字體印刷時，最後校正發現每本書都有些錯誤。這些錯誤用通常方法加以改正——把錯字刪去，在空白處粘上一張小條子，上邊用一個正確的字代替。各省重印版是拿原版作模型，所以除非這個版是按照有錯字的版本刻的，否則，它裏邊是不會有錯字的。……所以省版沒有錯字，是很容易發現非原版本。」正是基於這種實證推斷，義理壽仔細審讀了所購第一套全書中將近三萬七千六百個雙頁，列出了二千多處這樣的錯誤改正，並注明卷、章、頁、行與每處的字數，從而確定「武英殿本校閱者的姓名，刊在每一雙頁的邊上中間，並且如有錯誤未被發現，負責人要受到規定的處罰。因此，印刷的改正是原版的最佳的證據」。之後，義理壽又全力購得三套全書，其中一套是替哈佛大學燕京學社代購的，第四套擬以兩千美金賣給美國國會圖書館，但未被接受。不過，義理壽這種悉心考證、「從小處著眼」的研究方法與胡適當年所提倡的「大膽設想，小心求證」之態度相去不遠，因而受到胡適的賞識和認同。王重民先生也稱讚義理壽「中國目錄學的知識格外優異」。1941 年「珍珠港事件」爆發後，日軍下令擬將義理壽囚禁至山東境內，由於此時義氏染病在身，不能成行，便由中國朋友向日方代為說項，最後方才獲准暫時滯留北京。1948 年 9 月，義理壽在北京因病故去，其大量的私人藏書遭至無端流失，從此「散無蹤跡」，實為憾事矣！

葛思德東方圖書館大量藏書中除較為完整的中國醫學、藥學方面的書籍之外，明版書籍則亦為一大特點，這主要緣於當時義理壽所作出的一個聰明決定。在葛思德有限的資金下，義理壽認定此時「如果與中國和日本書商做宋明版書籍的搜求競爭，簡直是椿絕對愚蠢的事」。於是他集中目標與資金，以搜求明版書籍，而且走的是從私人藏家那裏獲求的這一捷徑。葛思德東方圖書館中的明版書在當時已近有二萬四千五百多冊，在這些眾多的明版書籍收藏中，雖然今天我們無法挑出哪一種來高估它們的價值，但這些書籍確實代表了中國明代印刷術的特別發展，其中有十分之一的書籍印於景泰末年之前，大部分是朝廷家印的各種版本的儒家經書與佛經，更有十七本加標點的佛經，是在 1399 年刻板印製而成，在當時也是頗為少見的。在這些明版書中，既有宮廷版、北京與金陵兩個大學的版本，又有各省與地方衙門版本、私人家藏版本與商業版本等，其中印得最為精緻的一本就是朱元璋九世孫朱載堉所撰的《樂律全書》（1599 年）。人稱這是一部劃時代的巨著，全書共四十七卷，涉及律學、樂學、舞學、曆學、算學等學科，彙集十四種著作而成，包括《律學新說》、《樂學新說》、《算學新說》、《律呂精義》、《旋宮合樂譜》、《鄉飲詩樂譜》、《六代小舞譜》、《小舞鄉樂譜》、《聖壽萬年曆》、《萬年曆備考》、《律曆融通》等，文字部分約有六十萬字，占全書的一半左右，其餘均為樂譜和舞譜。明末清初著名藏書家和出版家毛晉所刻印的許多書也在收藏之內，包括《十三經》、《十七史》等。毛晉刻本在當時影響很大，著名學者錢謙益就說過「毛氏之書走天下」這樣的豪邁之語，儘管也有不少人因毛晉很少臆改宋本而「佞宋」，將其宋本的一些錯誤也推到了毛本的頭上。但王重民先生卻認為：葛思

德收藏中的若干明版書，恐怕連義理壽本人也無法知道這是全世界現存僅有的書籍之一。此外，這些明版中還有許多在當時因政治及種族等原因而遭至清朝下令焚毀的書籍，如錢謙益的書就是一例。錢氏是明末清初的大學問家、善本藏書家，亦為當時學界的領袖人物之一，不知何故，錢氏竟遭至乾隆皇帝的憎恨與醜詆，乾隆下令在任何地方只要發現錢謙益的書立當「就地焚毀」。不僅如此，錢氏為他人所寫序文甚至友人之間相互來往的書札，也一律遭到查禁。在葛思德東方圖書館中，至今藏有錢謙益於 1643 年所撰的文集。這一年正是明亡前夕，這本文集由那時最好的書法家繕寫，最著名的藝術家刻板，被版本鑒定專家們認定為是明代最好的木刻版本之一。這部書共有一百一十卷，為當時的藏書家甘冒抄家喪命之危險而秘密收藏，保存十分完整，由此可見葛思德與義理壽等人敏銳的專業眼光。所以，有人說葛思德東方圖書館是一個收藏家的圖書館，就不足為怪了。當時葛思德東方圖書館十萬冊之眾的中國圖書，其中約有四萬多冊均為收藏家的「珍愛之物」。胡適先生曾先後幾次翻閱王重民所編善本目錄的草稿（三大本），並認真核對過王重民所確認的「善本」總數。胡適於 1950 年 10 月 16 日日記中這樣記道：A、經部，140 種；B 部、史部（明實錄未計），209 種；C、子部，411 種，CM（醫書），36 種；D 部、集部，337 種，總計：1133 種。胡適說：「Gest L.[葛思德東方書庫]收有舊刻佛經幾千冊（摺子本），我曾抽點幾十函。其中最可寶貴的宋末元初『平江路磧砂延聖寺』刻的藏經，即所謂『磧砂藏』……」在第二天的日記中，胡適又說：「……有醫書五百多種，也甚可寶貴。此等書將來都會散失了。也許我們將來還得到海外來做影片回去收藏參考呢！」1952 年 2 月 20 日至 4 月

20 日，普林斯頓大學圖書館舉辦過一次為時兩個月的「中國書展覽」，胡適為此寫了〈中國印書的一千年〉展覽序言，他認為葛思德東方圖書館「擁有一批不同尋常的財富，它收藏了許多記錄中國和東亞印刷業發展的特質例證……三十年來，葛思德東方書庫是除中國和日本外，儲存收集中國印刷書籍最多的圖書館之一。它的主要目的是滿足對中國歷史、思想、文化感興趣的研究者的需要……」

胡適先生在葛思德東方圖書館館長任上以及擔任名譽館長期間，正是他本人受到大陸意識形態隔海猛烈批判的時候。美國專欄作家喬治・E・索克思曾寫過一篇有關胡適先生的文章，他高度稱讚胡適「對現代中國之貢獻可與但丁、薄迦丘、彼特拉克之於文藝復興時期的義大利之貢獻相媲美。他溝通了古代與當代……被人們稱為『文學革命』之父」。喬治・E・索克思與胡適在 1915 年曾為哥倫比亞大學的同學，他認為其子胡思杜以及過去的友人對胡適在政治上的批判與譴責令人無限傷感……而此時，身在海外一隅的胡適卻默默地忍受著這一些，雖然他在每週五上午才從紐約去一次普林斯頓，下午即歸，但並未因其圖書館之小而感到有所失落。在胡適先生出任圖書館館長不久，日本京都大學教授兼圖書館館長泉井久之助先生到訪。開始時，他並不知道陪同自己參觀館藏圖書的這個人就是大名鼎鼎的胡適先生。參觀行將結束時，胡適無意中說起自己也認識京都大學的一些人，泉井久之助急忙請教這位陪同者之大名，聽後大為驚訝，直稱自己在少年時代就聽說過「胡適之」這個名字，「不意在此相會」（胡適日記）。這時，校方來人催他走，泉井久之助不肯離去，非要與胡適先生長談不可。胡適只好將自己在紐約的住址留給了他，泉井久之助

這才怏怏而去。或許，在泉井久之助看來，以胡適先生這樣高的學術地位，屈就一個小型圖書館館長的職位，有點不可思議，但後來葛思德東方圖書館的發展和實際應用，實可證明胡適先生確實是一位具有深邃目光的文化先哲。1975 年 1 月，陳紀瀅為了讓自己在美國的小兒庭標能夠「比一般人先有機會一親祖國文物、讓他看看唯一的中國醫書圖書館、罕有的中國圖書」，特意帶著他再度訪問了葛思德東方圖書館。這時葛思德東方圖書館館藏圖書已達到了二十九萬冊，包括大陸新印的醫書與亞洲各國近年來的出版物，「更由於善本書之豐富，保藏的整潔與利用之充分，在國外圖書館中也堪稱獨步」。正是由於童世綱等人自始至終「遵循胡先生的諄囑，單獨挑起這副擔子，埋首經營，多方計畫」，才使得這個圖書館能夠由中國人自己來經營，「免於走入歧途」。陳紀瀅深有感慨地說：「我還沒有聽說過海外有這麼一個特殊的圖書館，把中國所有的醫學書籍，都搜羅在一塊兒，而蔚成全世界唯一完整的中國醫書圖書館。因為書雖然來自中國，而中國卻沒有把它收集在一起成立一個圖書館！」在這之前，陳紀瀅曾根據胡適先生原著編譯出版了一本《普林斯頓葛思德東方收藏》的小冊子，「以期介紹該館收藏於國人」，其實又何止是「國人」呢？胡適先生當年正是能夠清醒地意識到在不久的將來「要想達到這些目的，必須在長時間繼續經營，不但方向要正確，而且要至少有一位耐心的人來領導，才能成功」（陳紀瀅語）這一遠大前景，才毅然決然地先挑起了這副開創的重擔，「以奠定基礎」，再光大發揚之。在當時，確有一些胡適的老朋友對此不甚理解，認為這與胡適先生崇高的學術地位實不相稱？陳紀瀅則認為其中有四個方面為人們所忽略：「第一，大家以國內一圖書館的地位衡量這個圖書館；第二，大家過分輕視一個圖書館館長的使命；第三，誰也沒有想到『葛思德圖書館』的特性；第四，誰也沒有想到胡先生的苦心……」胡適先生後來不再做這個圖書館的館長，儘管有著一些客觀上的具體原因，但陳紀瀅的這一番分析則不無道理。所以，若從另一個角度來看，胡適因其「經濟拮据」而出任該職，固然是一個不爭的事實，但較之他心中的那個「遠大理想和目標」，則未免有點過於簡約了。正因為如此，普林斯頓葛思德東方圖書館一如時人所說的那樣，這是「一個收藏家的圖書館」，且規模也不算大，但確實在它的所有書籍收藏之中，除「中國與日本之外，截止到今天，還沒有圖書館可跟它匹配，這是葛思德收藏的驕傲與價值」……而這一切，莫不與胡適先生的「高瞻遠矚」以及「薪火相傳」的文化人心態相關聯，說起來，可謂功莫大焉。事實上，如同「普林斯頓」這個面積不到十平方公里的小鎮一樣，在一般的全美地圖上，有時甚至沒有標出這個小鎮的名字，然而「普林斯頓」卻是一個名滿天下的文化教育重鎮。不僅如此，更重要的是，在我們中國人看來，普林斯頓大學葛思德東方圖書館正因為早年得益於胡適先生（包括王重民先生）生前所傾注的幾多心血，以及後繼者們苦心求發展、數十年如一日的「埋首經營」，才所獲得了如此不同的凡響和特殊意義，尤其是哲人們殫精竭慮為傳播中國傳統文化「金針度人」的熱切期望，不是一兩句話就可說盡的……

胡適為馬之驌證婚

在上世紀五十年代後期，即在《自由中國》停刊之前，馬之驌仍是一個名不見經傳的年輕人。雖然也在雷震先生手下做事，卻不能與殷海光、夏道平、聶華苓、傅正這些《自由中國》社的中堅人物相提並論。馬之驌當時只是經理部的經理，負責刊物的印刷與發行工作。在聶華苓女士的記憶中，那時他「對政治、時事沒有興趣……很想結婚，背著照相機到處追女孩子；照片照了一大疊，女孩子還沒有追上一個……我們為他乾著急：老馬要當王老五了！」[1]

1958 年下半年，馬之驌終於決定要與沙昌佩小姐結婚了。有一天，他與同事金承藝貿然跑到南港中央研究院胡適的辦公室，恭請先生做證婚人。這時胡適剛從美返台出任「中央研究院院長」不久，況且又正值籌辦他的六十八歲生日之際，對患有心臟病的胡適來說，多少有點勉為其難。馬之驌與金承藝在前往南港時，未敢事先告訴雷震。他們深知雷公認真而又率直的性格，如若知道了「不但不給幫忙，而且會擋駕……」，因為誰都知道，胡適先生太忙了。金承藝是一個機靈的人，又有北大出身這一背景，馬之驌之所以拖著他去見胡適，就是擔心胡先生不願出面為自己做證婚人。果然，胡適聽了十分為難，據馬之驌回憶，當時先生「打

[1] 聶華苓〈憶雷震〉，夢花編：《最美麗的顏色——聶華苓自傳》第 95 頁。

了個『盹兒』說：『證婚？這……我回來之後，還沒有做過這樣事，我給你們證婚倒沒有關係，不過就是怕此例一開，以後朋友們都來找我證婚，那就麻煩了……』。」馬之驌不甘善罷，連忙說寧可結婚時不登報，還是要請先生出面的。胡適沈默不語。這時，金承藝突然對胡適說：「之驌本來決定今年春天結婚的，後來聽說您要回來當院長，所以才把婚期延到現在了，就是等著請您證婚的呀……」這句話讓胡適頗感驚訝，他想了之後，總算答應了馬之驌的這一請求。出胡適辦公室，馬之驌與金承藝還分別向胡適的兩個秘書胡頌平、王志維打過招呼，兩個年輕人當時很得意，「互相投以會心的微笑」，馬之驌對金承藝說：「我曾準備了很多認為可以說服胡先生的理由，結果都沒有排上用場，還是你行！」金承藝一語道破：「主要還是胡先生認為這件事是應該做的，或者他認為推也推不掉的，乾脆答應算了。」

第二天，馬之驌去請雷震先生出面當主婚人。

當雷震聽說馬之驌已請定胡適做證婚人時，不敢相信，驚詫地追問：「你說請誰證婚？」「胡先生。」「他哪裡有時間做這種事情！我怎麼一點兒不知道呢？」馬之驌只好如實相告：「……本來是想請您幫我去請的，又想到這樣小事，恐怕您在胡先生面前難以啟齒，所以我就冒冒失失地去了，我怕胡先生不答應，還叫金承藝陪我去幫腔兒，沒想到胡先生很高興，一口答應了。現在主婚人非請您不可，要陪胡先生嘛！」馬之驌之一廂情願，頗讓雷震左右為難。雖然當時臉色不好看，但老闆為其夥計主婚也不算過分，況且胡適也答應了此事，此時他不出面也不行了。1958 年 12 月 20 日，就在胡適六十八歲生日的第三天，馬之驌與沙昌佩小姐的婚禮在臺北「三軍軍官俱樂部」舉行。延照程式，胡適不僅要為兩位新人宣讀結婚證書，還要作「證婚人致辭」。胡適笑著說：「……我已很久沒有給人證婚了！因為從一九四九年起，這麼多年都住在美國，按照美國的習俗，證婚人要具備特定身份的，譬如具有神父、牧師、法官等身份的人，才有資格給人證婚。我在美國這麼多年沒有給人證婚，主要是因為不夠資格。我這次回來是第一次給人證婚，而且是為『自由中國社』同仁馬之驌先生證婚，我覺得非常高興……」[2]胡適還贈送了自己的親筆題詞：「花好，月圓，人壽」。席間，胡適講了不少幽默的話。據馬之驌好友劉孚坤回憶：「給我印象最深的是胡先生說希望新郎儘快參加『PTT 俱樂部』作會員，於是大家鼓掌大笑。而且在這以後的那段時期，我們這些單身漢，碰到結婚的朋友就開玩笑，問他『你有沒有參加 PTT 俱樂部呀』！」若干年後，在一次舊友聚會上，已是臺灣北大校友會秘書長的劉孚坤教授見到馬之驌內子沙昌佩女士時，又舊話重提，可見當時人們對胡適先生的「幽默」記憶猶新。不過，就在馬之驌舉行婚禮皆大歡喜的同時，臺灣警備總司令部派出情治人員化裝後潛入會場，暗中監視這場婚禮。這是幾天後金承藝告訴馬之驌的。當天「三軍軍官俱樂部」的老闆特意找到金承藝，問：「你那個在我們俱樂部結婚的朋友是什麼來頭呀？可不得了，婚禮開始時，一下子來了六個特務，四男兩女，叫我拿六套制服給他們穿，尤其是女服務員的制服，根本就不富裕，後來硬是把兩位小姐的制服換下來，給她們穿。其中一個男的警告我說：『不得走漏消息！』『上桌』周圍的服務員都是特務呀。……這些話千萬不要告訴您的朋友，否則傳出去讓他們知道了，一定會找我算帳的！」金承藝聞之惴惴不安，但他還是鎮定自若地安

[2] 臺灣《傳記文學》第 5 卷第 36 期，第 67 頁。

慰這個老闆說：「不要緊，因為證婚人是胡院長，可能是治安機關派人來保護他的。」事後，馬之驌不敢將此事告訴自己的新婚太太，以免增加她內心的恐懼；更不敢向雷先生彙報，惟恐他的火暴脾氣一發而不可收拾，「後果堪虞」。

臺灣當局之所以監視馬之驌的婚禮，乃事出有因。

這時，《自由中國》半月刊與國民黨當局的關係已從「緊張期」步入「破裂期」（臺灣學者薛化元語），尤其是 1957 年下半年「祝壽專號」引起轟動之後，當局的反應除在《中央日報》拒登《自由中國》出刊廣告外，發動黨、團、軍的刊物對《自由中國》進行大肆圍剿，並在軍中散發《向毒素思想『總攻擊』》的小冊子，稱「最近有個刊物不斷散發毒素思想，……黨為了消滅這股思想的流毒，曾嚴正指示各級組織要正視『思想的敵人』」，文中甚至認為「毒素思想的淵源」就是五四運動提倡的「科學與民主」[3]。有一天，當馬之驌與一位自稱是「懂得政治」的朋友談及《自由中國》時，這位朋友說：「他們（官方）把你們（《自由中國》）已經看成了『問題人物』和『問題團體』了，你們的意見再好，也會被認為是『別有用心』的……」[4]馬之驌聞之覺得不無道理，說「假如他們把『馬之驌結婚』看成是『問題團體的活動』，於是派人去監視，並查看有哪些『問題人物』參加『馬之驌的婚禮』，如用這種邏輯推理，就容易找到答案了。」儘管如此，就在《自由中國》的言論引起執政當局的諸多不快，「使得雙方的關係破裂以後，雷震及《自由中國》在現實運作上雖然面對更多的困難，但是，面對政治壓力與言論無力改變現實的無奈，他們選擇了更多

---

[3] 雷震 1957 年 4 月 14 日日記中傅正之注，《雷震全集》第 39 冊，第 69 頁。
[4] 臺灣《傳記文學》第 5 卷第 36 期，第 68 頁。

實際政治的參與，以求改變現狀。而他們與執政者在現實政治上的衝突，也造成正式對抗的局面。」[5]所謂「更多實際政治的參與」，是指雷震本人越來越清楚地認識到「中國政治如欲使其走上民主政治的道路，必須有一個有力的反對黨」[6]才行。因此到了 1960 年 5 月 16 日，在《自由中國》第 22 卷 10 期上，雷震發表〈我們為什麼迫切需要一個強有力的反對黨〉一文，呼籲在臺灣堅信民主政治的人，儘快出來組織一個強有力的反對黨，為下屆選舉做準備。同年 5 月 18 日，在「在野黨及無黨無派人士本屆選舉檢討會」上，在與會者猛烈抨擊國民黨舞弊枉法的一片譴責聲中，其重點遂由檢討選舉轉到了主張組織新黨這一討論上。雖然雷震自承「這次會議，我非主動者，但是贊成人，我們不參加，他們也要自動出來組織，因選舉舞弊太甚，而南韓事件[7]又鼓勵了他們，我們參加之後，還可以防止惡化。」[8]但從運動一開始，雷震就成了新黨運動中重要的核心人物，《自由中國》半月刊也成了這一運動的輿論重鎮。但在反對黨預定成立的前幾天，即 1960 年 9 月 4 日，雷震、傅正、馬之驌、劉子英等人被當局以「涉嫌叛亂、知匪不報」之罪嫌而逮捕，臺灣島內一片譁然之聲，這就是當年震驚海內外的「雷震案」。馬之驌被捕時，結婚不到兩年時間。他一向對政治素無興趣，也從來沒寫過任何文章，他的被捕實際上另有深意，用聶華苓的話說，他與劉子英都是當局用來「陷害雷震的工具」，是事先設計好的政治劇本中的一部分。當時情治部門預

[5] 薛化元《自由中国与民主宪政》，第 155 頁。

[6] 雷震 1957 年 8 月 2 日日記，《雷震全集》第 39 冊，第 141 頁。

[7] 1960 年 3 月 15 日，韓國主要城市不斷發生反政府示威遊行。4 月 26 日，韓國發生了政變，李承晚被迫下臺。

[8] 雷震 1960 年 5 月 19 日日記，《雷震全集》第 40 冊，第 311 頁。

設的「突破口」並不在政治背景頗有點複雜的「劉子英」身上，恰恰在這個不諳政治的「馬之驌」。不料年輕的馬之驌竟頂住巨大壓力，始終沒有「開口咬雷震」，劉子英卻意外「利誘成招」，成了該案中最為不幸的一個人物。

馬之驌初以「預備以非法之方法顛覆政府」罪名，被判有期徒刑五年，覆判時因其證據不足，才改判交付感化三年，成了他一生中最難以釋懷的大事件，雷震卻被他的老上司、老朋友蔣介石投入大牢達十年之久。作為當年「雷震案」涉案人之一，馬之驌是此案中至今唯一健在的人。上世紀七十年代中期，他出任臺灣東華書局總編輯，先後有《中國的婚俗》、《新聞界三老兵》、《雷震與蔣介石》等著作問世。1988 年，馬之驌與沙昌佩結婚三十周年之際，在臺灣《傳記文學》上撰文以記述胡適先生為其證婚的這段往事。在文章末了，馬之驌引用當年一位未能參加婚禮的朋友對他說的話：「……第一，大家仰慕胡適，因為他倡議中國自由民主已成為『象徵』；第二，羨慕你能在《自由中國》做經理，因為當時《自由中國》在人們的心目中，它是『象徵』一個實現自由民主的新希望；第三，您結婚，胡適為證婚人，雷震為主婚人，這是民國歷史上人與事的巧合……」胡適一生為不少朋友當過主婚人或證婚人，他能為《自由中國》社一名普通職員證婚，在《自由中國》的青史上留下了另一段佳話。值得慶倖的是，胡適這個證婚人沒有「敗筆」，馬之驌在「雷震案」中所表現出的鐵骨俠義，彰顯中國知識份子理想中應有的精神氣質，這多少可以寬慰胡適在面對這起自 1949 年以來臺灣最大的政治冤案時那種「大失望」的複雜心情。念茲在茲，人生有時雖不可逆料，馬之驌卻此生足矣！

也說胡適一段情

以我們這一代，來說「五四」前後的風雲人物胡適先生，似乎隔得太遠。只因十幾年前，我赴杭州，隨浙江廣播電臺的董培倫去看望汪靜之先生，從汪先生話中也知道了胡適先生的另一面。汪先生是「五四」時有名的湖畔詩人之一，1992 年已是望九之年，卻非想像中的那樣老態龍鍾。當我們進門後，阿姨說先生出門寄信去了，已有半個小時。問郵局在哪裡，說在一所大學旁，離家約摸十五分鐘的路。我有點擔心，說天已偏黑，九十歲的老人獨自出門，實在放心不下。阿姨卻說，不礙的，汪先生走路穩得很……

董培倫與汪先生很熟，因此就免去了許多客套。先生矮個兒，穿著墨綠色卡其布中山裝，腳上一雙普通球鞋，看上去的確很健康。汪先生說話軟軟的，就像是在與自己的孩子話家常，我們毫無拘束地閒聊著……汪先生說起了胡適，說起了曹珮聲。後者是汪先生的姑母，胡適先生的情人。當時，知道這件事的人還不多，報上更是絕少披露。人們只知道胡適這一生中最鍾情的人是韋蓮司。汪靜之是胡適先生的小老鄉，就當許多人都在說「我的朋友胡適之」時，胡適卻親切地稱他「我的少年朋友汪靜之」。胡適對汪靜之的特殊感情，並非僅僅老鄉的緣故。究其最直接的內因，與幾位妙齡女子有關，而其中最關鍵的一個人物，就是曹珮聲。

曹珮聲是汪靜之已故未婚妻的姑母，兩人同庚。汪靜之十五歲那年，第一首情詩就是寫給曹珮聲的，這多少讓她有點驚惶失措，並說這是斷斷不能接受的。但汪靜之對她的情感沒有中斷，而是整整維繫了一生。他在 1920 年〈題 B 底小影〉那首詩中寫道「愛情被壓在磐石下面／只能在夢中愛你」，這可能就是他對姑母戀情的一種終極方式。而曹珮聲對胡適的那份情意，最早要追溯至胡適與江冬秀結婚時，曹珮聲是江冬秀的伴娘。在曹珮聲眼中，胡適無疑是一位大人物，她的暗戀也屬正常。曹珮聲後來結過婚，丈夫是當地一個大地主的兒子。由於經年不育，丈夫以此為藉口公然納妾，曹珮聲不甘示弱。1922 年冬，毅然與胡冠英脫離了夫妻關係。但這時，也在杭州的汪靜之已有女友符竹因，在一次酒醉之後，曹珮聲終於說出心裏話：「我和胡冠英脫離關係後，當時真想答應你的愛。可一想到符竹因，她是我的好朋友，我不能奪人所愛……」可見曹珮聲對汪靜之也是一片深情。後來，曹珮聲赴美國讀書。這時，汪靜之成了上海灘上最年輕的教授之一。1930 年，曹珮聲在南京大學農學院任教，汪靜之前去探望，只有一張床，曹珮聲以長輩的口吻命令他：「我睡這頭，你睡那頭，你給我暖腳吧。」汪靜之自然不會拂逆姑母之意，因為他早知曹珮聲已有心上人，這就是胡適先生。

胡適先生在人看來，向是「發乎情，止於禮」的謹嚴式人物。張中行先生也說，風流人物容易風流，但胡適好像不是這樣。這就是他與汪先生最大的不同，一遠，一近。胡適死後，蔣介石送挽聯：「新文化中舊道德的楷模，舊倫理中新思想的師表」，在蔣介石眼裏，胡適就是一個完人。其實，胡適年輕時也曾浪蕩過。1908 年，胡適在中國新公學任英語教員。由於革命黨人屢屢失敗，不少人對前途憂心如焚，且心灰意冷，胡適也受影響，與他們一起上館子，吃花酒，逛窯子。通宵達旦地打牌，日日大醉。有人根據胡適現存的 59 天《藏暉室箚記》作了統計：打牌 15 次，喝酒 17 次，進戲園捧戲子 11 次、逛窯子嫖妓女 10 次。1910 年 3 月 22 日晚，天下著雨，胡適與朋友又到妓院喝酒，胡適大醉，被車夫趁機掠去身上的財物，後又在街上與外國巡捕發生廝打，被關進巡捕房。罰款後回到家，胡適對著鏡子看自己，渾身污泥濁水，臉頰傷痕道道，遂想起家中的老母，不禁懊悔萬分，當天就給學校寫了辭職信。後在同鄉許怡蓀、程樂亭等人的勸說下，胡適開始閉門苦讀，準備赴京應考留美賠款官費生。有趣的是，國文試題是〈不以規矩不能成方圓說〉，這讓當時的一個浪子來作答，實在是一種諷刺。胡適終以第 55 名考取清華庚子賠款留學美國官費生，這才有了一生中最根本的一次大轉機。

這段史料，是報上披露的。它的真實性，我不懷疑。因為胡適後來與曹珮聲的一段情，出自汪先生之口，前後對照，也能看出一個大人物隱藏很深的風月心態。讀張中行先生〈胡博士〉一文，知當時也有女士因未能得到胡博士的青睞而遺憾，但適之先生對一些女士也抱有同感，最有說服力的一個例子，就是符竹因這個人。符竹因是汪靜之的妻子，與曹珮聲同是杭州女子師範學生。她美貌出眾，端莊賢淑，之所以能嫁給個頭矮小的汪靜之，主要是被他的詩才所折服。那本最著名的詩集《蕙的風》，實際上就是寫給她的。胡適為這本詩集作序，魯迅先生的評價也頗高。當年符竹因的追求者如雲，其中最甚者，莫過於胡適的侄子胡思永。那一年，胡思永從北平來杭州度假，一見到符竹因，即墮情網而不能自拔。胡思永是曹珮聲姐姐的兒子，其苦戀博得曹珮聲

的同情，最後也站出來為之求情，但符竹因對汪靜之已是一往情深，一概不予理睬。胡思永竟一病不起，在絕望中一命嗚呼。此事驚動了胡適，他多次提出要見一見符竹因。不論在杭州，抑或在北平，每次都要提出這個並不過份的要求，但均遭符竹因的拒絕。1948 年，胡適先生離開大陸赴美，在上海與汪靜之有過最後一次長談，亦是未能如願。符竹因的美，對擅長考證的胡適來說，恐怕永遠成了一個美麗之謎。1986 年，符竹因去世。汪先生的書房裏，掛有一幅她的照片，確實美貌動人。她與汪先生整整相愛了六十年。

胡適與曹珮聲一段情，是曹珮聲親口告訴汪靜之的，而胡適也曾有意向他透露過。1923 年夏天，得知曹珮聲已與胡冠英脫離關係的胡適，突然來到杭州，悄悄住進煙霞洞和尚寺中。他這次是特意為曹珮聲而來。當年江冬秀的小伴娘，成了他的紅顏知己。他倆秘密同居了一個暑期，這是曹珮聲一生中最重要的情事。事後，曹珮聲平靜地對汪靜之說：「我們從小青梅竹馬，卻沒有愛的緣份。過去我為丈夫守節，從現在起，我要為胡適之守節了。」可見曹珮聲愛得也是堅決。汪靜之當時雖不敢相信，卻也只能尊重曹珮聲的選擇。一日，汪靜之去看望胡適先生，心情極好的胡適取出一首新作〈梅花〉給汪靜之，單看詩的標題，汪靜之就知事情果如曹珮聲所說，因為曹珮聲一生最鍾愛的就是梅花。曹珮聲與胡適這段情，一直維繫至胡適離開大陸的那天。之後，曹珮聲果然孑然一身，實現了為胡適守節的諾言。文革中，曹珮聲來杭州，汪靜之與符竹因有意挽留定居杭州，她拒絕了。但她還是將自己與胡適交往的日記、書信全部交給了汪靜之，並說：「等我死了，就把這些燒掉……」1976 年，曹珮聲在老家病故，汪靜之按照她的意願，將所有遺物化為灰燼。

胡適先生的這段情，實際上，並沒有損傷他光彩奪目的一面。太完美的人，不免有虛假之感。汪靜之在說起胡適時，始終尊敬有加，絲毫沒有不慎之處，只是一段真實的往事而已。汪先生是胡適的「少年朋友」，這是胡適自己說的，可見胡適對他的厚愛和信任。胡適先生是大人物，但絕不是什麼完人，蔣介石出於自己的需要，其語不足信矣。胡適在北大做校長時，也做過一些「公報私仇」的事情，這是紅樓老人張中行先生在文章中提及的。而在 1938 年，胡適時在英國，當他得知中國東、北半邊已淪陷，北大舊人中還有知堂老人在北京時，就寫了一首白話詩相贈，其中有句「夢醒我自披衣開窗坐／誰知我此時一點相思情」，詩是寫給周作人的，但此時用來形容他與曹珮聲的一段情，恐怕再恰當不過了。

朱養民先生

對大陸讀者來說，朱養民這個名字可能有點陌生。

雖然朱養民先生在上世紀八十年代初應全國政協邀請訪問過大陸，在人民大會堂作過一次公開演講，但知道他的人可能還是寥寥無幾。筆者在做有關雷震及《自由中國》半月刊的研究時，不斷發現「朱一鳴」這個名字出現在《自由中國》半月刊顯要位置，以及在雷震書信中和筆端下，經常會提及這個人，引起我對「朱一鳴」的關注。《自由中國》半月刊自 1957 年 4 月 1 日起，至 1960 年 9 月 4 日被迫停刊，在這短短的幾年中，曾經刊發過針對國民黨當局在臺灣頑固推行「一黨專政」而倡言組建「反對黨」的文章共計三十篇，第一篇〈反對黨！反對黨！反對黨！〉（第十六卷第七期）就出自朱養民的手筆。此後，朱養民一連寫了七篇論述「反對黨」的文章，成為這一時期《自由中國》半月刊最重要的一位作者。《自由中國》發行人雷震先生與朱養民曾經通信數年，卻一直未有謀面的機會。然彼此惺惺相惜，互相鼓勵，後來已到「交心的程度」，這在雷震先生晚年的朋友中是不多見的。

朱一鳴，即朱養民，字伴耘，「一鳴」是他的別號。1917 年（民國六年）生人。祖籍安徽涇縣，寄籍湖北武漢。幼年時因痛恨貪官污吏，欺壓百姓，無惡不作，所以自勵長大成人之後，發誓一定做一個「好官」。於是「在學歷所能及的情況下，考取以蔣老先

生為校長，專門培育各種官員的中央政治學校」。1942 年，在重慶「中央政治學校」畢業後，旋即進入國民政府外交部工作。至抗日勝利後，被派往北歐丹麥任中華民國駐丹麥大使館秘書。1949 年後，江山易幟，蔣介石政府退守臺灣島，丹麥政府正式承認中華人民共和國，前大使館遭至遣散，所有館員各奔前程。這時朱養民以「政治難民」的身分，偕妻兒移民美國，他不願前往臺灣。初到美國，落腳華盛頓州的西雅圖。全靠原機關發給的有限「遣散費」，以維持家計，其生活拮据艱苦，可想而知。後在華人社區內開辦了一家小型雜貨店，生意尚稱不錯，這才算暫時安頓了下來。但以朱養民的心志而言，長此以往，殊非良策。於是他自勵人生，重修語文、物理、化學，以圖上進之道。他曾謙遜地對朋友們說：「為了前途，我改行從大學念起，花了十年的時間，在美京喬治華盛頓大學混了一個微生物免疫學的博士。」至 1967 年畢業時，他已是年屆半百之人，終於成了一位醫學「免疫學專家」，其堅強毅力，學而不綴的精神，實在令人感動。

曾經是體制內的人，朱養民與雷震一樣，對國民黨始終懷有一種「恨鐵不成鋼」的複雜心情。他認為國民黨當局自大陸潰敗後，應該廣納眾議，根據現有憲法，實行民主政治。未料蔣介石之作為，較之大陸時期更加獨裁與黑暗。這主要反映在國民黨在其改造運動之後，一黨獨大，更是不容異己。或者說，從表面上看來是所謂的「政黨政治」，可怎奈當時的民社、青年兩黨，均起不了什麼作用，被時人俗稱「花瓶政黨」。因此，朱養民認為：臺灣的經濟發展，雖然已令人刮目相看。但在政治上獨裁、一黨獨大等問題，主要是缺少一個強有力的「反對黨」，以制衡國民黨。於是他借助《自由中國》這個陣地開始發聲，以「反對黨」為題，發表系列文章，其內容是呼籲所有愛好自由民主的人，為了實現真正的民主政治，在臺灣應當組織一個真正的「反對黨」。朱養民對於民主政治的這種心切期許，與胡適、雷震、殷海光等人一樣，有著共同的理念，其文章也得到了雷震先生的高度重視。

早在 1951 年 9 月，當年輕的朱養民從海外得知《自由中國》半月刊因發表〈政府不可誘民入罪〉一文與當局發生言論衝突時，就曾以讀者身份致函雷震：「……以拜讀貴刊而獲知臺灣情況不勝興奮。……不料貴刊近以一〈政府不可誘民入罪〉之社論，引起大陸時之作風，致發行人胡適之先生憤而辭去發行人名義以抗議，實為當局不幸。昔日之失敗不多，由於忠言逆耳，喜聽歌功頌德之詞乎？」這就是朱養民第一次與雷震以及《自由中國》半月刊的正式接觸，此時他正在美國做「難民」。也就是從這時起，他與雷震在通信中，多次討論如何在臺灣組建一個強有力的「反對黨」問題。1952 年，朱養民在給雷震的一封信中這樣說：「要使民主實現，即應給人民以選擇之機會。人民不僅對於某一人有自由之選擇權，對於某一黨也應有自由之選擇權。……一在朝黨隨時遭受在野黨之督促批評，負責人即不敢腐化，無能者也不得竊據高位。同時人民有選擇另一黨之機會，也不致走入極端也。此為政治之根本問題，此問題能逐步解決，方有走向民主之一日……」1957 年 8 月 2 日，雷震給朱養民回覆過一封長信，其中最後一段，讓人既興奮又心酸：「本刊自八月一日起，擬連續討論〈今日的問題〉，先生看了 8 月 1 日這一期社論即可明白。這就是反對黨的政綱，因此反對黨的文章務請先生撥冗寫好寄下，千萬千萬。他們愈頑固，我們愈要幹，今日打開局面，是知識份子的責任。千萬盼先生不必憤怒，不要消極，先把『再論』與『三論』

寄來發表，我已下決心與他們奮鬥到底，早已準備坐牢了。弟已六十，這一艱巨工作——組反對黨——雖不能及身有成，總也希望留下一點種子，先生年事尚輕，今後先生要肩負這一個責任的。」這時朱養民正值不惑之年，雷震先生已預感到臺灣國民黨當局可能對他及《自由中國》半月刊將下毒手，因此將自己對於民主政治的遠大理想寄託給這位遠在美國的中年人，他甚至希望朱養民「可抽出三天，由西飛紐，由紐飛三藩市與張君勱談談，再回西雅圖。今日的問題，是要使胡先生能和張先生合作。張先生處有王世憲去信，張先生願意此新黨由胡先生領導，胡先生的意思尚不詳，因他病後我未接到信也。……弟因不能出國，僅僅信件來往是不夠的。」胡適、張君勱、王世憲（張君勱內弟）等人均為雷震多年的老友，由於國民黨當局不允許雷震出島，雷震只能透過書信對朱養民寄予高度的信任。不過，雷震亦深知此時在信中談論 「反對黨」、「國民黨獨裁」等敏感問題，有著極大的政治風險。在致朱養民的信函中，其中一封是專門談「秘密通信」這一問題的。雷震告誡朱養民說，凡遇有重要信件或文稿，一定要交「某某信箱，某君轉交」方可安全，因某君的身分有「豁免」權。雷、朱二氏，數年相交，未曾謀面，但其感情，顯然已至心心相印之地步。

朱養民在海外多年，由於個人特殊經歷，以及追求民主政治的理念，若用「傲骨丹心」來形容，也當之無愧。他原任「中華民國」駐丹麥大使館的外交官，持有「中華民國」的護照。由於他痛恨國民黨獨裁專制，腐化無能；尤其是對蔣介石，既已敗到臺灣，仍不知「悔改」，實在痛心疾首，所以護照過期就自動放棄了。但在他的心目中，則永遠是以做中國人為榮。第二次世界大戰結束後，亞洲很多國家動盪不安，當時有不少中國人都在想盡一切方法，移居美國，先取得居留權（即綠卡），再入美國籍。在這些人當中有的以做美國公民為榮，有的則是出於無奈而最後也加入美國籍。在移民美國的中國人中，朱養民則是十分特殊的一位。他雖然欣賞美國人的天真無邪，誠實純樸，熱愛美國的民主政治制度，看到美國的憲法，確實可以保障公民的權益，但他本人卻始終都不願加入美國籍，也不做美國公民，或許讓有些人不可理解，但朱養民的這種「傲骨風範」，自有心中的一番情愫。1980 年 10 月，中共中央十一屆五中全會通過任命趙紫陽為國務院總理，當趙紫陽了解到旅美僑胞中，有朱養民這樣一位「傲骨風範」者，於是特別指示透過「政協」管道，邀請朱養民訪問大陸，「參觀祖國的各項建設」，並安排在人民大會堂作了一次公開演講，此事始終為朱養民生前所津津樂道。1997 年 7 月，適逢雷震先生百歲冥誕之際，臺灣學術界舉辦過一次「學術研討會」。朱養民這才專程返回睽目多年的臺灣，同時還邀約僑居巴西任教的楊正民教授，一同參加了這次紀念會。在當年「雷震案」涉嫌人之一馬之驌先生的陪同下，特意前往南港「自由墓園」，在雷震先生墓前獻花致敬。馬之驌將朱養民與雷震的這種交往，解讀為「特殊的文字緣」。

　　這次見面，朱養民與馬之驌也成為好友。1999 年 4 月初，馬之驌攜內子赴美旅遊，住在維州兒子的家中。由於馬之驌早先獲悉，此時朱養民健康欠佳，故抵美後即趕往朱府拜候。朱養民特意複印了很多雷震生前與他談如何組織「反對黨」的函件交給他，並說「我給你準備了一些資料，你老兄可能派上用場。」面對當年《自由中國》半月刊大力鼓吹民主政治時的諸多原始資料，馬之驌感佩不已，連聲致謝。大約相隔一個月，即 5 月中旬的一天，馬之驌又突然接到朱養民的一通電話，謂「楊正民教授剛從德國

回來，現在他已來我家，希望你現在也能來我家，我們當面談談好嗎？」馬之驌當即應命赴約。其實馬之驌和楊正民三月間才在臺北分手的，此時三人能在朱府相聚，還是第一次，「其樂何似，可想而知」，馬之驌後來這樣說。就在這次會面時，朱養民就如何推動海峽兩岸文化與經濟的發展提出了個人的設法，他對馬之驌、楊正民教授說：「正民兄剛從德國回來，明天就去波士頓；你老兄剛從紐約回來，我知道兩、三天後，你就去洛杉磯了。這次在捨下相聚，真可說是上帝的安排。今天我們要談一個嚴肅的問題，就是『如何穩定及發展兩岸的文經關係』。過去雖曾談過幾次，但都是『紙上談兵』，沒有付諸行動，現在我們都老了，再不做就來不及了。不過，要推動一個理念，不一定要及身而成，主要的是我們應該為年輕人鋪一條路，只要後繼有人，早晚會成功的。我想應該先成立一個『基金會』，至於基金會取什麼名字，我們要好好想想，它必須具有歷史性、政治性才好。至於經費問題，我在杜邦醫學院免疫學研究所的退休金是十五萬美元，我先把它捐出來，作為籌備金。等我們定名之後，我先寫一篇『宣言』初稿，請你們二位改過之後，再公開發表，屆時要邀請更多的海內外信譽卓著的人，作發起人或贊助人。」朱養民一口氣說了一個多小時，興奮不已；楊正民教授認為：兩岸同胞所需求者，應該是經濟繁榮，文化交流，用時間來解除政治上的「鬩牆」之結；馬之驌則回憶起在臺灣國民黨籍的老立委費希平，最早提出過「大中國統一」的構想，當即被國民黨停止黨權一年，以後便自動脫黨；當年陶百川先生也在臺灣《中國時報》、《聯合報》撰文，建議兩岸當局應從速設置一個聯合機構，名之為「中華國協」，馬之驌也在《聯合報》上撰文，為此而「催生」過。馬之驌至今記得後來有過一次這樣的聚會，由陶百川先生等人召集，參者者均為臺灣政界、文化界著名人物，如做過「行政院長」的李煥先生、郝柏村先生，做過「立法院長」的梁肅戎先生、蔣緯國將軍，《聯合報》、《中國時報》兩大報的創辦人王惕吾先生、余紀忠先生當時也參加了座談會。只是由於此事未能得到臺灣當局及有關部門的積極回應，也就沒有了下文。針對這一點，朱養民先生說：「基金會」如果成立後，可先辦一份綜合性的「刊物」或「通訊」，學一學當年《自由中國》半月刊「是什麼，就說什麼」的精神，對兩岸建言；於是馬之驌建議，廣邀兩岸三地，關心國是的知識份子，多開「座談會」，讓大家盡情地表達意見，為兩岸同胞，尋求光明的前途……這次長談，其中兩人在當年與雷震及《自由中國》半月刊有著密切的關係，尤其是朱養民先生奉獻出自己晚年的退休金以推動兩岸文化與經濟的交流發展，其心可鑒可感。之後，朱養民、馬之驌、楊正民三人就這一議題又有過幾次隔海通信，朱養民在一封信中這樣說：「……將『基金會』改為『協進會』，弟毫無意見，唯不妨將梁任公之『新民』二字借用，稱為『新民振華協進會』。蓋提高國民素質之目的，在振興中華也。……弟之構想實際上以『現實』為重，由你我老耋之人管現實，立即出一刊物為我會之喉舌，目的在此。而『新理念』乃恰當的刊名……。辦事是要錢的，『基金會』的原意是想籌錢，使事業不致中途夭折，協進會有無籌款方法？由於明年三月為大會成立之恰當時間，目下所宜商討者，當為宣言及工作大綱之擬定，做為約請友人參加之依據。」朱養民甚至提出「大題小作」的原則，也就是做一些實實在在的推進工作。只是此時由於楊正民教授正忙於長庚大學醫學院有關「中醫科學化」等事宜，馬之驌則在趕寫一部長稿，

此事進程十分緩慢。不過，擬議中的「新民振華協進會」仍計畫不久將在兩岸三地定期舉辦「文經座談會」，同時決定將總會設在美國，臺灣設立分部……凡此種種，可見在《自由中國》時代率先大力鼓吹組織反對黨的朱養民先生，確實是一位熱愛自由與民主的仁人志士，為日後臺灣社會實現其政治轉型功不可沒。雖然長年旅居海外，但對於中華民族的前途發展的關切從未曾間斷過，以其不平凡的愛國志節，為自己平凡的一生平添了許多令人追憶的感動。

2001 年農曆正月初三（2 月 7 日），在台的馬之驌接到友人從溫哥華打來的電話，驚悉「僑居美東馬里蘭州的朱養民先生於農曆年除夕去世」的噩耗，驚愕浩歎，不禁潸然淚下。朱養民先生遽歸道山，享年八十二歲。馬之驌後來撰文說——在我的心目中，朱養民先生是一位真正的愛自由、愛民主的人，可用「身在異邦，心繫祖國」來形容他一生的愛國情操，實不為過。我們每次晤面，他必大談如何解開「鬩牆」之道，可謂「鞠躬盡瘁，死而後已」。但其用心，尚不為兩岸中國人所深知，實在太可惜了……

蔣廷黻這個人

蔣廷黻（1895－1965）是湖南邵陽人，十歲時進入長沙明德小學接受「新式教育」，中國現代史上的著名人物黃興、張繼等人曾在這所學校任教，蔣廷黻後來經常提到的「國家觀念」就是在這個時期形成的。十七歲那年，蔣廷黻負笈遠遊，十年之後獲得美國哥倫比亞大學哲學博士學位。歸國後在南開大學、清華大學任教。1932 年，與胡適、丁文江等人創辦《獨立評論》，在「民主與獨裁」論戰中與胡適先生打過筆戰。1935 年，蔣廷黻以學者的身份從政，曾任駐蘇大使，後在聯合國工作多年。蔣廷黻退休後受美國哥倫比亞大學之約，做過一本「口述自傳」，可惜尚未完成時，便於 1965 年秋天在紐約去世了。2003 年 9 月，該書經由湖南岳麓書社出版，名為《蔣廷黻回憶錄》。

蔣廷黻一生有著從學與從政的豐富經歷。作為歷史學家，他在當時不僅關注時人最為關切的中日問題，同時對蘇聯的外交政策也有深入研究。他後來之所以出任駐蘇大使，也體現了政府知人善用的一面。對於當時的中國，蔣廷黻雖然主張「開明專制」的道路，但對於輿論的重要性與胡適等人卻十分相近。蔣廷黻政治思想的核心部分就是切望中國能夠早日現代化，尤其是對一次大戰後土耳其的凱末爾所領導的革新運動充滿了敬意，認為這個

人能在很短的時間內，大刀闊斧地進行改革，將號稱「東方病夫」的土耳其復興起來，很值得中國的效仿。

蔣廷黻與胡適的分歧主要在於他偏重於經濟建設，胡適則強調社會的改革。不過，蔣廷黻是一位對中國歷史頗有心得的人，曾提出過要「改革一般人的人生觀」。他在〈幾千年來未有之變局〉一文中說：「我以為我們要首先改革我們的人生觀，圓滑、通融、敷衍，以及什麼消極、清高，都是該打倒，我們要做事。對一切公私事業，只要大政方針不錯，我們只有善意的批評，沒有惡意的破壞。」蔣廷黻提倡知識份子應當做一個「現代人」，因為「現代人是動的，不是靜的，是入世的，不是出世的」，說白了，就是要抱有對現實社會的一種關懷。正因為如此，蔣廷黻本人身體力行，棄學從政，投身政治，確實可見他一生中的理想與抱負。只是對當時中國政治的不甚了然，在面對國民黨推行訓政以及「一黨專政」時，不能如胡適那樣清醒地認識到其中的弊端，他與胡適有關「民主與獨裁」的筆戰就可得到理解了。

蔣廷黻在中國外交史上的貢獻是不可抹殺的，尤其是他在聯合國外交上的成功，更是讓後人推崇備至。由於他的學識淵博及外語造詣極深，每逢辯論，常是語驚四座。曾與蔣廷黻在聯合國共事多年的學者陳之邁讚歎道：「在這一方面的成就，廷黻可以說前無古人的。」蔣廷黻雖然在中國現代外交事業中獨樹一幟，但他本人對當時中國的內政亦具有一定的抱負。陳之邁認為蔣廷黻對於內政的濃厚興趣甚至超過了對外交的興趣。1935 年，蔣廷黻在行政院政務處長之任上，看到當時「辦公習慣的現代化程度之不足」，就建議要研究行政效率等問題，甚至提出取消「政務處」這樣的官僚機構。蔣廷黻對檔案工作十分重視，「行政效率研究委會員」受到他的督促，曾制訂出了一整套檔案科學管理的方法。抗戰時期政府各機關的檔案以行政院的檔案最為完備，整理得也最有條理，無疑要歸功於蔣廷黻的提倡以及同仁的努力了。

1942 年早春的一個清晨，蔣廷黻與陳之邁有過一次談話。他問陳：「這場戰爭我們是必勝的。勝利之後你想做什麼事？」陳答「我想回清華教書……」蔣則說「希望政府派我當臺灣省政府主席。」陳表示不解，說你是湖南人，為什麼要去臺灣當省主席？蔣廷黻說：「臺灣自甲午戰爭以來即為日本的殖民地，戰時又受到許多破壞……政府有義務、有責任，好好地為臺灣同胞服務……」陳之邁聞之感佩不已。陳與蔣廷黻有其不同尋常的交誼，上世紀四十年代與蔣同在美國，並同住在一所公寓裏。蔣廷黻去世後，陳之邁著有《蔣廷黻的志事與平生》一書，「以賅實的記事，刻劃出逝者為人行事的風度和品格」，後交由臺灣傳記文學出版社正式出版。

蔣廷黻從政三十年，其突出的貢獻為世人所公認。他出身既非豪門，亦非望族，學成回國後矢志學術研究，本無意介入現實政治。可由於他在學術界的聲望，尤其是對蘇聯和第三國際的認識，「詳明透徹，深獲各方的讚賞」，國民政府才召其擔任要職的。在當時，不少朋友勸他不要接受這一項任命，甚至對政府「求賢」的誠意表示懷疑。蔣廷黻是學歷史出身，何嘗不知道從政的風險？但那時中日衝突日趨尖銳，大戰迫在眉睫。蔣廷黻「早已認定中日問題的一個關鍵在蘇聯」，自信對蘇聯有著足夠的認識，「覺得他有義務以他的見識貢獻政府」。1936 年國民政府任命他為駐蘇聯大使，這是蔣廷黻從事實際外交工作的開始。後來德國人進攻蘇聯，蔣廷黻以個人對時局的判斷，出語驚人，認為「同盟國，尤

其是美國，只應給史達林以有限度的支援」。蔣是一個具有「天真性格」的人，說話直言不諱，而且「湖南脾氣太重」，似乎喜歡把人只分成兩類，一類是他看得起的人，一類則是他看不起的人，「一生因為這個特性不知開罪了多少人」。有人說蔣廷黻這個人「不屬於中國文人傳統的類型，既不自鳴清高，也不熱中仕途。但是政府既然徵召他，他就應召，絲毫不作扭捏的姿態，半推半就，裝腔作勢⋯⋯」一位澳洲外交官與蔣廷黻在聯合國共事多年，曾當面對陳之邁這樣評價蔣廷黻：「T.F 是一個簡單的人，不複雜的人。他像一頭牛，充滿著笨勁，一直往前衝，眼睛只往前看，這像他能夠排除萬難而達到他的目標。這是他可愛之處，也是他成功之處。」

蔣廷黻退休後沒有回臺灣，與賢妻唐玉瑞暫時留在了美國。這時身體大不如前，在做「口述歷史」時，「聲音微弱，究竟錄了多少次」，可見其精力已有所不勝。他一面繼續自己對中國近代史的研究，一面做專欄作家，對論政仍有著濃厚興趣。上世紀五十年代初，甚至一度萌生過與胡適二人共同組黨的念頭。一個有著如此公共關懷的人，我們稱之為自由主義知識份子並不為過，或如張東蓀在上世紀四十年代「自由主義何去何從」那一場討論中所說的：「中國接受西方文化雖只短短五十年，然而卻居然在思想文化界養成一種所謂 LiberalMind，此字可譯為『自由胸懷的陶養』，乃是一種態度或風格，即治學、觀物、與人的態度或性情，亦可說一種精神。」這樣一種精神在蔣廷黻身上彰顯得十分清晰和動人。蔣廷黻生前在大陸時，有過一本大綱性的《中國近代史》，卻不是一部具有權威性的中國近代史，所以一直希望自己能夠再寫出一部作為「傳世之作」的中國近代史。不過，「這本書在他當教授時研究工作尚未完成故不能寫，在他任官一段長時間他沒有閒暇寫，在他退休以後蒼天沒有給他機會寫……」蔣廷黻是臺灣「中央研究院」的院士，但一生留下來的著作並不多，有《近代中國外交史資料輯要》（上、中）、《蔣廷黻選集》（臺北文星出版社），譯著有《族國主義論叢》。老友陳之邁借用曹子建的一句話來評說這件事，「常斐然有述作之意，其才學足以著書，美志不遂，良可痛惜」，蔣廷黻未成完成這一著述，真是死而有憾。

《獨立評論》中陶希聖

關於陶希聖這個人，長期以來，在傳統意識形態規定性的認識要求和敍述模式中，是一個貶多褒少的人物。南京大學歷史研究所陳謙平教授曾在《歷史教學》1999年第二期上撰文臧否其人，題目就是〈首鼠兩端的投機文人——陶希聖〉；在《武漢文史資料》1999年第四期上也有一篇許愷景先生的文章，將陶希聖目為「名噪一時的反動政客」。我無意對這兩篇文章作出什麼評價，對於一個隱微複雜、與一個時代潮起潮落的文人來說，設若站在不同立場和角度進行審視，儘管採用相同的文獻史料，卻也可能出現對一個歷史人物評價的言論兩極。然而，歷史就是歷史，人物就是人物，作為旁觀者或研究者來說，總是希望能夠進一步爬羅剔抉、排沙簡金，乃至史海勾沉、感悟夢痕，重返歷史現場或還原人物真貌……於是沿著這個思路穿越曲折的時間隧道，我看到了一個周旋於汪精衛與蔣介石之間的陶希聖，看到了一個引發過「中國社會史論戰」的陶希聖，看到了一個在上世紀三十年代置身於《獨立評論》中慨然發聲的陶希聖，也看到了一個在「汪偽密約」中進退失據、困惑不堪的陶希聖。

《獨立評論》是上世紀三十年代初一群身處北方危城的知識份子，在「國難臨頭」的悲憤情緒中創辦的一份政論刊物，清華歷史學家蔣廷黻曾引用老友丁文江的「經驗談」，稱「《獨立評論》

是九一八事變的產物」。《獨立評論》創刊號「引言」出自胡適之手，當時他們「只期望各人都根據自己的知識，用公平的態度，來研究中國當前的問題……我們叫這刊物《獨立評論》，因為我們都希望永遠保持一點獨立精神。不倚傍任何黨派，不迷信任何成見，用負責的言論來發表我們各人思考的結果：這就是獨立精神」。因此，北京城裏或清華園的一些經常在胡適家中或歐美同學會裏聚會的學者、教授，自然就成了《獨立評論》社成立時最初的社員，有十一人之多。陶希聖當時是母校北京大學政治系教授，與這些人惺惺相惜，但卻不是《獨立評論》社的社員。《獨立評論》創辦不久，《時代公論》上有一篇楊公達主張獨裁的文章，胡適大不以為然，本想做一篇文字來討論楊公達的這一政治主張，卻突然收到了陶希聖的一篇〈一個時代錯誤的意見〉，胡適說「我的文字可以暫時不做了」。陶的這篇文章發表在《獨立評論》二十號（1932 年 10 月 2 日）。他之所以認為楊公達的獨裁主張是一個錯誤的意見，乃因「中國的得救，只有一條路，這便是集中國民的權力以自救」。他這樣說：「如果真有一派能夠救國，真能夠解放中國的大眾，我是贊成一派專政的。」所以，「開放政權於國民，並沒有危險。把國民排斥在政權之外，卻有危險。如果我替國民黨最有力的一派打算，我絕不上一派專政的萬言書。我要勸他把政權向國民開放，我要勸他不要以天下人為仇敵」。在當時有關國家政制建設的發言中，陶希聖的立場與胡適基本一致，他不僅認為政權必須開放，也支持胡適「無為政治」的主張。儘管當時陶希聖也承認「無為政治」並不能徹底根治農村的破產這一事實，但推行「有為政治」卻會更加導致官兵加多、貪污加重，從而加速、擴大農村的破產。在《獨立評論》九十一號（1934 年 3 月 11

日)〈無為還是有為〉一文中，陶希聖明確表示「在這樣的意思上，我贊成胡先生的無為政治的主張」。胡適提出「無為的政治」是在 1933 年 5 月，當時在討論農村救濟問題時，他寫過一篇〈從農村救濟談到無為的政治〉(《獨立評論》四十九號)，自認為是「貢獻給政府的一個原則」，胡適這樣說：

> 此時所需要的是一種提倡無為的政治哲學。古代人提倡無為，並非教人一事不做，其意只是教人不要盲目的胡作非為，要睜開眼睛來看看時勢，看看客觀的物質條件是不是可以有為。

胡適雖然說得頗為抽象，但他相信這幾年來國民政府的建設事業絕大部分正如吳稚暉所說的那樣——「鑿孔栽鬚」，而此間在鄉村那些讓農民深感沉重不堪的田賦附加稅都是由於「新政」所造成的，胡適「希望大家明白無為的政治是大亂之後回復人民生活力的最好辦法」。陶希聖是社會學方面的專家，對中國社會的經濟問題素有深入研究，未出兩年他創辦《食貨》半月刊，就是設想要在社會經濟研究領域中另闢蹊徑，「矯正公式主義和教條主義的流弊」。胡適的「無為政治」遭到包括蔣廷黻在內的許多學者的反對，陶希聖、區少幹等人此時堅決站在胡適這一邊。從陶希聖晚年《潮流與點滴》(臺灣《傳記文學》1964 年出版)一書中可以知道，他在北大任教的六年中，與胡適、蔣夢麟、傅斯年、周炳琳等人過往甚密，經常在北大文學院院長室討論一些所感興趣的問題。

不過，陶希聖對民主政治的認同較之胡適仍相對遲緩。他的民主政治主張蘊含著一定的現實功利的成份。在他看來，一個國家開放政權固然重要，但「我並不是說把天下人做奴隸是絕對的不該，我是說這是不利於主人的」。站在執政黨的立場上運思民主

政治問題，其局限性就一下子顯露出來了。1933 年 12 月，當胡適與蔣廷黻、丁文江在《獨立評論》上關於「民主與獨裁」問題展開激辯時，陶希聖沒有掩飾個人的看法，卻又小心翼翼地在蔣廷黻、丁文江與胡適之間作左右袒護，採取一種折衷的立場。這一現象不獨出現在陶希聖身上，當時的吳景超、陳之邁、張佛泉等人亦莫不如此，這反映出這場論戰所引發的激烈觀點，對於每一位參與者來說，既有著公開較量的思辨，又有著暗中茫然的困惑。1935 年 1 月 20 日，陶希聖在《獨立評論》一百三十六號刊發〈民主與獨裁的爭論〉一文，他認為胡適與丁文江、蔣廷黻等人的爭論似無必要，因為「這樣的爭論，在理論上固弄不清，在事實上也沒有實益。」這裏陶希聖所說的「事實上」，指的是此時國民黨推行「獨裁政治」這一現實，已然無法改變，而「胡適之先生主張的民主政治，很顯然的是議會政治」，「如果以議會政治論和國民黨相爭，國民黨內沒有人能夠同意」。陶希聖發表這篇文章時，胡適正在廣西、香港等地南遊。一個多月歸來後，胡適針對陶文在 1935 年 2 月 17 日《大公報》上發表〈從民主與獨裁的討論裏求得一個共同的政治信仰〉一文，聲明自己所主張的「議會」是很有伸縮餘地的：「從民元的臨時參議院，到將來普選產生的國會，凡是代表全國的各個區域，象徵一個統一國家，做全國的各個部分與中央政府的合法維繫，而有權可以用和平的方法來轉移政權的，都不違反我想像中的議會。」至於「以議會政治論與國民黨相爭」，胡適明白無誤地說，我們現在並不願意這樣做，但實際上「……國民黨的『法源』，建國大綱的第十四條和二十二條都是一種議會政治論。……國民黨如果不推翻孫中山先生的遺教，遲早總得走上民主憲政的路。」由此可見，胡適對孫中山的「建國大綱」執從寬解釋，陶希聖執從嚴解釋，表明兩人在對待民主政治的理解上仍存有一定的分歧。陶希聖一再強調「政府現實大權是在一人，還是多人，也只有事實來決定」。胡適則不同意這個說法，認為「議會制度」本來就是民主政治中的應有之義，是不可或缺的，而且是可行的，並非是以「事實來決定」的。

上世紀三十年代，對中國知識份子來說，是一個「內憂外患」令人痛苦的時代。這種痛苦來自於大多數人對民主的一種幻滅感，於是選擇何種政制模式藉以救國就成了當時爭論的一個焦點。這一時期，南京國民政府在訓政階段的不作為遭人詬病，經濟上雖有成就，在政治上卻不幸演變成「一黨專政」而讓人無不憂心忡忡，不少知識份子屢次提出「提前結束訓政」、「如期結束訓政」的政治訴求。因此，這場關於「民主與獨裁」的討論較為集中地反映了公共知識份子在對待國家問題時的思考及他們的價值觀。 這一期間，陶希聖陸續出版了四卷本的《中國政治思想史》，開始形成自己「中國社會發展分為五階段」的論說。在《獨立評論》出版的五年當中，陶希聖先後發表文章二十二篇，在其主要作者中排名第十一位。陶的這些文章一半是關於民主政治與憲法問題的，另一半主要涉及中日問題的討論。針對陶希聖在《獨立評論》中的民主思想，臺灣學者陳儀深先生認為：「儘管陶希聖與胡適的見解互有出入，但是把這時期的陶希聖稱作『民主論者』還是恰當的，其理由從他在《獨立評論》最後幾期所寫的文章可以看得更清楚」。

1937 年 5 月，陶希聖在《獨立評論》二百三十五期上發表〈民主政治的一解〉一文，對民主政治的理解較之當初已有了更深的體認，他認為此時中國的「統一」並不等於專制，「民治」也不必

割據，因此主張「地方割據必須打破，民主政治必須實行」。與此同時，陶希聖又寫了三篇有關「開放黨禁」的文章。在國民黨五屆三中全會的議案中，並沒有決定是否開放黨禁這一問題。陶希聖敢於面對這一敏感問題，並提出自己的原則「是黨就可以合法，是黨就可以當選」，深得胡適的贊許。胡適在《獨立評論》二百三十七號「編輯後記」中說：

> 最近我們接到周恩來先生從西安寄來的〈我們對修改國民大會法規的意見〉，……我們現在發表陶希聖先生的〈論開放黨禁〉一篇文字中，其中討論的就是周君的主張一部分，這是周君文中所謂「陝甘寧蘇區改成邊區後」我們第一次公開的和平的討論中國共產黨人提出的一個政治主張。我們希望這樣開始政論新風氣能得著全國輿論界的同情和贊許。

從這一篇後記可以看出，胡適對中共領導人以及陶希聖適時提出「開放黨禁」這一問題，有著極大的興趣。若從字面上加以理解，中共領導人提出「開放黨禁」的政治訴求與陶希聖的這一政治見解在本質上似無多大區別，要求「開放黨禁」的實際內涵在當時應當理解為結束訓政，實行憲政，走民主政治中的議會道路。只是陶希聖提出「開放黨禁」的背景和理由與中共領導人有所不同，他希望「在野黨最有力者的放棄武裝暴動，在對外抗爭、對內民主的前提之下，他們不再與國民黨作武裝的爭鬥」，這顯然又是堅定的中共領導人斷然不能接受的。正是在這種憂慮之下，陶希聖在〈再談黨禁問題〉（《獨立評論》二百三十九號）一文中說：「國民大會選舉和召集時，是不是許別黨競選，即令不許他們競選，如果讓他們正式派遣代表，就是開放黨禁了」，甚至認為「此後的國家組織將要變一個樣子。各黨相處的態度也要變一個樣子。變成一個什麼樣子，全在於大家的爭執與互讓到什麼程度」。陶希聖的這一政治主張，實與當時國民黨推行訓政而遭至抵制以及日本帝國主義侵略危機隨時在擴大有關，但客觀上，由於陶希聖從未直接受到過英美憲政薰陶的這一基本事實，他對民主政治中的議會政治仍缺少一種堅定的信念，儘管他此時提出要求「開放黨禁」，卻又以為未來的中國既不是一黨專政、也不是幾個政黨輪流執政的局面，他在〈不黨者的力量〉(《獨立評論》二百四十二號)一文中這樣說：

> 中國的政治，最可能的趨勢，是國民黨執政，不過容許一兩個黨支持這個政權的他黨合法活動。為什麼呢？對外的形勢，不許政府因更迭而起動搖。國內的形勢，國民黨又是最大的力量。這兩層就足夠我們這樣的推測。

或許陶希聖並沒有說錯，此後的中國政治格局大抵就是這個樣子，即便到了四十年代末，所謂「行憲」亦不過是迫於現實政治而作出的一種無可奈何的選擇，與真正的「開放黨禁」還是兩回事。

陶希聖在《獨立評論》後期提出「開放黨禁」，較為生動地記錄了一個在當時具有自由主義傾向的知識份子面對現實政治時的一番思考，同時也傳達了他本人在大戰前的一種不安心情。這一時期的陶希聖在政治上與胡適較為接近，儘管分歧不少，在認知上也有偏差，但他在辦《食貨》的同時，對《獨立評論》同樣傾注了自己的關注。《獨立評論》從 1932 年 5 月 22 日創刊，至 1937 年 7 月 25 日出完最後一期，在這五年多時間裏，基本如陳之邁先生所說從未受到過「中央」的干涉，享有充分的言論自由，但「地

方」干涉卻時有發生，這也是事實。其中最嚴重的一次風波，是《獨立評論》二百二十九號刊發了張奚若的一篇〈冀察不應以特殊自居〉，竟觸怒了冀察政務委員會委員長宋哲元，下令北京市警察局長陳希文，派警員駐入獨立評論社，雜誌被迫停刊。這時胡適正在美國出席太平洋會議，等他回到北京的第二天，陶希聖趕到米量庫去看望他。在談話間，陶問道：「胡先生你不願復刊麼？」胡適說：「當然是復刊的好。」陶希聖遂提出此事交由他來辦理好了。當天下午五點，陶希聖親赴絨線胡同拜訪河北省高等法院院長鄧仲芝（哲熙）先生，直言今天就是「為獨立評論的事來的」。鄧先生答應出面幫忙，同時讓胡適寫一封信給宋哲元，說明「出國之後，彼此少聯絡，致生誤會……」第二天，胡適知道後十分高興，問陶希聖：「信裏要不要說一句道歉的話」，陶說：「不必」。在陶希聖的周旋之下，《獨立評論》終於得以復刊。陶希聖在關鍵時刻鼎力相助，一方面似與胡適的友情有關，另一方面也是對《獨立評論》一種認同與支持。他後來在《潮流與點滴》一書中說：「有人誤解我是胡適之派。其實，我和他在治學方法與講學精神上，大不相同。北京大學這時包容著各種學派和學說，而章太炎先生學派有些教授是向左翼靠攏了。在國難中間，我與胡先生是站在一起的……」

1937 年 7 月 7 日，「盧溝橋事件」突然爆發，在由遠及近的隆隆炮聲中，陶希聖結束了在北大的六年教書生涯。幾天之後，他與胡適、張伯苓、蔣夢麟、梅貽琦等人參加了在廬山的牯嶺茶話會。就是在這個會上，當時中國最高領導人發出「戰端一開，只有打到底」的決心。中共工農紅軍隨即被正式收編為國民革命軍第八路軍，後改編為第十八集團軍，國共兩黨第二次合作，拉開了中國抗日戰爭的序幕。這一年 8 月，陶希聖加入軍事委員會委員長侍從室第五組，從事國際宣傳工作；9 月，被應聘為國民參政會議員。從此，陶希聖棄學從政，誤搞政治，踏上了一條坎坷險惡、荊棘叢生的人生不歸路，並成為中國現代史上最具爭議的人物之一，這一年他三十八歲。

《梅隱雜文》中舊人舊事

一個極偶然的原因，我得到過一本二十年多前臺北食貨出版社出版的隨筆集《梅隱雜文》，作者劉光炎（1903—1983），是一位資深老報人，自 1928 年上海復旦大學畢業不久，即投身新聞界，至 1969 年六十五歲時從臺灣《新生報》退休，前後有四十餘年。劉光炎先生所親歷的時代，是一段跌盪起伏、飄搖未定的歲月，甚至也可以說是一個「亂局」。所以筆下的舊人舊事，以作者本人的話來講，「作為茶餘酒後談助，對正史補充，未始沒有裨益」。雖然一個人的經歷是有限的，但倘若能具有一種獨到的目光，就能從中體味到人生的繁複與簡約。在這本內容龐雜（故稱其雜文）的隨筆集中，一些為我們熟知或並不熟知的歷史人物，作者以其晚年淡定的筆觸，已然勾勒出真實可信、甚至是鮮為人知的一面。相知甚深的姻親陶希聖在評價這部書稿時，深感「文如其人」，「既不顯疾言厲色之態，亦不發劍拔弩張之論」，有著日常生活中「一餐飯，兩味小菜，三杯酒」的從容與自得，其令人咀嚼之處，往往就在其中了。

作者寫人記事，多以史料細節說話，不先入為主，使我們對某些歷史人物與事件有了新的認知。1939 年 5 月 3 日、4 日，重慶遭至大轟炸，各報被迫停刊，紛紛向郊區疏散。蔣介石手令重慶各報組織「聯合版」，《中央日報》、《大公報》、《時事新報》、《新

華日報》、《掃蕩報》、《國民公報》、《新蜀報》、《新民報》、《商務日報》、《西南日報》等十家報社參與，編輯部設在《時事新報》館內。這時是國共合作時期，《新華日報》社長潘梓年為主筆之一，總編輯章漢夫為國際版編輯，整個「聯合版」編務則由劉光炎與王芸生負責。作者在〈一葉知秋〉一文中回憶：初與王芸生三天一輪流主持版面，「後來被炸怕了」，王芸生「就乾脆躲在北碚的數帆樓（中國旅行招待所），不再來了，以後多半由我負責……」「聯合版」辦了一百期就沒有辦下去。之所以停刊，除政治上的異同外，「中國人之不易作大團體的合作」也是原因之一。「中央看見合不成，就只好把範圍縮小，叫中央與掃蕩兩報紙合併，而結果仍是一敗塗地。理由是『中央』居主導地位，卻不以誠待人，『掃蕩』不服，彼此不合作，所以最後仍然分開了。人家說『報館的人難弄！』又說：『寧帶兵，不帶辦報的人。』」從這件事可看出，即便在非常時期，輿論一律違背新聞出版之規律，對當局來說，也成了一種教訓。

在「聯合版」生存百日中，作者對國民黨元老葉楚傖的「為官之道」留有深刻印象：「因為出刊的關係，中宣部是需要與各報的主持人隨時聯絡的。我到差的第一天，就碰到兩位不速之客。我到會客室一看，赫然是：當時的中央宣傳部部長葉楚傖先生、副部長潘公展先生。我當時驚問：『在如此大熱天，葉先生何不叫人打一個電話通知而要冒暑親臨』。葉先生說：『不然，我這個部長是黨官，而『聯合版』則是民間的聯合刊物，以黨官的身分，是不便對民間刊物，頤指氣使的』。作者又另舉一例以記述葉楚傖「清若雛鳳」的君子之風：抗戰中期，中國文藝協會宣告成立，身為國民黨中央黨部秘書長的葉楚傖到會發言，正侃侃而談時，中央大學一位教授忽然站起，制止他發言，其理由是：今天是文藝工作者的聚會，不歡迎大官的訓話。此位教授何許人，文中未有交代，「葉先生經他當場『開銷』，一言不發，一鞠躬地下了台，安安靜靜坐在他原來的位置上。後來大家弄明白了：葉先生原來是這個會的發起人兼籌備人，他所報告的，是一個籌備人在籌備完成後所應該說的話，並不是『訓話』，於是挽人出來，請葉先生再繼續講下去。葉先生也就繼續上臺，完成他未曾講完的話，絲毫沒有一點慍氣。這一點不是平常人所能做到的」。葉楚傖是一個複雜的政治人物，早年與他人合辦《民國日報》，任總編輯，與于右任共同創辦上海大學，後為「西山會議派」要角之一；在思想上趨於保守，遭到過胡適先生的嚴厲批評。不過，葉楚傖為官能不失其書生本色，在當時難能可貴。南社老友柳亞子曾有詩云：「唾手燕然他日事，知君原不為侯封」（〈次韻答楚傖〉），對其官宦生涯有一定的理解。葉氏嗜酒如命，在家太太不讓喝，就把酒藏到辦公室，秘書蕭同茲、朱雲光經常偷喝他的酒，每次也給他留一點，「他老人家也就沒有二話說了」。葉楚傖病死於 1946 年，只活到六十歲，或許早已淡出人們及歷史的視野。由於他的從政經歷，後人對他在文學上的成就則多有忽視，實為有點可惜。

相形之下，抗戰前司法行政部部長王用賓卻有點渾噩不清，甚至反復無常。此人平時對新聞記者十分拉攏，當時一個姓鄭的記者跑司法新聞，與這位部長多有接觸，因而被羅致麾下，「聘為兼任秘書，每天只要到部中走一下，就可享受兼薪，十分得意」。作者與姓鄭的記者同在一家報社，某一天鄭記者欣然走告，稱王部長的太夫人過生日，自己以「舉案齊眉」四字送一壽帳，並口沫四濺地描述這位太夫人如何善於教子，如何矢志守節三十年將

一個孤兒培養成人，其招搖之態，讓人十分反感。作者當時愕然，「……簡直牛頭不對馬嘴，大驚問他這個壽帳送去未，他欣然道：『我剛去看過，掛都掛起來了。』我只好緘默不言。果然大家看後，議論紛紛……」這位部長後來也感到此事荒誕不經，便認定這位鄭記者是在有意譏諷，於是把他免了職。「鄭記者糊裏糊塗吃了一個悶虧，還不知道毛病出在哪里？真是可憐可笑。」這件小事的真實性毋庸置疑，雖然王用賓曾抨擊過「民國司法事業之萎靡不振」，有過「宦情冷似爐中燼，鬢色繁於瓦上霜」之感歎，但在國民政府成立之初，因「命題作弊、錄取不公」遭到過監察委員的彈劾，當時他是考試委員會委員；國民黨某些高官在專權時代中的喜怒哀樂乃至「隨心所欲」，一如史學家唐德剛指出的那樣：「命運賦予他們的行動範圍相當有限」了。

作者在書中寫到「千秋二大老」，即林森和吳稚暉。林森任抗戰時期國民政府主席，當時其寓所在重慶的一個山洞裏，設施之差完全可以想像。有位立法委員，姓張名志韓，一日見林森步履「似感困難」，堅詢由來，方知「隔夜登坑所致」。原來林森寓所沒有抽水馬桶，只有日式廁所，且無木架設備，年老體弱，勉力為之，「故隔宿猶感步履不便」，林森則從不抱怨。林森雖為國府主席，一向不主動過問人事，但仍有許多人不知這一點，因而不少「戚友干求」。沒有辦法，林森曾推介某某二人為某縣縣長。誰知竟在政院院會中遭到否決。林森對此一無表示，「默默而已」。吳稚暉也遇到過諸如此類的事情。吳氏一生最討厭那些求官的人，「看到這種人來，就閉門不見，如果外守不去，他就打開大門些許，在門縫發言：『吳某某不在！』」作者直呼吳氏實與明代大畫家王冕的作風「頗為類似」，只不過王冕有其小童應門，吳氏則沒有這個排場，「要他老人家自己勞神罷了」。這些說起來都是一些小事，卻可見國民黨中仍有一些清廉自許、高風亮節的人。

還有一位賀國光將軍，到臺灣後，曾任憲兵司令。有一日乘計程車歸家，司機是一位台籍青年，年輕氣盛，車子開得飛快。賀將軍讓他開慢點，他則置若罔聞。到家門口，賀將軍再次提醒年輕人要小心開車，以免出意外。「這位司機，一言不發，就摑了賀氏一個耳光。這時，賀氏家中，正有許多來謁的後輩，都是青年將校。聞聲一擁而出，爭問何事？賀氏夷然說：『沒事』就走進屋裏。」後來，這位司機向人說起這位坐車的「土老頭兒」，才知是當年的憲兵司令，越想越不是滋味，第二天買了幾色糕點，前往賀府請罪。「賀氏親自予以接見，收下了禮物，用手輕輕拍拍他的背，卻始終一句責難的話都沒有說」。作者深感賀將軍有「忘我」風度，「好漢不提當年勇，若斤斤於自己從前如何如何，因而怪罪別人『有眼不識泰山』，則未免太迂闊了些」。

作者還談及孫中山的一件往事，多少能反映出孫中山的真實性格，以及在當時對革命的那種迫切心情。作者有一個復旦校友叫楊幼炯，在十七歲那年，曾去上海拜見孫中山，當時他的哥哥楊熙績是孫中山的秘書。孫中山問楊幼炯來上海想幹什麼？楊說：想參加國民黨。孫問：為什麼？答：救國！孫中山便說：現在有一個救國的機會，你敢不敢去？楊幼炯回答「敢」。孫中山立即取出一封信交給他，讓他到湖南去策動某鎮守起義。楊幼炯的哥哥一聽著急了，當即進言諫止，其理由是：楊幼炯仍是一個孩子，不能把這樣的任務交給一個孩子去完成。孫中山則不以為然，說：相信他能夠，他就能夠！楊幼炯的哥哥無奈，只好眼睜睜看

著少年弟弟前往湖南。儘管後來楊幼炯果然策動成功，卻讓人感到孫中山為了革命成功，往往是不顧一切的。

作者在中央日報當過主筆，兼管國際版。社長是程滄波。那時的許多記者，也常到機關或對邊疆來京的「大吏」索取紅包，「視為故常，恬不為怪」，可見壞的風氣是與制度有關的。當時中央日報副刊部，也是花樣百出，「最鬧猛的是女記者端木露茜鬧桃色新聞，把報館幾乎搞垮了」。從有關史料可以知道，端木露茜與程滄波就有過緋聞，以致後來程滄波在中央日報都幹不下去了。作者在書中甚至透露：「這位女記者非常風騷，她其實很喜歡我，曾百端挑逗，喊我是『可憐的孩子！』我因心有專屬，決不動心，她終於把我沒有辦法，搖搖頭去了」。這位女記者的丈夫，其實當時也在報館做事。或許是因為相知至深或理念不同之故，作者對這位女記者的丈夫並無過多同情，竟以這樣一種口吻寫道：「她的丈夫後來恍如大夢初醒，知道自己只是『賠了夫人又折兵』一無是處，一怒離開了報館，從此到上海辦了一個《觀察》，專門拆國民政府的台。他就是早期被共產黨利用，終於在『大鳴大放』中裁了跟頭的儲安平！」不過，這是作者的一家之言，無論如何，儲安平辦《觀察》是對國民黨專制的一種挑戰，儘管其後來命運有所不堪，則與妻子的緋聞毫無干係。

劉光炎生於湖北荊州，祖籍浙江紹興。其父曾經做過宜都電報局局長。劉光炎在家中讀過幾年私塾，十六歲那年始入宜昌美華書院，兩年修畢四年課程，再進武昌文華書院、上海麥倫書院就讀，這些都是教會學校，因此獲有良好的英文基礎。考入復旦後，獲得過江南八大學英語演講比賽（1924 年）第三名。當時私立復旦大學校校長是美國耶魯畢業的留學生前輩李登輝。初為復旦公學英文部主任，後為總教習（教務長），1913 年始擔任校長，在其任上有二十年之久。李登輝中文不太好，上課全用英語教學。在復旦公學時期，有一次查夜，看到一位新生秉燭夜讀，至為感動，想了半天，竟用不熟練的中文對這位新生說：「你為什麼不把你的身體，放在床上？」純粹一句西文中譯，在校中傳為美談。這位學生就是後來擔任四川大學校長的黃季陸。十年之後，到劉光炎進校時，還有人時常提起這件事。在劉光炎眼中，李登輝是一個十分純粹的人，受西方文化教育影響至深，從不搞什麼人際關係，這種品質在當時許多大學校長身上也很難看到。有一年，香港富紳何東來滬，所有學校皆競相奉承，期其一顧，何東獨垂青復旦，囑人示意，由李登輝出面招待，地點即在江灣復旦惟一的禮堂——簡公堂。李登輝當時危坐相陪，不卑不亢，無一語及捐款之事。何有點不能耐，出言示意：「要學校辦好，必先充實經費。」李回答：「這是你們有錢人的責任。」出語之率直，四座皆驚，捐款事竟以不成，硬是放走了一個活財神。劉光炎認為「實則此乃李之個性，為區區金錢而改變個性，李氏從未考慮及之。故全校學生亦均以此為榮……」還有一件事，也能顯見李登輝這個人的本色。抗戰初期，李辭去校長一職，乘輪而上，到了重慶。重慶校友會宴請老校長，同時找來原在校長室做工友、時在財政部繼續做工友的老劉以隨侍。誰知李登輝見到老劉，「連呼老友，即攜其同席」。這一桌不少為政府官員（非院長，即部長），「而老劉獨以一現役工友夾雜其間，人皆目為異數，老校長卻視為故常」。劉光炎對此感慨良多，說許多人整天「滿口高喊民主，而實則官僚架子十足，以視老校長，應有愧色」。

作者一生以新聞為志業，「連寫帶譯，近兩千萬字，卻片紙隻字，都未留下」，其原因，乃「平生不好留稿」，「且又生性疏懶，懶得留」。兩千萬字可謂洋洋大觀，歷數作者生前著作目錄，凡二十三種，涉及政治、外交、蘇聯政治剖析、新聞學、哲學、美國民主政治、經濟地理等內容。陶希聖先生透露：「光炎公在公營報或者民營報，每以編輯兼主編。不署名的社論，從不留稿。他主編的講義、翻譯的論者，可以說是『等身』，至今佚失者多，尚存者少」，可見「懶得留」確有其事。七十八歲那年，劉光炎定居美國，深感「內心自怡」，遂想「留下一點東西」，為了給在美國的不知「我國往日一切，多甚隔膜」的小輩們讀。他在「自序」中這樣說：「多年不寫了，外面已經沒有人知道我，詎料《世界日報》副刊編者文國光先生竟專函相許，……就這樣寫了幾篇。自問雖無可取，但說的都是老實話，對於當年社會實況，政治因應的反映，不無參考價值。」不過，在《世界日報》只刊發了前三十篇，後三十篇因其「不喜歡別人刪改」（長女劉德順語）而未再寄，後由女婿陶恒生結集交臺北食貨出版社出版，並擬在八十大壽時作為禮物「分贈親友」，萬未料到，出版前數月光炎先生卻在異國遽歸道山，竟未聞墨香，殊為憾事矣。

雷案背後

若談及雷震先生，《自由中國》半月刊 10 年風雨路程，固然是一個最值得關注的話題，但「雷震案」（以下簡稱雷案）本身卻也是不容忽略的。這個案子的背後有著太多的悲情故事。有人將此案與 1955 年 8 月發生的「孫立人案」相提並論，就是從「政治構陷」這一角度來加以審視的。當年孫立人案中所謂「匪諜」郭廷亮，完全是由臺灣情治人員（情報與治安）一手策劃的；而雷案中的「匪諜」劉子英，不過是「郭廷亮模式」的一個翻版而已。兩案在其手法上如出一轍，都是國民黨當局為整肅和打壓其政治敵手，將「匪諜案」模式作為「執政者排除異己、掌控權力的重要方式」（《〈自由中國〉與民主憲政》，薛化元）。不過，較之長期遭到軟禁的孫立人將軍而言，雷震這位「骨鯁之士」的境遇似乎更加險惡，在軍事法庭不允許對質的情況下，被誣陷為「知匪不報」，他曾經的上司和朋友蔣介石將他投入大牢達整整 10 年之久。

雷震被捕，是在 1960 年 9 月 4 日。從目前所披露的史料來看，在這之前，雷震已知自己將遭此厄運。對蔣介石來說，雷震主持《自由中國》半月刊 10 年來為爭言論自由，與當局所進行的一系列殊死拼爭，早已在心理上動搖了這位獨裁者對臺灣島統治的信心；及至 1960 年前後，雷震與臺灣本地政治精英共同籌建反對黨，更是將國民黨推到了如坐針氈的窘境，這是臺灣自「二二八」事

件以來，最為壯懷激烈的一個政治大事件。因此，蔣介石制裁雷震「決心如鐵」（陶百川語），可說是到了喪心病狂的程度。與雷震始終保持著良好關係的美國大使館事先得到一份絕密情報：「情治單位打算製造匪諜案，先將馬之驌打成匪諜，再將雷震以『知匪不報』而入罪……」（〈平反白色恐怖案還有長路要走〉，薛化元）並透過曾當過臺北市長的高玉樹，將此事通知了雷震。曾經作為國民黨高層核心人物、蔣介石的「國策顧問」，雷震深知這一場「牢獄之災」終不可避免，但他還是與馬之驌談了一次話，其目的是為了防止不諳政治的馬之驌被當局所利用。馬聽了當場表示：「無論他們怎麼整我，我都不會承認是『匪諜』的，即使是屈打成招，我也不會『咬您』的。」（《雷震全集》第 2 冊 231 頁）後來事實證明，美國大使館傳來的情報是可靠的。十幾天後，臺灣警備總司令部在證據不足的情況下，比原計劃將近提前了一個月，以「涉嫌叛亂」為由將雷震、傅正、馬之驌、劉子英四人逮捕。這種「先抓人後偵訊」的違法行徑，頓時引來一片譁然。只是在偵訊過程中，馬之驌沒有與當局合作，但《自由中國》雜誌社前會計劉子英卻「利誘成招」，不僅承認自己是邵力子之妻傅學文派來臺灣的「匪諜」，而且稱於 1950 年 5 月 17 日晚，在臺北金山街一巷二號雷震的書房裏，彼「將傅匪在京情況及所交為匪工作任務，密告雷震，並誇張大陸匪情，勸雷震為人民立功……」既有時間，又有地點，而且任務明確。於是，案情發生了逆轉，審判遂繞開了所謂「涉嫌叛亂」而就「知匪不報」秘密進行著，監察院派出的雷案調查小組自始至終也未能見到雷震一面。

當局之所以採用「匪諜」模式將雷震送上軍事法庭，是因為當年孫立人事件與所謂「匪諜」有關之後，於是一種「把主張民主自由與匪諜的行為關聯起來的論述也正式提出……對《自由中國》而言，這種將『宣傳民主自由』與『匪諜』劃等號的宣告事實上是針對他們而發」(《〈自由中國〉與民主憲政》，第 134 頁)。這就意味著，逮捕雷震並以「匪諜」而定讞，既可混淆其視聽，又能掩飾當局「一石二鳥」的政治企圖：只要將雷震判了刑，常發鏗鏘之聲的《自由中國》半月刊便可自動停刊而解體，而籌建中的反對黨也將胎死腹中。事實證明，當局確實做到了這一點。1960 年 9 月 24 日，臺灣警備總部正式向軍事法庭提出公訴，起訴書認定雷震的主要罪狀有二條：一，明知為「匪諜」(劉子英）而不告密檢舉；二，連續以文字有利於叛徒之宣傳，散佈悲觀無望論調，以圖鼓動暴動，以達顛覆政府之目的……（1960 年 9 月 24 日臺灣《聯合報》）10 月 3 日，雷案開庭，「只開了八個半鐘頭的庭，就宣告終結了」(胡適語)；10 月 8 日，軍事法庭以「知匪不報」、「為匪宣傳」等罪名判處雷震有期徒刑 10 年，褫奪公權 7 年。然而，雷震被捕的實質是在組黨。但出於政治上的目的，蔣介石卻竭力想掩飾這一點。1960 年 9 月 14 日，他在接見美國西海岸報界記者時第一次對雷案公開表態：「……相信已有『匪諜』在該刊（指《自由中國》半月刊）的幕後作活動，逮捕雷震當然有法律的依據……這件事與雷震組織反對黨無關。任何人可以自由地在臺灣從事政治活動，但是絕對不許參與顛覆活動。」(1960 年 9 月 15 日臺灣《中央日報》) 同年 11 月 18 日，蔣與胡適也有過一次談話，依然持這個態度：「如果他（指雷震）的背後沒有匪諜，我絕不會辦他」。胡適當然不會相信這樣的指控，乾脆挑明自己的看法，他對蔣介石說：「總統和國民黨的其他領袖能不能把十年前對我的那份雅量分一點來對待今日要組織一個新黨的人。」(《胡適

日記全編・第8冊》726頁）在當時，不少人都對胡、蔣二人的這次見面寄予了莫大的希望。因為從時間上講，這時還來得及，亦即距雷案二審還有最後五天。如若胡適能說服蔣氏收回成命，雷震或可免遭10年牢獄之災。但蔣介石不為所動，胡適先生終以「大失望」而對天長歎。11月23日雷案複判，法庭維持其原判。

本來，臺灣法律界對雷震一案多少還持有一點信心。因為逮捕雷震的最初理由是「涉嫌叛亂」，其證據是「《自由中國》半月刊自民國46年8月第17卷第3期開始，至現在第23卷第5期止，共計75期……其內容多係煽動、誘惑、分化、中傷之言論，顯已逾越言論自由之常軌，並偽造讀者投書，侮蔑軍人，企圖煽惑軍心，打擊士氣……」如果依照當時《出版法》第32條之規定：「出版品不得為下列各款之記載：一，觸犯或煽動他人觸犯內亂罪、外患罪者；二，觸犯或煽動他人觸犯妨害公務罪、妨害投票罪或妨害秩序罪者；三，觸犯或煽動他人觸犯褻瀆祀典或傷害風化罪者」──《自由中國》半月刊如確實違反了上述條款，完全可以由內政部根據《出版法》第41條之規定，予以「撤銷登記」，大可不必由警備總部來抓人。可一旦雷震的罪名成了「知匪不報」，就不單單是一部《出版法》就可解決問題了。雷震當時要求與劉子英當面對質，竟遭到法庭的拒絕。一審之後，雷震又向法庭提交了一份「軍法聲請覆判理由書狀」，針對強加給他的兩大罪名作了申辯。這位曾經留學日本多年、畢業於京都帝國大學法學院的高材生、當年國家制憲中樞的核心人物心裏十分清楚，在法庭上這一誣詞若得以成立的話，「判刑10年就認為是名正言順的了」。監察院資深委員、雷震夫人宋英女士，不願看到自己的丈夫在軍事法庭上受審，「以盡妻責」，明知其不可為而為，還是向臺北地方法院遞交了一份要求由司法機關來提審雷震的狀紙。宋英事後說，這「是對國法充滿了信心」才提出的。可臺北地方法院在接受了狀紙之後，緊接著，就給予駁回。宋英為此寫了一份「抗議書」，刊登在 1960 年 10 月 1 日出版的《民主潮》上，官方的報紙則一字未登。

在整個審判過程中，劉子英成了案情的關鍵所在。他是惟一的原始證人，若沒有他的所謂「自白書」，就根本扯不上起訴書和判決書中「知匪不報」之罪嫌。胡適曾對胡頌平說過一番話，道出了當時他本人也是許多人心中的一種無奈。胡頌平回憶道：「對於雷案，先生希望軍方再請幾位真正懂法律的人來審慎處理；如果他們真能請到真懂法律的人來處理，可能雷案不會成立了」。（《胡適之先生晚年談話錄》第 80 頁）不過，劉子英還是被判了 12 年，比主犯雷震還多了兩年。這就再明顯不過了。因為如果法庭判劉子英無罪，就不能判雷震有罪，甚至雷案都有被全部推翻的可能。說起來，劉子英也是一個悲劇性的人物。他從來就不是什麼「匪諜」。當時之所以「利誘成招」，完全是在審訊人員的脅迫之下，出賣其個人良心之所為。與馬之驌相比，劉子英有過相當複雜的政治經歷。大陸時期，雷震在重慶任國民參政會副秘書長時，劉是參政會的秘書。抗戰結束後，遂從參政會轉至監察院工作，與監察院院長于佑任過從甚密。1950 年初，他從香港給于佑任及「總統府」秘書長王世杰寫信，要求前往臺灣。于佑任由於位高而謹小慎微，自己不便出面，遂求雷震為其作保，雷也曾經是劉的上司。到臺灣後，劉要求在監察院復職，于未允，依然是由雷震安排到《自由中國》雜誌社做了會計。之後，雷又將其介紹到中日文化經濟協會做事。依劉子英與雷震之間的交往和私

誼，遠勝於馬之驌與雷的關係。劉當時被羈押在臺北市西寧南路警備總部保安處。據雷震後來瞭解，那裏有一間黑房子，「四周無窗戶，不透空氣，不見天日，地上是泥土，其黑暗陰森可怕，被囚於此者無不肉跳心驚，以為個人的末日將至也。關在這裏的人，都是為著逼供的，和過去的屈打成招則毫無二致……這裏的方法，是精神壓迫而使囚者精神崩潰，有時也兼用酷刑的。」（《雷震全集》第 28 冊，第 386 頁）劉子英的「自白書」就是在這種情況下，「迭經補充六次」，直至警總滿意才完成的，他成了當局「用來誣陷雷震的工具」（聶華苓語）。當局給劉開出的條件自然也不菲：養其終生。這一年，劉子英 54 歲，依然單身，12 年之後也是一個花甲已過、縛雞無力之人。在獄中，他每月可從警總那裏得到當時的台幣 600 元，後加到 800 元，以作為零用。雷震入獄後雖享受單間待遇（雷此時仍為「國大代表」），即所謂「分居監」，卻沒有一分錢的零用。劉子英長年生活在北京，喜吃麵食，「故警備總部每隔兩個月就送一袋麵粉去，俾劉子英可以自備小爐子來做麵食」（雷震語）。劉子英被關在「智監」，也就是專門囚禁「政治犯」的地方。1960 年 11 月 24 日上午，當劉子英被解至軍人監獄的「智監」，那裏的「犯人」得知來人就是劉子英時，便圍作一團，聲勢洶湧，群起而攻之，斥責他出賣主人，是一個不忠不義的無恥之徒，一個沒有良心的陰險小人……劉被罵得無地自容。軍監怕出事，只好隔出一間獄室讓他獨居，這才免去了眾人的圍攻。1965 年某一天，有人（謝聰敏）在軍監見到劉子英。劉「頭髮已雪白，數不盡的皺紋像蜘蛛網一般密佈在他那圓圓的臉上」。他對謝說，自己當年受到過疲勞訊問，「特務拿第二天的報紙給我看。他們說『我們是公開逮捕，不是偷偷摸摸。你也知道老先生

（蔣介石，原注）的脾氣，公開逮捕就不會釋放。我們所面臨的問題是你和馬之驌兩人之中……總有一人要承認中共派遣來台鼓勵雷震背叛政府。』」（《雷震全集》第 2 冊，第 304 頁）不過，劉又說，如果雷震不組黨，自己也不至於做牢。1970 年代，謝聰敏第二次出獄，曾經拜訪過雷震。他告訴先生劉子英已獲釋。雷震當時問：「劉子英已經出獄，為什麼不來見我？」

雷案是「先抓人後偵訊」，從中可看出當局欲置雷震於死地而不顧法律，更不恤人言。儘管馬之驌未招，劉子英自誣「匪諜」以求「養其終生」，但這一切仍是事先設計好的「政治劇本」的一個部分。唯一的變化，只是將預想中的「馬之驌」變成了「劉子英」而已。軍事法庭不允許雷、劉二人當面對質，應當也是預料中的事。如此明目張膽的「政治構陷」，「對質」也就當然不會在這個劇本之中。根據當時「軍事審判法」，有關「對質取證」的規定就有 5 條之多，即自 166 條起至 170 條止，其中第 168 條說的很清楚：「被告雖經自白，仍應調查其他必要之證據，以察其是否與事實相符」；儘管劉子英後來有所翻供，但已來不及了；而「軍事審判法」第 199 條以及 115 條，准用「刑事訴訟法」第 97 條「自應命其對質」之規定，也是從法律上來保證當事人之權利的。然而，軍事法庭既不允許調查，又不准對質，甚至雷震的辯護律師要求向劉子英作質詢的合法請求，統統遭到了拒絕。從 2002 年 9 月臺灣「國史館」公佈的《雷震案史料彙編》（二冊）中可以知道，無論是下令逮捕雷震或審判、調查，均受控於「最高當局」的直接指令。這種政治超越法律的行為，遂成為臺灣戰後「白色恐怖」時期最隱晦不堪的一頁。警備總部將雷震「科刑論罪」的準備工作，早自 1958 年 9 月下旬業已開始，警總軍法處當時即著手研究

「《自由中國》半月刊言論是否足以為科刑論罪之基礎」，並逐期審查了「《自由中國》半月刊自民國46年8月第17卷第3期開始，至現在第23卷第5期止，共計75期……」，其構想是企圖以「觸犯懲治叛亂條例」為主要起訴理由。但後來發現，這並「不足以構成刑責」，於是向最高當局建議「應在法律制裁途徑之外另先覓適當對策」：其中，對雷震的處理是「充分準備廣求事證、運用矛盾孤立首凶、製造環境提前行動」，而「對《自由中國》社內部之較緩和者（毛子水、戴杜衡、胡適等），研究其利害關係，指出其矛盾所在並加以運用」，再以「分化胡適與雷之關係為主」；在國外反應方面，則要「運用關係使美國國務院遠東問題顧問費正清等不再同情雷之活動。」而1959年1月下旬確立的「田雨」（雷震兩字拆出的代號）專案，更是以「假想作業」的方式秘密運作，並設甲、乙兩案。在甲案中，以「殷某」（殷海光）、「田雨」（雷震）為起訴對象；乙案則擴大到「張三」（夏道平）、張益弘等人，兩案均以「田雨」為主要目標。從後來的事實看，「假想作業」運作得並不理想，也就是不能真正「構成刑責」，因而以「匪諜案」的模式出現遂成了當局唯一制裁雷震的可能。於是，在方案之外逮捕對政治向無興趣、也沒有寫過任何文章的馬之驌和《自由中國》雜誌社前會計劉子英，就成了雷案中最關鍵的「伏筆」。據馬之驌回憶，他被捕後，「一下子就連續談了三天三夜，這可能是全世界少有的『疲勞審訊』。中間雖然給飯吃，但『偵訊』則未間斷！開始時以禮相待，稱我『馬先生』，說：『政治問題，政治解決』、『問題不在你』、『我們的對象不是你』、『只要你合作，一切都好辦』；繼之則動粗，動粗的經過很慘，實非筆墨所能形容……」（《雷震全集》第2冊，第232頁）後由一位姓李的副處長出面，只有一句話：「沒有什麼好談的了，你就是匪諜，不承認也不行。」然而，就在當天，對馬的偵訊突然中止了，審訊人員的態度也變得「和藹」起來，並說「好了！你這部分就到此為止了，你放心不會有事的。」馬當時感到莫明其妙，不日後接到起訴書時才恍然大悟，原來是劉子英招了，供認不諱是「匪諜」，馬之驌「痛心欲絕」。

10 月 8 日宣判當日上午，蔣介石親自主持會議為其審判定調。與會人員包括「副總統」陳誠，府、院、黨三大秘書長張群、唐縱、谷鳳翔，司法院長謝冠生、檢察長趙琛、國防部軍法覆判局局長汪道淵、外交部長沈昌煥以及陶希聖、曹聖芬等十四人。與逮捕雷震時一樣，對雷的宣判警備總部也擬就了甲、乙、丙三個方案。谷鳳翔及警備總部主張採用甲案，即以懲治叛亂條例第 2 條第 3 項預備以非法方法顛覆政府之罪名，判雷震有期徒刑 10 年；謝冠生、趙琛、汪道淵等人主張採用乙案，即雷震明知劉子英為匪諜不告密檢舉，依戡亂時期檢肅匪諜條例第 9 條，判有期徒刑 7 年；以文字為有利於叛徒之宣傳，依懲治叛亂條例第 7 條判有期徒刑 8 年；定執行有期徒刑 10 年；奇怪的是「副總統」陳誠，這位雷震的老友竟主張採用丙案，即雷震包庇叛徒，依懲治叛亂條例第 4 條第 1 項第 7 款判有期徒刑 10 年，以文字為有利於叛徒之宣傳，依同條例第 7 條判有期徒刑 7 年；定執行有期徒刑 12 年。2002 年 9 月 12 日 146 期《臺灣新聞‧總合週刊》一篇回憶文章透露：當年陳誠在雷案中的處境十分尷尬。由於他與胡、雷二人的私誼，事前並不知內情。直至下令逮捕雷震那一刻，才由警總司令黃杰與參謀總長彭孟緝一起向他作了通報；當時的「總統府」秘書長張群亦為雷震的好友，開始時對雷案竟也是「不聞決策」，一度成了局外人。這些都充分說明蔣介石為逮捕雷震，事

先做了十分縝密的安排。而雷震的這些朋友，在最後，實際上也是介入了對他的審判。唯有胡適少數人站在道義和法律的立場上，給雷震以最大的支持。1960 年 10 月 22 日深夜，胡適自美繞道東京返台。在機場，他對臺灣《聯合報》記者說：雷案判決有欠公平，如果被傳訊，他本人願為雷震出庭作證。

蔣介石在平衡了各方意見之後，當場作出四項指令：一、題目（指判決書）要平淡，須注意一般人的心理；二、雷刑期不得少於 10 年；三、《自由中國》半月刊一定要能撤銷其登記；四、覆判不能變更初審判決。會議行將結束時，蔣似乎還是有點不放心，又問：「乙案能否撤銷《自由中國》的登記？將來覆判不可變動有無把握？」國防部軍法覆判局局長汪道淵當即站起來答稱：「可以辦到。」（2002 年 9 月 4 日臺灣《聯合報》）當天下午，軍事法庭就是根據這些來自於最高當局的指令對雷震作了最後的宣判。儘管監察院「雷案調查小組」在調查報告中列舉出警備總部處理該案時諸多「不合或失當之處」，並提出了糾正案，但由於蔣在雷案中扮演了不光彩的角色，仍無法改變初審的判決……雷震被捕後，受押於警總軍法處看守所。其妻宋英竭盡全力做了大量的營救工作，包括與當時在美的胡適先生直接通話，在臺北和平東路二段《自由中國》雜誌社召開中外記者會。宋英於 9 月 14 日在臺灣各報發表〈營救我的丈夫雷震〉一文，讓臺灣民眾憤激難平。宋英指出：「現在關於雷案，海內外議論紛紛，認為這是一件顯然的『政治誣陷』。在秘密刑訊之下迅速構成的所謂『供認』和『自白書』實不足以昭信。這已是大家司空見慣的常識……今日在臺灣做『掩護匪諜』的勾當，其利害如何，連小孩子都看得清楚，何況以雷震的經驗和閱歷？他三十多年的經歷足以解答這類問題，用不著我來多說了。」(《雷震全集》第 3 冊，第 114 頁）一審之後，宋英自然要求上訴。這時雷震在看守所卻遇到了這樣一件事:「有一天睡不著出來納涼(我的牢門二十四小時不關)時，忽有人來對我說:『雷先生，你不要問我姓名，我對你很敬佩！你在政府搞過幾十年，為什麼對他們的作風還不明白？為什麼要花錢去上訴？你上訴也是十年，不上訴也是十年！你今年已是六十四歲了，坐了十年牢也差不多了！你如果今年只有五十四歲，恐怕要判你無期徒刑啊！這都是國民黨老先生批准的。』」(《雷震全集》第 28 冊，第 197 頁）雷震聞後內心感慨不已！一個多月後，雷震前往臺北縣新店安坑國防部軍人監獄（今新店監獄）服刑，開始了漫長的 10 年鐵窗生涯。第二年 1 月，胡適、夏濤聲、張佛泉、成舍我、胡秋原等 46 位知名人士聯名簽署一份「陳情書」，籲請蔣介石特赦雷震。蔣不予理睬。1970 年代，出獄後的雷震自撰一聯以述辛酸往事：雷案的黑幕，天下人盡皆知之；冤獄整十年，歷史上自有交待。寥寥數語，將那個時代的悲情似乎都說盡了。

兩個浙江人

雷震與王惕吾同為浙江人。一個是長興縣人，一個是東陽縣人。大陸時期，從日本留學歸來的雷震，在戴季陶、王世杰等人的提攜下，政治上飛黃騰達，與當時的年輕軍官王惕吾似無任何交往。而是 1949 年到了臺灣之後，這兩個人，一個辦刊物，一個辦報紙，可以說是成了同行。雷震生於 1897 年，比王惕吾大 16 歲。雷震原本是國民黨高層核心人士，是蔣介石的國策顧問。在上世紀五十年代，他所主持的《自由中國》半月刊在臺灣戰後「白色恐怖」時期著力灌溉自由民主的理念，為臺灣社會的民主政治起到了啟蒙作用。王惕吾則是臺灣最大的民營報紙之一《聯合報》的老闆，雖然當時他無意採取《自由中國》半月刊那樣強烈而直接的言論路線，傾向走一條更為穩健、實際而有益於民主的路線，並深感「其方式也不必太過尖銳」，但《聯合報》中兩位主筆宋文明和戴杜衡，同時也是《自由中國》半月刊的編委，多少可以看出《聯合報》與《自由中國》半月刊在其言論的基調上有相近之處。1960 年 9 月 4 日，臺灣國民黨當局以「知匪不報」、「為匪宣傳」等莫須有罪名將雷震逮捕入獄。在整個偵審過程中，《聯合報》對這起政治事件的公正報導及持平之論引起當局的不滿，被貼上「思想不正確」的罪名，事後並遭到軍方的抵制，全面禁止《聯合報》在軍中流傳。

《自由中國》半月刊在政治上與當局漸行漸遠，乃至最後發展成為一股對抗中樞的力量，令人始料不及。之前，雷震與蔣介石過往甚密，《自由中國》半月刊創辦之初，也曾接受過政府的補貼（教育部）。後因自由主義色彩漸濃，受到當局的不斷打壓，才逐漸轉變成當時臺灣最重要的一本政論刊物。早在 1954 年 5 月，《自由中國》發表了三位學生家長的投書，對「黨化教育」嚴重干擾學校正常教育，提出言辭激烈的批評。此事最直接的後果，就是導致幾個月後，蔣介石以「不守黨紀，影響國民黨名譽」為由，將雷震這位國民黨老人開除出黨。由於雷震耿直性格，這一切並沒有影響和改變他的辦刊理念。相反，《自由中國》更加朝著與當局徹底決裂的方向前行。1956 年 10 月 31 日，是蔣介石的 70 大壽。《自由中國》出版「祝壽專號」(《自由中國》第 15 卷第 9 期)，集中火力抨擊國民黨的「一黨獨大」。胡適、徐復觀、毛子水、夏道平、陶百川、王世杰、雷震等借祝壽而紛紛「進言」，批評蔣介石欲以謀求的「三連任」，引起強烈反響。不過，這也遭到了國民黨黨、團、軍刊物的多方圍剿，國防部發起了一個名為「向毒素思想總攻擊」的運動，就是針對《自由中國》半月刊而來的。1960 年前後，雷震欲與臺灣本土政治精英籌組中國民主黨，蔣介石不惜對這位老朋友下手，使海內外一片愕然。

雷震被捕後，王惕吾一直在思索著如何處理這個棘手的事件。

說起來，雖是浙江老鄉，但王惕吾與雷震僅有數面之緣，談不上深交。論輩分與年歲，王惕吾晚了許多，而且兩人在辦報、辦刊的作風和言論策略上卻有諸多差異。對於《自由中國》的言論，王惕吾本人雖有同感，卻認為某些觀點的提法和時機並不恰當，譬如「反攻無望論」，對人心的打擊太大。作為一張民營報紙的掌門人，王惕吾深知《聯合報》無法像《自由中國》那樣展開尖銳的時評，其原因就在於報紙與雜誌的性質不同。報紙讀者既眾，分佈層面廣，內容以新聞報導為主，評論在次；而《自由中國》半月刊，主要讀者群為知識階層，文章以評論為主，可以「盡其銳利」。不過，這還不是最主要的。在王惕吾看來，作為一個媒體的經營者，在政治上可以有其個人的信念與堅持，但無論如何，必須與從事政治運作的人有所區別；不可能既是反對運動的積極分子，同時又是握有輿論公器的「第三者」。很顯然，王惕吾這一辦報理念與雷震「超越清議」的做法多少有點不同。

儘管如此，王惕吾還是十分清楚，在這個關鍵時刻，如果《聯合報》對「雷震案」發表自己的看法，必定會惹怒當局；但作為一個信仰「言論自由」的報人，此時若刻意置身事外，日後便難以理直氣壯地面對自己的報紙和讀者。9 月 6 日，就在雷震被捕的第二天，《聯合報》以一篇題為〈我們對雷震案的看法〉的社論，率先打破了輿論界的一片沈默。文章中說：雷震辦《自由中國》，有無涉及叛亂，危害政府國家，超然公正人士自有定評，案件應遵循法律途徑解決，不要作為政治案件處理。對於這篇社論，王惕吾斟酌再三。他親自與主筆討論立論角度，並留心遣辭用字，儘量避免出現一些有可能直接刺激當局的字眼，同時又不失其諫言的立場。這篇社論措辭堪稱平和，客觀公正，對司法程式也表示了尊重。但文中「超然公正人士自有定評」、「依照法律程式解決」等文字，在國民黨當局眼中，顯然已表示《聯合報》在同情雷震，同時也暗示雷震的被捕完全是當局一次有預謀的「深文周納」。

10 月 3 日「雷震案」開庭，「只開了八個半鐘頭的庭，就宣告終結了」（胡適語）；10 月 8 日，軍事法庭以「知匪不報」、「涉嫌叛亂」等罪名判處雷震有期徒刑 10 年。在前一天，《聯合報》已得知此案將在一天內審訊完畢。王惕吾特意留下兩個整版，用以刊登庭審的全過程，包括軍事檢察官的起訴書、雷震的申辯書和雷震辯護律師梁肅戎的辯護狀，為歷史留下了一個完整的紀錄。到了複判前，10 月 22 日深夜，胡適自美國經日本返回臺灣。胡適與雷震私誼甚篤，在《自由中國》創刊之初，曾擔任發行人達數年之久。雖然這時雷案已經宣判，但一般預期，胡適的證言可能對雷案的最後定讞產生一定的作用。就在這個深夜，王惕吾突然出現在編輯部，他也在等待記者深夜採訪胡適先生所帶回的消息。當時報導中有這樣一個感人場面：胡適在面對眾記者時，情不自禁地舉起右手，肯定地說：「我和雷震相識多年，我自信至少夠資格作這個證人，來證明雷震是一位愛國的人。」當時《聯合報》記者攝下了這個鏡頭。王惕吾在簽發稿件時認為：就司法程式而言，已沒有辯論的餘地，只有等待最後的複判。但此案無論如何難平人心。胡適這時遂成關鍵角色，以其身分與地位，如果發揮得當，至少可使雷震在道義上得到一種支持。王惕吾的這種態度，顯現出他對新聞自由理念的崇尚，同時也堅守了《聯合報》一貫提倡的「正派辦報」的原則。王惕吾決定不顧「中央黨部第四組」連日來對《聯合報》發出的警告，凸出處理有關胡適的這一條新聞，王惕吾說：「發一版頭條，出了事情我負責。」第二天，《聯合報》被搶購一空。雖然主標題比較緩和，〈胡適昨晚返抵臺北，聲明不作政黨領袖，表示：好的在野黨，自然給與支持；不好的，保留不說話或批評的自由〉，副標題卻直指要害——胡適認為雷案判決有欠公平，如果被傳訊，願意為他作證。這種對標題的軟硬處理，顯現出王惕吾辦報經驗的日趨成熟，綿裏藏針，分寸適度，當局無可奈何。

事實上，蔣介石制裁雷震「決心如鐵」(陶百川語)，胡適也無能為力。11 月 18 日，胡適與蔣介石有過一次長談，名義上是向蔣彙報赴美出席中美學術合作會議情況，其實談的都是雷震案。蔣說：「……這一兩年來，胡先生好像只相信雷儆寰，不相信我們政府。」蔣介石的態度無法挽回，胡適的努力付之東流。但王惕吾知道，當局對雷震的這種政治構陷，將為歷史留下隱諱不堪的一頁，對臺灣的民主政治，也勢必產生阻滯作用。他決定作最後一呼。《聯合報》發表了題為〈呼籲總統赦免雷震言論部分刑責〉的社論。這是一篇極其難以下筆的文章。雷案既已定讞，在法律上，已失去所有可以爭取的空間，現在只有訴諸政治，向當局籲求赦免了。社論中說：「政府或可認為雷震言論有可能影響社會安定國家安全，以致混淆視聽動搖人心；但在雷震個人則為書生報國的一片熱忱，況且，海外以及國際人士所以重視雷案和因雷案而對政府所引起的一切批評與責難，其關鍵悉在於言論部分。」而且，「政府因雷震的言論而判處重刑，其不足以塞道路悠悠之口，已是鐵的事實。」蔣介石對這篇社論大為不悅。在雷震入獄後，一場清算行動也如期而至。當局在事後檢討對雷案的處理，認為之所以「反應欠佳」，其原因就在於一些民營報紙與政府不能合作，率先質疑當局的偵辦立場，並對雷震表示了同情，以致國外媒體受到「誤導」，產生了負面效應。當局隨即將矛頭指向影響最大的《聯合報》。但採取報復手段須有一個正當的名義，否則，僅以同情或支持雷震為由而加以打壓，勢必會引起外界的更大反

感；尤其是在雷案餘波蕩漾之際，若處置不當，反而會造成另一波反潮。於是當局決定採取一個牽涉較小、副作用較少的手段，即下令各軍方機構禁止訂閱聯合報，所有現行訂閱單位全部退報。退報，這對《聯合報》來說是破天荒第一次。一些主管不免感到緊張，王惕吾卻鎮定以對。他要求員工們不必驚慌：「他們有他們不訂報的權利，我們有我們辦報的自由。」對於一張民營報紙來說，因其經濟上的獨立而不受體制的鉗制，只要在法律的允許下，就等於擁有了自己的話語權。《自由中國》的中期和後期在經濟上也是獨立的，這也是他們敢於直面現實、批評政府的原因之一。當局對《自由中國》採取報復行為，實際上是以打擊雷震個人的方式而達到自己的政治目的。所謂「知匪不報」，就是想有意繞開「言論部分」，迫使《自由中國》自行解體。王惕吾對此十分清楚這一點，當局下令軍方所屬機構全部退報，無非也是經濟上的一種制裁。但一份深受民眾歡迎的報紙其生存的空間本身就很大，這主要取決於民眾的態度而不是政府的態度。不久，有軍中的朋友願出面居間調解，傳話給王惕吾：「給你們安排個聚會，只要你說幾句退讓的話，就可以收回成命，解決問題。」王惕吾拒絕了，他轉告對方：「不必了。」多少年來，他始終都沒去吃那頓和解飯。

說來也巧，《聯合報》因為「雷震案」而遭軍方禁閱。當雷震被囚禁在新店軍人監獄中時，這份報紙卻成了雷震每天必讀的報紙。他為了獲得閱讀《聯合報》的權利，曾與獄方做了一番堅決的抗爭。於是就出現了這樣一種現象：雷震訂閱的《聯合報》，除負責檢查報紙的保防室外，其他受刑人，甚至獄吏、獄卒一律不許閱讀。那段時間，獄方只要提到《聯合報》，就稱之為「同路報」，意即自由派的同路人、思想有問題的報紙。雷震在他的《雷案回憶》和《獄中十年》等書中經常提到他在獄中閱報的遭遇和心情。軍方雖特別核准他在獄中訂閱《聯合報》，卻對每天的報紙加以嚴格檢查，不時查扣。雷震寫道：「《聯合報》常常要到下午才送來，上午要經過保防室檢查……常常扣去一天，我就抗議：不見得報上所載全部我都不能看吧？於是保防室改變辦法，抽出不給我看的那一張；我又抗議：難道全張都是不能給我看的嗎？保防室又改變辦法，把不准我看的那一部分剪去了；我再又抗議：保防室不准我看的，只有一則新聞，這一剪去一塊，我連背面可以看的也就看不到了；於是保防室又改變辦法，把不要給我看的那一部分用油墨塗去，如何用水洗刷也洗不掉……」

兩個浙江人，在關鍵時刻，都能堅守自己的政治理念和道德底線，讓人看到一代自由主義知識份子在寒風中那種鐵骨錚錚的精神氣質。雷震少年喪父，其成長與母親的言傳身教有關，且留學日本多年，主修行政法與憲法。雷震深愛自己的母親，曾說「先母秉性剛直，尤喜直道而行，信佛而不佞佛，最恨佛口蛇心」。其實他本人也何嘗不是這樣？論做官，也做到了蔣介石的身邊，可謂不算小了。但最終因為不同的價值理念，毅然決然地與國民黨分道揚鑣，最終成了蔣介石的階下囚。而王惕吾，雖是臺灣中文報業成功經營者的第一人，後來也擢為國民黨中常委一職，但在大是大非的問題上，能夠挺身而出，仗義執言，可見其人格的力量。王惕吾 1928 年畢業於東陽中學，後入黃埔軍校（第八期）歷任軍職。1949 年後創辦《聯合報》、《經濟日報》、《民生報》、《歐洲日報》、《中國經濟通訊社》、《歷史月刊》、《聯合文學》、《美國新聞與世界報導》等諸多報刊，曾獲美國、韓國、秘魯等國四個榮譽博士稱號。就其雷、王二人在推動臺灣社會民主化進程的貢獻，使他們在臺灣都為家喻戶曉的人物。可以這樣說，如若沒有雷震當年創辦《自由中國》傳播自由民主理念，就不會有日後臺灣實現政治轉型的精神訴求。直至上世紀 80 年代，臺灣所有重要的政治議題都是根據《自由中國》的言論來加以闡述或界定的。而沒有像《聯合報》這樣的民營報紙敢於挑戰「輿論一律」，其獨立的聲音得不到真正表達，就很難形成一個社會進步的原動力。由此可見，言論自由空間的大小，實際上是考量一個民主社會的試金石。大凡一個民眾不敢放言針砭的社會，肯定不是一個健全而理想的社會。

1916 年，當十九歲的雷震在湖州的碼頭與母親告別，隻身赴日本留學，這時王惕吾才剛剛 3 歲。若干年後，這兩個浙江人在臺灣因其擁有共同的理念而挑戰權威政治，成為相互支撐的同路人。1970 年 9 月 4 日，雷震坐足了 10 年大牢出獄，依然壯志未泯，繼續抨擊國民黨當局，9 年後去世，享年 83 歲。16 年之後，王惕吾也病逝於臺北榮民總醫院，也活到了 83 歲。2002 年 9 月 4 日，「雷震案」獲得平反，這遲來的正義打動人心。只是雷震與王惕吾未能有幸見到這一天。但他們與另一位同樣也是「浙江人」的那場自由民主與專制統治的抗爭中，才是真正的勇者和最後的勝者，歷史就這樣又給我們上了嚴肅的一課。

高宗武與他的未刊回憶錄

一、一個意外發現

一件塵封了六十一年的秘檔，2005 年 6 月在美國斯坦福大學胡佛研究中心被發現。這就是原國民政府外交部亞洲司司長高宗武（1906—1994）的未刊回憶錄。在抗戰期間，中日雙方除開戰之外，並未排除私下謀求和談的多方接觸。在日本方面，透過「梅工作」、「竹工作」、「桐工作」、「錢工作」、「對伯工作」等秘密接觸，捕捉到汪精衛等和談派成為誘和的工具，進行戰爭與和談交互運作，對國民政府施加更大壓力；對國民政府而言，在堅持抵抗之餘，亦未放棄和平解決之道，尤其是在重大軍事失利與汪政府成立前後這一階段。包括「陶德曼調停」、「高宗武香港使命」，「孔祥熙對日密談」、「宋子良香港使命」、「張季鸞議和」等。其中「穿針引線」促成日汪和談並誘導汪政府的最後出現，正是這位深得汪、蔣二人信任的年輕外交官。不過，汪政府成立前夕，高與陶希聖二人中途反正，乘桴過海，揭露密約，戴罪立功，引爆歷史上的「高陶事件」，其中的是非曲直，一時間讓人看不清，也說不透，而高本人又始終守口如瓶，諱莫如深。著名史學家唐德剛早年在美訪問過高，兩人「暗室私談竟夕」，然至關鍵處，無論怎樣旁敲側擊，高始終不肯吐露半個字。唐心有不甘，為促其留下信史，想再約談一次。高表示歡迎，卻又言明在先：不談敏

感舊事。之後又有哈佛費正清的美國弟子訪問過高，亦無功而返。因此一般認為，高宗武生前不會再說些什麼了。高晚年與另一老友周谷過從甚密。高去世後，周氏曾撰文刊發在臺灣《傳記文學》（第 66 卷第 4 期），大都為無關痛癢的「花邊舊聞」，並未涉及真正內幕。

這本罕為人知的回憶錄，完稿於 1944 年 8 月 31 日，題為《深入虎穴》（Into the Tiger's Den），英文打字稿共 254 頁，有十五個章節。從時間上看，距「高陶事件」未出四年。較另一當事人陶希聖在二十多年後的回憶（《潮流與點滴》，臺灣傳記文學出版社 1964 年 12 月出版），更加清晰與完整。據陶希聖三公子陶恒生透露：這本回憶錄，為斯坦福大學胡佛研究所研究員郭岱君女士（臺灣學者，美國俄勒岡大學政治學博士。國民黨檔案、婦聯會檔案、宋子文檔案、兩蔣日記落戶斯坦福大學的關鍵人物。）查閱資料時無意發現。即透過胡佛研究所客座研究員謝幼田（國民黨元老謝持之孫）將這一發現通報給陶恒生。陶恒生於 2000、2003 年先後在臺灣（臺北成文出版社）和大陸（湖北人民出版社）出版過《「高陶事件」始末》一書，唐德剛評價甚高，在序言中稱：「令我讀來，如饑若渴，高陶事件，如今當事人均已作古。可以發掘的史料，除蔣公大溪一檔，尚待大量開採之外，也所餘無多。恒生之書，應當可說，也是接近結論階段的一家之言了。」陶恒生早年畢業於臺灣大學機械系，為國際知名水泥工程專家。1977 年退休後定居美國三藩市，以十年之力寫出《「高陶事件」始末》一書。當年寫「高陶事件」，不知有高的回憶錄存世，在印證其父陶希聖的某些回憶時，缺少有力的史料支撐（即「孤證不立」），不免引為憾事。在郭女士的熱心幫助下，陶先生複印了全稿。文稿每頁右側固定有幾行字，大意為：本檔為胡佛研究所檔案館所有，未經本所明確授權，不得私自散佈或出版……上世紀四十年代初，薩斯伯里為國務院遠東事務部副助理（1941—1944），與高宗武是朋友，這是薩斯伯里替高介紹出版商時留下的一個副本（檔案第2匣），檔案中還有若干封高的英文信件、薩斯伯里日記、書信與文件（第1、3、4匣）。從現場分析，當時薩斯伯里與高正在設法出版這本回憶錄，屢次未果。高甚至抱怨美國出版商不瞭解這份文稿的價值，據陶先生分析，高原本想透過自己多年來與日本人打交道的「痛苦經驗」，為戰爭中的美國人提供一個有價值的歷史文本。由於此間遠東及太平洋戰場局勢出現逆轉，日本人強弓末弩，德國戰敗亦已成定局，大戰勝利在望，未能引起美國出版商的足夠重視。次年二戰結束，對美國人來說，時過境遷，出版的可能性越來越小。這個副本一直存放在薩斯伯里家中，直至1976年去世，連同他本人的資料和遺物，被存入胡佛研究所檔案館內，從此未見天日。陶先生最為興奮，大呼「如獲至寶」（給筆者的電子郵件）。其父陶希聖 1967 年上半年有過一次東南亞、歐洲、美洲及日本之旅，全程三個月。其間與高宗武在華盛頓契闊重逢，此為二人 1940 年香港分手，二十七年後的第一次見面。在敦巴頓橡樹園櫻花紛然、寧靜致遠的一個下午，當年「高陶事件」兩個主角，相倚徑邊的排椅上，長談許久……斯坦福大學胡佛研究所檔案館同意陶先生使用這一史料。不久前，陶恒生翻譯成中文，2006 年 10 月在臺灣《傳記文學》連載，2007 年將全部刊完。

二、進入國民政府外交部

在上世紀三十年代，高宗武是當時中國最有名的「日本通」。同輩是這樣評價他的：「雖然不在高位，卻肩負國家對日外交重任，當道倚為股肱左右之臣，春風得意之時不過而立之年。」高浙江樂清人，留學日本八年。畢業於九州帝國大學法科，後入東京帝國大學法學院，1931 年肄業歸國。曾任中央大學政治學教授。這是一個身材瘦小，文質彬彬，「非常精明，而且擅長詞令」的年輕人，「日語說得跟日本人一樣」（高自語）。1932 年春末，經友人介紹，高原本打算前往廣州中山大學任教。不料日本發生「五一五事件」，首相犬養毅在東京首相官邸遇刺身亡。針對這一事件，高立即寫了一篇六百字短文，投給南京中央日報。文章短小精悍，見識卓然，展示其對政治的洞察力，引起報社高層關注。刊發時加一編後語，示意作者到報社來面談一次。就是這次見面，改變了高南下的計畫，甚至改變了他的一生。高沒再去廣州，成了中央日報特約撰稿人。實際上，高本人並不喜歡這項工作，認為長期寫時評，「了無前途可言」，幹了半年就離開了。後轉入民國政府軍事委員會國防設計委員會任專員，負責日本問題研究。蔣介石卻十分欣賞高分析日本問題的文章。高有一好友裘復恒，在委員長侍從室任職，推薦其入侍從室工作。蔣介石特予延見長談，擬委任侍從室上校秘書，幫他處理對日問題。高婉言謝絕，給自己開出的理由是「在內廷工作動輒得咎，搞不好後半生的生活也大成問題」。若干年後，高宗武在美國對好友周谷提及此事時則又說：「如果當時隨蔣而不隨汪，其後大半生則完全不同了。」

高宗武進入國民政府外交部主要緣於汪精衛。當時一家雜誌主編（李聖五）是牛津大學留學歸來的國際法權威，他把高的一篇文章（《外交評論》上有關日本國內狀況的文章）送給汪看，汪看後，表示願意見見這個年輕人。高回憶說：「他寫了張字條召見我。……我們單獨談了兩個半小時。……像我這樣的年輕人，極容易被他的講話技巧所折服。他會先就一個問題發表自己的意見，然後問你的意見。最後，他會放棄大部分他的看法，來同意你的看法。你會因此非常感激他。這，也許恰好是汪最大的弱點。」汪這時是行政院長兼外長，便提出讓高參加政府工作，協助辦理同日本人談判有關中國和「滿洲國」建立鐵路和郵電事宜。以日本問題專家身份進入外交部，對高來說，其誘惑遠大於在蔣的侍從室任職。儘管當時國內對這項談判普遍表示反對，甚至將汪精衛與他周圍的那些人貶抑為「妥協派」，高還是沒有半點遲疑。1934年初，他進入國民政府外交部，很快成為一個引人注目的人物。次年 5 月，升任外交部亞洲司科長；一個月後，升兼亞洲司幫辦（副司長），主持對日交涉事務。高是特別喜歡交朋友的人。其間，奉派前往日本考察，並秘密進入「滿洲國」收集情報，開始時無法進入。後在員警特高課一位日本朋友的幫助下，才得以闖入東北，時間長達一個月。返回南京後，將考察報告同時呈報外交部及蔣介石，得到蔣的又一次召見。

儘管外界認為高是汪的人，蔣不以為然。他向高詢問對日外交策略。高認為日本決定吞併中國，或可兩條線路，一條是北進，一條是南進；建議應加強駐朝鮮和臺北總領事館職責，給予較高待遇，以便調查日本在兩處的動向。蔣大為賞識。1934 年，蔣的盟兄黃郛（膺白）在北平奉命處理華北地區有關中日交涉事宜。這時日本人提出華北通商、通郵等各項問題，黃以授權有限、不能全權處理為由，將此事打發到行政院。汪精衛派高代表外交部

以郵政總局主任秘書身份前往，「在不涉及承認『滿洲國』原則之下，專談通郵上之技術問題」。高到北平後，發現並非技術上的細節問題，而是在政策上對日本有較大讓步。認為此事已超出職權範圍，須請示行政院和外交部方可決定。在與日本人的談判中，高的態度十分強硬，黃郛責備過他。蔣介石此時來北平協和醫院診治牙疾，黃將此事捅了上去。蔣兩次召見高談。高在回憶錄中說：「可能出自黃郛的建議，他兩次召見我。黃郛可能以為我比較聽委員長的話。不過，兩次晉見，委員長並沒有給我任何指示。很顯然他是支持我的立場的。」高到華北後，行政院駐北平政務整理委員會委員湯爾和、王克敏（兩人後為日本傀儡）等人宴請。席間，湯等對高的見識與才華，贊許不絕。在給友人信中，湯稱其「定力甚深」。王克敏此時兼任委員會財務處主任，馳電蔣介石擬邀其出任財務處總參議或秘書長，高不以為意。蔣特別欣賞這種做事講原則、又不為官的務實態度。第二年 5 月，高宗武升任外交部亞洲司司長，年僅二十九歲。高宗武說：「通郵問題解決後不久，我從亞洲司副司長晉升為司長。由於許多適合這個職位的官員年齡都比我大，資格也比我老，這個升遷毫無疑問是委員長的意思。升級帶給我更多的困難，因為那意味著與日本更頻繁的接觸……」高參與了因四川成都和廣東北海日本人被襲事件所引發的中日談判。談判內容牽涉甚廣，雙方劍拔弩張，幾乎兵戎相見。高在談判中益形沈著應付，手段多端，其折衝能力與周旋技巧，深得蔣介石、汪精衛、胡適等人的讚賞。1935 年 11 月 1 日，汪精衛在南京遇刺受傷，辭去本兼各職，赴歐洲療傷；蔣乃接手，為行政院長，同時電令湖北省主席張群接任外交部長。張十日後到任，高驛馬未動，仍為亞州司司長。張主持外交大計，對日交涉則由高一人負責，並囑其重要交涉案件可直接向蔣介石呈報或請示。蔣有時也直接來找高。一次張群接聽電話，是蔣介石打來的，開口就說：「我找高宗武……」

三、受命打通「外交路線」

1937 年盧溝橋事變，中日戰爭全面爆發。

就中日雙方軍事力量對比而言，中國方面是迫不得已，即應戰而不是求戰。高正在上海治病，「我因五月間輕微發燒而進入上海聖心醫院。直到 7 月 14 日醫生才准許我回到南京。回家後，我在病床上接見了不少日本外交官，我在醫院時也接見過他們。我雖臥床，但瞭解局勢。幾天後我奉命上廬山向委員長報告……」雖然一般認為兩國交惡，「和與戰」不可相容，但實則戰爭與和平交涉有時是並行的，和談對打仗而言是一種政治作戰。在日本方面，陸軍中的不擴大派在政府決定出兵中國華北之後並沒有停止活動，至少推動過兩次以「和平交涉」為招牌的對華政治誘降活動。一次是敦促近衛首相派密使對南京政府進行試探；另一次是向昭和天皇獻策並推動政府開展「船津工作」，該項工作的腹稿是：為保全日本陸軍的面子，設法讓中國政府先開口要求停戰講和，「由正在東京的在華日本紡績同業會理事長船津辰一郎去擔任誘導中國方面的任務，迅速派他赴上海，將全面調整邦交、停戰條件方案的內容，作為他個人聽到的傳聞中日本政府意向，秘密傳遞給中國外交部亞洲司司長高宗武，進行試探。如果有被接受的可能性，則開始外交交涉。這就是擬議的『船津工作』」。日本方面之選中高宗武為試探對手，可見這是一個有能力影響上峰的人。就這樣，而立之年的高宗武，一時間成為中日雙方意欲打通「外交

路線」的首要人選。7 月 31 日，蔣介石、汪精衛分別召見高宗武，期許甚高。胡適在這一天的日記中記載：「蔣先生約午飯。在座者有梅（即梅貽琦）、伯苓、希聖、布雷、蔣夫人，極難談話。蔣先生宣言決定作戰，可支持六個月，伯苓附和之。我不便說話，只能在臨告辭時說了一句話：『外交路線不可斷，外交事應尋高宗武一談，此人能負責，並有見識。』他說：我知道他。我是要找他談話。下午汪精衛先生到了南京，找宗武去長談。談後宗武來看我，始知蔣先生已找他談過了。」蔣、汪二人與高談了些什麼，不允外界所知。高或許對胡適說過，胡在日記中隻字未提。但從隨後高的一系列秘密行動或可表明，他顯然是受命在尋找對日談判的可行途徑，高不停奔走於南京、上海之間，這時國民政府外交部長已是王寵惠，對他的動向似亦不甚清楚。高在回憶錄中透露：「我奉委員長命令去上海，警告日本大使，如果戰爭在上海爆發，中國將抗戰到底。那將不會再有什麼溏沽協定或上海協定。」

1937 年 11 月，南京政府撤至漢口。之前，上海發生「大山事件」，兩名日本軍人闖入虹橋機場被保安隊擊斃，引發八一三淞滬之戰。高的談判無以為繼，不得不暫時停了下來，「船津工作」也因此而流產。高似心有不甘，「日本人的談判結束後，我沒有什麼事情可做。一連串的『事件』終至引發了戰爭的大事件。在一次與委員長的談話中，我向他報告我在外交部的工作不再有需要，我提議，鑒於目前政府對於日本人在幕後到底在想什麼、做什麼一點都不知道，我應該到香港和上海去。在那裏，我可以從戰前的日本朋友們取得一些有價值的情報。委員長同意了。於是我離開漢口，不久後帶回來一手情報。委員長於是批准我的第二個建議，辭去外交部的職務，赴香港定居」。1938 年 3 月高辭去外交部職務前往香港，「為了不露痕跡，我和幾個朋友在香港組織了一個日本問題研究所」。行前，蔣對他說：「你自己斟酌決定吧，盡力而為。」從臺北「國史館」《蔣中正總統檔案》／特交檔案／中日戰爭／第 27 卷中〈高宗武致蔣委員長函〉可證實，這一年 4 月，高將有關和平條件通報給了日方：西義顯返日，「已遵照面諭各點作『我當局』之意見告之，但未提何人之意見」。不久，徐州會戰打響，日方對高通報的和平條件未予答覆，此事被擱置下來。一系列求和行動未果，使這時高的心態開始產生了變化。5 月底，他回過一次漢口。與周佛海有過兩小時的密談（周日記）。6 月，在蔣不知情的情況下，高竟然擅自去了東京，以他自己的說法，是為了搜集日方意向的情報，實則與日軍陸軍大臣、參謀次長等重要人物會見。在密談中，高無意中給日本軍方人物傳達了一個錯誤信號，即汪精衛等人所謂「和平主張」，在國民政府內部未被採納，將設法從政府之外來推動或展開目前的「和平運動」。從後來的情況看，高此次東京之行，對日本政府制訂對華政策產生了不可低估的影響。一個月後，日本內閣五相會議根據大本營陸軍部的建議，通過《適應時局的對中國謀略》，決定採取「推翻中國現中央政府，使蔣介石垮臺」的方針，「啟用中國第一流人物」，「醞釀建立堅強的新政權」。所謂「中國第一流人物」，無非是汪精衛、唐紹儀、吳佩孚那些人。高宗武意識到闖下大禍，從東京回到香港後，未敢去漢口，而是讓手下的人（周隆庠）將三份材料送交給周佛海，附有一信給蔣。信中說，所呈送的三個材料「或可贖職擅赴之罪於萬一」，內心之惶恐溢於言表。周佛海深感此事重大，將材料交給汪精衛。汪大驚，「我單獨對日言和，是不可能的事。我絕不瞞過蔣先生。」蔣大怒，「高宗武是個混蛋，誰叫他去

日本的？」隨即停掉高在香港的活動經費。蔣的這一態度，使欲建奇功的高宗武，大受刺激，不禁咯血，導致結核病復發，沉寂好幾個月，連日本人也找不到他。從此，高再也沒有見過蔣介石。

四、從「穿針引線」到「中途反正」

蔣介石與汪精衛之間，不獨政見兩歧，且私下不和，由來已久，此時矛盾更顯突出。

隨著日本「三個月內滅亡中國」的夢想破滅，1937 年 11 月 5 日，德國駐華大使陶德曼受其日本人遊說，願意出面調停中日關係；12 月 2 日，蔣介石在南京召開高級將領會議，稱不拒絕陶德曼調停。僅僅過了一個月，即 1938 年 1 月，日本首相近衛突然發表「不以國民政府為對手」的聲明，並通知陶德曼本人，決定放棄與中國的談判。這一強硬態度，刺激了汪精衛，其抗戰調門越來越低。高宗武則由於未得到蔣的諒解，於失望中孤注一擲，與汪等人走得更近。進而武漢失守，汪夫人陳璧君指使藝文會香港分會，代表汪精衛與日方作「和平談判」接觸，與日方簽下導致後來汪精衛脫離重慶的若干文件（即「日華協定記錄」，又稱「重光堂協定」），其主要談判人就是高宗武、梅思平。當時陳璧君往返於香港與重慶之間，對高、梅二人說：「你們是為蔣先生跑的，現在試為汪先生跑跑。」汪精衛為什麼要脫離重慶政府，高在回憶錄中說：「我很難回答這些問題。在中國政府中我曾經是汪多年的親密政治夥伴，他十分信任我。他逃離中國之後，我繼續追隨他，繼續得到他的信任，甚至對他有相當程度的影響力。然而，我的影響力功敗垂成，沒能勸阻他踏出充當日本傀儡的最後一步，終於與他分道揚鑣。後來，他曾經企圖暗殺我。」汪在出走之前，發電報徵詢過高的意見，高說：「我不建議你這麼做。」12月 29 日，汪等在河內發表臭名昭著的「豔電」（中文電報為節省字數，以詩韻的去聲代表日期，「豔」代表 29 日），即〈致蔣總裁暨國民黨中央執監委〉，其中主張中止抗戰對日求和。高承認：「發出電報後的主要後果為：（一）汪立即被國民黨開除黨籍，造成汪對蔣的痛恨；（二）連汪的同情者都批評那封電報。汪獲得民眾支持的希望徹底破滅。」

1939 年 3 月 21 日，曾仲鳴在河內被殺，汪內心極為震驚，何去何從，難以抉擇。高並不認為這是蔣介石所為。「我深信曾仲鳴的被殺是日本特務所為。他們企圖讓汪相信背後兇手是蔣介石，從而離間汪、蔣，以誘使汪一頭栽入日本人的圈套。這就是事情的真相。」槍手在消耗全部子彈後，留在屋裏一兩個小時不走。既未進入汪的臥室，也沒有做出更多的破壞。「奇怪的延滯，和沒人進入汪氏臥房這兩件事，令我相信汪判斷暗殺是蔣介石所為是錯誤的。再者，被殺死的是汪的秘書，這對蔣介石並不重要，卻對日本非常重要」。在曾被殺前，汪讓高去過一次河內。此時汪跌了一跤，腿上綁著繃帶，「顯得非常憂鬱。汪說他想去東京去瞭解日本人的『真實態度』。我說，我們目前除了等待日本的下一步，什麼都不要做。在我和他相處的兩星期中，汪曾經多次問我，『我能相信日本人嗎？』每一次我都回答，『他們說的東西只有四成可信』。」汪堅持要高再去一次日本，以試探「和談」的可能性。這一年 2 月高的日本之行，使他對日本人的偽善面孔有了進一步認識，也是他醒悟的開始。「頭一個禮拜，我每天同退休政治家的兒子或孫子們談話。這些年輕人曾是『自由派』的領袖人物，我們相處融洽。也許，日本軍方想利用這些可愛的青年人的『自由主

義』設置一個陷阱來探測我的弱點。這個禮拜可說是我一生中最不愉快的一個禮拜。我每天問自己，『為什麼日本人一邊在屠殺中國的士兵和百姓，一邊又如此招待我？』過去我在中國和日本人談判，有時候覺得是在與虎謀皮；現在，我發現我正深入虎穴之中。」之後，高與日方五位軍政要人談話，第四位是當過三次首相的近衛文麿公爵，近衛表示：「我個人對貴國和貴國人民因戰爭至今不能結束表示遺憾。這真是由於我過去對中日問題的忽略。但是在日本，我們有一個『雨後土硬』的諺語。也許悲劇之後兩國人民將能更加互相瞭解，更加容易合作。」高感歎：「看來所有國家的貴族都有使用軟性語言和避免現實的本領，在這種情況下，中國數千萬人民只有受苦受難的份。」最後一位是當過日本外務大臣的松岡洋右，這是一個愛自說自話的人。「松岡喜歡誇張，他以為是他塑造了世界的命運。他為日本發明了這樣的宣傳語：『生命線』：『滿洲是日本的生命線』、『蒙古是日本的生命線』等等」。松岡甚至對高說：中日事變（戰爭的委婉語）是不能避免的命運。爭論誰對誰錯完全無益。當然日本曾有錯誤，這些將來必須改正。我敢老實說事變應該在沒有賠償和沒有領土要求下解決。與松岡分手時，高的心情糟透了，「我一句話也說不出來」。「他們都很急切地希望汪精衛參加他們，但談到實質的條件時都會轉換話題。他們保持高尚計畫的『原則』。這都是戰前他們在南京談判時用的技巧。很明顯，他們對中國的態度有所改變。至少他們很團結：他們企圖控制汪精衛，利用他為武器，逼迫蔣介石談和。如果他們沒法達成和平，那麼為了日本在海內外的威望，就得扶植汪偽傀儡。」日本歸來後，高沒有直接去河內，而是將訪日報告交給陳璧君帶回河內。在這份報告中，高特別強調：「我的東京之行顯示，日本還在使用從前在南京時的舊技巧，一點都沒變。實際上他們做的比從前更差，因為勝利撐大了他們的胃口。從這時起我想方設法勸汪中止與日本人談判。」然而，「很不幸，我的報告在槍手攻擊汪府，殺死汪的秘書曾仲鳴的頭一天才送到汪手中。報告原本可能發生的作用，都被這個悲劇抵消了。遭受攻擊的第二天，汪打電報告訴我們在香港的人，他希望出面協助北平傀儡政權達成中日和平關係。」

曾被刺殺後，汪周圍由七人變為六人。陳璧君最有影響力，高對日本事務最有經驗。陶希聖在盧溝橋事變之前是北平著名的中國政治思想及中國社會史教授。參加國民政府軍事委員會之後，他逐漸相信中國終將因戰敗帶來苦難。這導致他追隨汪精衛。後來與高同時中止了和平運動。在六人當中，高與陶希聖、陳公博的觀點最為接近，高認為後來陳之留在傀儡政權，「完全是由於他與汪多年深厚的友誼和責任感。……陳是聰明人，絕不會為個人野心而甘附傀儡政權。只有感情因素才會讓他走上那一步」。至於周佛海和梅思平，前者是經濟學家，後者是法學教授，後來從政。「兩人都感到中國在這次戰爭中毫無希望，因而追隨汪精衛。但後來的發展證明，他們各自的內心深處，都懷有自己的打算和不顧一切的野心……」這時高發現，與汪派組織其他人在某些問題上存在嚴重分歧。如高認為汪不應在留在河內，理應遠赴歐洲休養。高反對汪精衛往東走——去上海，去北平——那將與溥儀往北走成為傀儡「滿洲國皇帝」並無二致。周佛海和梅思平則要高一同去上海。離港前，杜月笙來勸不要去。高無奈說：「我非去上海不可，許多我的朋友已經在途中。我們是多年的朋友，因此我也必須去。不過，我可以告訴你，如果他們去南京做傀儡，我不

會跟他們走。我不但不會做傀儡，我將採取斷然措施。」正如後來研究者認為的那樣：「汪精衛到上海前，其陣營內已分為兩派。高宗武、陶希聖等認為汪精衛如果要組成新政府，一定要在日軍佔領的地區之外建立，且此政府有自由，不受日本的控制，此即所謂『高宗武路線』。周佛海領導的另外一派認為當時汪精衛的分裂運動缺乏武力，不得不依賴日本的支持，而在南京建立政權，此即所謂『周佛海路線』。」汪於 4 月 27 日離開河內。這時已受到日本人擺佈。汪說過拒絕搭乘日本船，他是搭乘一條七百噸的法國船離開越南的。三天之後遇到颱風，小小的法國船被吹到一個駐有日軍的小島上。結果汪只好搭上日本人的「北滿丸」到了上海。他拒絕下船，突然宣佈要搭此船續航到日本。理由是「如果在東京的日本人表示誠意並提供公正的解決方案，我們可以繼續努力。」高聽了「嚇了一跳」，認為是曾仲鳴的死刺激了汪。高最後說：「你去東京只有一個條件：必須準備在拿到日本的和平條件之後，立刻直接從東京飛往重慶。如果沒人願意陪你，我願意。否則，你不能去東京。」陳璧君叫起來：「你要送汪先生去重慶受罪。那邊的人要殺他沒殺成，你還要他回去。我堅決反對你的主意。」爭論毫無結果，汪下船住進了虹口的一幢房子。虹口在當時被所有中國人視為敵區，高認為性質嚴重，汪在虹口，「很難把自己與在北平的那些被中國人稱為漢奸的傀儡們區分」。汪的日本之行一直拖到這一年夏天。不管高如何勸說，汪在猶豫之後仍決定成行，「我除了跟著他去，別無他法」。在日本，日本人對高的禮遇僅次於汪，同時對他也有所懷疑。影佐禎昭私下對汪說過：日方有人懷疑高宗武，說他有點靠不住，建議以養病為由，將高扣在日本，暫不回上海，觀察一段時間再說。汪反問：有何根據？

影佐說：不能十分肯定，但確有許多可疑之處，高可能被重慶利用。汪反對，說：扣留不太好。汪在日本與近衛的最後一次談話，長達八小時。汪向近衛探詢日本的外交政策時，近衛說：「對於英國和美國，我們將假裝準備戰爭，以逼迫他們作出讓步。我們並無意跟他們打仗，但我們一定要消滅他們在遠東的特權。至於蘇聯，所有日本人都一致認為遲早終有一戰……」汪第二天對高說：周和梅要我來日本，根本沒用。返回上海當天，高在法租界給陳公博發了一個電報，「所有我們希望做到的事，在東京都一事無成。想要跟日本人談判救中國絕不可能。我們要做的是拯救汪精衛。」

這一年 8 月，汪在上海召開所謂國民黨「第六次全國代表大會」，汪指定陶希聖為「中央黨部宣傳部長」，周佛海、梅思平分任秘書長和組織部長。重慶國民政府明令通緝，在通緝名單上卻沒有陶希聖的名字。高出席了會議，「卻沒有參與」。汪表示不滿：「你反對我來上海，反對我去東京、去北平。現在，經過那麼多困難，我們聚集了兩百多名代表參加大會，你又反對。我不懂你。問題是你親重慶。蔣介石不放棄你，你也忘不了他。」這時太平洋戰爭爆發，日本與德國、義大利、蘇聯的四角關係益見密切與複雜。俄國人支持中國對日抗戰，也未放棄與日本保持聯繫。影佐機關在積極活動，以促汪精衛早日組府。以日方某些人的設想，第一步是在南京，先讓汪與王克敏、梁鴻志見面。照日本人看來，汪等若想組府，必須得到這兩人的協助。9 月 19 日，汪等從上海乘火車抵南京。從高的回憶錄中可知，是他自己提出來要去的。汪誤以為這時悲觀的高宗武也開始樂觀起來。高之所以自告奮勇提出要去南京，就是想透過王克敏勸汪不要另立政府。五年前，高在國民政府外交部任職時，奉命處理華北事務與王克敏打過交

道，王對其特別賞識，甚至想把自己美麗的女兒嫁給這位年輕人。到南京後，高即與王秘密見面。王這時差不多全盲，仍戴著墨鏡。高對他說：「我對這些會議完全沒有興趣。我來南京的目的只是要來看你，希望能夠說服你阻止組織傀儡『中國政府』，你我都很清楚日本人是在玩弄把中國分而治之的老套，這對中國非常有害……」王長歎：「前途很黑暗。過去幾年每次向日本人提出要求，都要激烈爭吵。而每次我都失敗。我絕對反對成立新政權。」在高宗武的說服下，「在現在的傀儡與將來的傀儡的會議上」（高宗武語），王真的站起來反對建立什麼「新政府」，但他的意見未見採納。汪、王、梁三人的會談，實際上徒勞無功，結果是汪派背後的影佐機關、梁背後的原田機關、王背後的喜多機關——日本人自己談了起來，這些人各自代表一方勢力，既對立又勾結。1939年10月，日方影佐禎昭向未來的所謂「新政府」提交了一份「日支新關係調整要綱」及附件，其條件之苛刻，遠遠超出了一年前的「重光堂協議」和「近衛聲明」。陶希聖意識到問題的嚴重性。11月3日分別致函汪、周二人，表示不願再出席會議，並對陳璧君說：這份「要綱」實質是德蘇瓜分波蘭之後，日蘇再瓜分中國；所謂談判，不過是這一瓜分契據，由幾個中國人簽字而已。陳璧君將話轉告給汪，汪聽了落淚不止，顯然也被這些內容嚇壞了。汪問怎樣處理這份文件。高回答說，「唯一的做法就是退回這份文件，告訴日本人我們不可能考慮它。還得更進一步告訴他們，我們現在已經完全瞭解他們的不誠實，不論是私人的或官方的，全都是謊言，我們放棄所謂的和平運動。」陳璧君一人贊成，其他人沒有說話，高說「我又失敗了」。汪等人反覆討論文件，汪聲稱這些文件屬於「高度機密」，萬不可洩露。「每次會議結束後，汪會收集所有文件帶回自己的房間」。高試圖默記，卻發現並非易事。正準備放棄時，一個機會來了。犬養告訴汪，文件中譯本文字比日文原本嚴厲，能否找一個人更正一下？汪指定高宗武來做這件事。「我故意一再推辭，說我不喜歡那些條文，大家把這責任推給我太危險了，日本人可能會說我故意把條文改得比原文更加嚴厲。如我所料，我越推辭，大家越堅持，最後我接受了。不過很不幸，我必須在汪的家裏工作」。或許是天意，就在這時，一位突然從東京來上海的日本國會議員打電話到汪府找高。由於他是位重要人物，汪讓他來汪府與高見面。「我們談了兩小時後，日本人說他要回旅館。我自然要禮貌地送他。汪看見我們出門，卻沒看見我口袋裏的文件。在旅館會客室，高打電話給汪，說不小心把文件帶了出來，可否馬上派人來取回，「汪說沒關係，不急」。高當即立斷，乘計程車回到家，「我不懂拍照，可我太太懂，她把全部文件拍下。沒有她的幫忙，事情絕對辦不好」。高後來認為汪之所以沒有懷疑，是因為這次高主動提出一起去南京，可能打消了對他的警覺。「這是 11 月中的事。那時我並沒有想到利用我得到的東西。我還在希望汪能回心轉意。他還沒有在草約上簽字。不到那時我絕不放棄希望」。

1939 年 12 月 30 日，汪精衛在密約上簽了字。中方代表有周佛海和梅思平。日方簽字的是影佐禎昭中將代表陸軍、須賀彥次郎海軍少將代表海軍、犬養健代表「文官政府」。陳公博已經離開上海，沒有簽；陶希聖生病在家，沒有簽。既然汪此時已意識到日本人的條件如此苛刻，為何還要在文件上簽字？以高宗武的看法：「他躊躇了好幾個月，最後把名字寫上條約。依我看，汪是害怕即使他不簽，或放棄日本人，沒有人會瞭解他。他害怕不管他

怎麼做，都會被唾棄。……汪的決定是個政治人物無可避免的那種悲劇。」這時高已感到非離開不可了，「幸好我事先已經做好一切安排，雖然連我太太都不知道這事」。其實，高內心也知道，他的離開將會使汪精衛感到十分絕望。高回憶起 1937 年從南京撤退時的情形，他說「汪很擔心我搞不到江輪船房艙，那時所有電話線都不通了。汪親自去負責撤退的張群家裏找他，願意把自己的房艙讓給我。事後他從未向我提起這件事。我是聽別人說的。我也想起汪曾經為我和沈小姐證婚，和頭一個請我們吃飯的往事。我知道我的離開會給予他多麼沉重的打擊。我從來沒有這麼傷心過……」1940 年 1 月 3 日，高宗武、陶希聖二人在杜月笙等人的秘密安排下脫離了汪組織，從上海逃到香港；1 月 21 日，高、陶二人在香港《大公報》上披露汪日密約〈日支新關係調整要綱〉及附件，使汪派陣營內部一時大亂，這就是中國抗戰期間震驚海內外的「高陶事件」，史稱「小西安事變」。

1940 年 4 月，高宗武化名「高其昌」，持重慶國民政府國防最高委員會秘書廳參事官員護照，偕夫人沈惟瑜經歐洲到了美國。初在駐美大使胡適身邊協助工作，後以經商為生。其間，蔣讓陳布雷致電胡大使，讓使館及領館對高宗武「多予照拂並維護」(1940 年 6 月 14 日)，另有一電報：「高宗武君通緝令，國府篠（十七）日下令撤銷，已交國府公報登載。但不欲舊事重提，故報紙上不發表消息。此事當局去秋即有意辦理，今始實現。可慰高君愛國之心……」(1942 年 5 月 28 日）還有另一說法，蔣給高寫過一封親筆信，交杜月笙帶到香港，信內慰勉有加，稱其為「浙中健兒」，與上述電文「可慰高君愛國之心」一句，有其異曲同工之妙。從高的未刊回憶錄中可證實：「中國後方的反應非常良好。委員長給我一封信。當我加入汪精衛協助他的註定失敗的和平運動時，委員長曾經很憤怒。現在憤怒已消，他表示非常讚賞我的動作。他說，浙江有理由為我驕傲。我的家鄉是浙江溫州，浙江也是委員長的故鄉。」當時中國的現實政治如此隱微複雜，讓人一時難以看透。當代史學家章開沅認為：「抗戰甫興而試探言和乃是一場政治賭博，究竟有幾分出於考慮國家命運的公心？有多少出於爭權奪利的私意？局外人很難作簡單的誅心之論。」

高宗武英文未刊回憶錄最終未能出版，或可找到一些合理解釋。惟一令人費解的是，高生前為何從未聲張？自 1940 年離開香港，高宗武於二十七年後去過一次臺灣。見到昔日老上司張群，兩人傾心交談；張並讓其媳杜芬陪同遊覽臺北名勝。此時蔣介石仍活著，當年高宗武若真是背叛了他，隨汪而去，即使逆名不彰，以蔣的為人與處事，高根本是無法登陸臺北的。而高官張群，也不至於對他款待周詳。高甚至擬請面見蔣介石，儘管未果（高本人解釋為：蔣不便接見舊日常見的僚屬），似又有何勇氣提出這樣的要求？胡適先生說過，不疑處有疑。當年有人推測高宗武有充當重慶方面「秘密角色」之可能，未必沒有一點道理。高宗武自 1934 年初進入國民政府外交部，及至 1940 年遠走異國他鄉，前後近七年時間。對他個人來說，這是一段心力交瘁，無所適從，以失敗而告終的歷史。高當年的選擇，從客觀上講，是一種「應時而出」，與國難當頭、共濟危機這一歷史背景有關。但他的問題在於：年輕氣盛，自許過高，功名心重，求成太切，以致焦頭爛額，終為瞬息萬變的時局所淘汰，或被當權者玩弄於股掌之上亦未可知。誠如後來他在美國對張君勱、曾琦兩人坦承，「對蔣已失去價值……」，更說過「政治是危險的」這樣的話，從此心灰意冷，自

匿其跡，「夜闌臥聽風吹雨，鐵馬冰河入夢來」。揆之事實，大致如此：陶希聖可回重慶，高未允返回，不得不遠走異國他鄉。這時戰爭尚未結束，從政生涯提前畫上了句號。高宗武患有慢性肺結核病，一生好幾次長期住院。身體固疾可治，心靈陰影難消。從政七年如咯血，這一遭人猜度種種的「政治病史」，或許困擾其餘生，讓他常常透不過氣來。高宗武於 1994 年 9 月在美國離世，這時距汪精衛之死已有整整五十年，距蔣介石之死也有十九年。若從大歷史的角度來看，高、陶二人雖然最終脫離汪組織，中途反正，但終究是不謹細行，大節有虧，好在「漢奸」這個罪名可免去了。

一個時代的一群人與一本雜誌

一、1949 年政治大變局與「自由中國運動」

1949 年前後，中國大陸局勢發生逆轉，知識份子在政治上面臨不容回避的選擇。

以台港學者任育德對這一時期中國知識份子幾種選擇路線的分析，認為大致可分成四種：即「一，對國民黨、中共均不支持，如張君勱等。二，不支持國民黨，並不反對中共，如梁漱溟、羅隆基、儲安平、陳寅恪、沈從文等（動機不同但行動相近）。三，不支持國民黨，支持中共，如『救國會』諸人。四，支持國民黨，反對中共。如胡適、傅斯年，殷海光、雷震等」[1]。其中第二、三種人士在中華人民共和國宣告成立後，即投身於毛澤東新民主主義革命中，一度成為中共的同路人及親密同盟；而第一種人士，如張君勱、左舜生等，在政治上雖與胡適、傅斯年、雷震等人有一定距離，但持有的反極權的態度則頗為相近，主要分歧則反映在對待蔣介石的態度上。張君勱、黃宇人（國民黨團派人物）等人在「淮海戰役」後即立主蔣介石下野，並對由蔣來領導政府改造中國的現狀不抱任何希望。這一派人士在上世紀五十年代初選

[1] 任育德《雷震與臺灣民主憲政的發展》，第 76 頁，臺北：國立政治大學歷史學系出版，1999 年。

擇非蔣控制的港澳地區，成立「中國自由民主戰鬥同盟」，即時人所稱的「第三勢力」，試圖在國共兩黨之外尋求一種新的解決之道。他們「傾向與落實民主憲政的中華國民政府合作，以召開救國會議，落實民主憲政，為合作對抗中共的前提」[2]。由於在政治上並無優勢，又偏於香港一隅，張君勱等人的政治期待最終還是落空，這些人當中甚至有不少人被國民黨當局列入「不得入台」的黑名單中。相對於這一派人士，以胡適、王世杰、雷震為代表的一批具有自由主義理念的知識份子，長期以來與蔣介石及其政府維持著一種較好的互動關係。1949 年前後，他們雖然對動盪時局有所不滿，但在國共和談破裂之後，如胡適奉命出國，雷震協助湯恩伯防守上海、廈門等地，在行動上支持蔣介石，致使蔣日後在臺灣復職時對這一派人士另眼相看。但胡適、雷震等人在政治上對蔣的支持並非無條件。1949 年 1 月，蔣介石宣佈引退時，雷震不斷勸說友人擁蔣，卻也明確表示，這種立場是以蔣能否尊重自由派人士意見為前提的，「否則各行其是」[3]。1949 年春，胡適在赴美途中，顛簸在太平洋上，寫下兩篇影響深遠的文章，一篇是〈自由中國的宗旨〉，一篇是〈《陳獨秀的最後見解》序言〉，彰顯他本人對民主自由的篤信不移。〈自由中國的宗旨〉包括四點，其中最重要的一點即「向全國國民宣傳自由與民主的真實價值，並且督促政府（各級政府）切實改革政治經濟，努力建立自由與民主的社會」。有過國民參政會、政治協商會議經歷的雷震，在這一年三月與許孝炎、傅斯年、俞大維、王世杰、杭立武等在

---

[2] 任育德《雷震與臺灣民主憲政的發展》，第 77 頁。

[3] 雷震 1949 年 2 月 20 日日記。《雷震全集》第 31 冊，第 140 頁。臺北：桂冠圖書出版公司，1989 年。

滬上聚會，草擬方案，號召信仰民主自由的人士團結起來，成立自由中國大同盟（即自由中國運動），預備組織自由中國社，並以出版刊物與辦報的方式，對時局發表他們的看法。〈自由中國的宗旨〉顯然「是包括胡適在內的一些人，……要想辦一份報紙或刊物，作為『自由中國運動』的起始」[4]。只是當時局勢對國民黨極為不利，胡適、雷震等人最初在上海辦刊或辦報紙的設想遂成為泡影，「但這種在政治、軍事力量之外，以思想言論結合人心，以對……極權進行長期鬥爭的信念，廣泛存在於 1950 年代初期的知識份子心中」[5]，除《自由中國》外，其他在台創刊者如青年黨的《民主潮》、民社黨的《民主中國》、香港發行的《民主評論》也都是在此態度之下開辦的。

大陸知識份子在政治上的分野反映出對時局認知的複雜心態。自 1947 年春夏之交以來，無論國際形勢還是國內政局都發生了重大變化。在國際方面，由於二戰後中、東歐一時間所形成的權力真空，形成「蘇聯之所以能在戰後迅速地在這些地區伸展其勢力的重要因素」[6]。3 月 12 日，美國總統杜魯門在國會眾、參兩院發表諮文，把世界政治分為自由民主和極權主義兩個對立的營壘，不指名地將蘇聯稱為「極權政體」，並以援助希臘和土耳其為名，宣佈美國將支持和幫助世界上所有抵抗「共產主義威脅」的力量。1947 年 4 月莫斯科外長會議宣告失敗後，6 月 5 日，美國國務卿馬歇爾在哈佛大學畢業典禮發表演講，提出一項大規模幫助歐洲恢復戰爭創傷的「歐洲復興計畫」，即馬歇爾計畫。這項計

[4] 張忠棟《胡適五論》，第 254 頁，臺北：允晨文化實業股份公司出版，1990 年。

[5] 任育德《雷震與臺灣民主憲政的發展》，第 80 頁。

[6] 薛化元《〈自由中國〉與民主憲政——1950 年代臺灣思想史的一個考察》，第 21 頁。

畫原本包括所有歐洲國家，但以蘇聯為首的東歐共產黨國家則加以拒絕接受，「這就是胡適所謂『兩個世界』的形成，也是後來歷史學者所謂『冷戰的開始』，實為戰後國際關係最暗淡的時期」[7]。在國內方面，「急劇惡化的現象也很明顯。黃金美鈔飛漲，外匯存底空虛，物價管制政策失敗，顯示財政經濟發生嚴重困難，行政院長宋子文因而在各方責難批評聲中下臺……到了民國三十六年五、六月間，因為物價飛漲，維生困難，……全國學生更是展開『反饑餓』的全面罷課示威。同時政治軍事的發展，也是陰霾四合，出現大風暴即將來臨的徵兆……」[8]。1947 年 3 月，國民黨三中全會即將召開，《觀察》第二卷第三期上一篇署名楊人楩的文章〈國民黨往何處去〉，對執政當局提出三點意見：第一，先須重整黨紀，健全自身組織，使之成為真能與民眾福利配合的黨；第二，今後一階段中的統治，應以獲得人民的信仰為第一；第三，國民黨既已決定還政於民而實施憲政，便該調整今後的黨政關係，以表示具有領導民主運動的誠意和決心。這篇文章認為當時中國正處在一個「問題演變得最厲害的時代」，「在這演變中國民黨究竟往何處去」，儘管途徑很多，但目標卻只有一個：「不能離開中國民眾。一個政黨離開了民眾，必將失卻其存在之理由；國民黨如欲施展其解決中國問題的抱負，只有針對著這個目標」，因此文章呼籲「國民黨的三中全會勿專注於枝節的議案而忽略了根本」[9]。這個根本就是知識份子要求國民黨儘早實施憲政，但同時對不可避免的內戰也深感憂慮。楊人楩在給《觀察》主編儲安平一封信

---

7 張忠棟《胡適五論》，第 240 頁。

8 張忠棟《胡適五論》，第 240－241 頁。

9 《現代中國自由主義資料選編》第一冊，第 155－157 頁，臺北：唐山出版社，1999 年。

中表示：「自由主義者是無法贊同內戰的，假使他無法阻止內戰，到少不應助長內戰」[10]。這封〈關於「中共往何處去」〉的公開信刊於 1947 年 11 月《觀察》第三卷第十期，由於附帶談及自由主義者在目前對於中共所應採取的態度問題，引起過一些討論。如 1948 年 1 月《觀察》第三卷第十九期上一篇署名李孝友的文章，儘管承認「十九世紀以前的歷史可以說是人類追求自由的歷史……但到十九世紀的末期及二十世紀以來，共產主義的思想奔騰澎湃，人們除了要求選票以外，又有要求足夠的麵包的呼聲，使自由主義者開始處於最尷尬的局面」，因此「目前中國的自由主義者遭遇雙重的苦惱。一方面受全世界的兩大潮流『自由』『平等』的激蕩，一方面中國又有著特殊的國情。歷史所交與中國自由主義者的課題有二，一是摧毀封建社會，二是使每個人的個性得到完美的發展。就自由主義者與共產黨的政治路線來看，這兩個課題中的前一個工作自由主義者與共產黨並非格格不入，但後一個工作則二者見解懸殊，互異其趣。這便是自由主義者苦惱的淵源。楊先生所謂自由主義始終不能接受共產主義是事實，但謂二者無法妥協則似乎未免言之過早」[11]。《觀察》雜誌雖以「自由思想」相標榜，但在對待現政府的態度以及具體觀點、價值判斷與胡適等知識份子差異懸殊。《觀察》主編儲安平在〈我們對於美國的感覺〉一文中就認為：「今日中國全盤的政治問題，不僅僅是黨爭問題；不是黨爭問題解決了，就解決了中國的政治問題」。在當時的中國，黨爭實際上意味著內戰與否，同時又是中國人在政治上的

---

[10] 《現代中國自由主義資料選編》第一冊，第 142 頁。

[11] 《現代中國自由主義資料選編》第一冊，第 146－149 頁。

一種選擇[12]。胡適是一個具有世界眼光的人，非常瞭解世界大趨勢，一生為自由呼喚而不遺餘力。1947 年 5 月，胡適發表文章認為「『兩個世界』壁壘的形成有助於增加彼此認識，減少彼此誤會，是『世界和平的新起點』」[13]，到了七月則又呼籲黨內黨外改變政黨的內容和作風，共同走一條政黨政治的民主道路，明顯放棄了早先「調和」的立場，又回到了戰時曾經堅持的以民主對抗極權的政治主張。這一時期，胡適先後有過幾次重要的廣播講話，認為民主自由的趨向是近三四百年來的一個「最大目標」、「一個明白的方向」。他說：我並不否認我「偏袒」那個自由民主的潮流，這是我的基本立場，我從來不諱飾，更不否認……第一，我深信思想信仰的自由與言論出版的自由是社會改革與文化進步的基本條件；第二，我深信這幾百年中逐漸發展的民主政治制度是最有包含性，可以推行到社會的一切階層，最可以表達全民利益的，民主政治的意義，千言萬語，只是政府統治須得到人民的同意；第三，我深信這幾百年來（特別是這一百年）演變出來的民主政治，雖然還不能說是完美無缺陷，確曾養成一種愛自由，容忍異己的文明社會。在胡適看來，以上三點是他之所以「偏袒」民主自由大潮流的根本理由，並認定「反自由不容忍的專制運動只是這三十年歷史上的一個小小的逆流，一個小小的反動」，同時希望「我們中國人在今日必須認清世界文化的大趨勢，我們心須選定我們自己應該走的方向。只有自由可以解放我們民族的精神，只

---

[12] 學者程巢父認為：「這個看法顯然是對時局一個極大的誤判。蓋黨爭止，則內戰停，內戰停止，則國家轉入溫和的改革和建設，其他問題則在有利的環境下逐漸得到改進、改善直至逐項解決」。參見《溫故》第一輯，第 98 頁。廣西師範大學出版社，2004 年。

[13] 張忠棟《胡適五論》，第 241 頁。

有民主政治可以團結全民的力量來解決全民族的困難，只有自由民主可以給我們培養成一個有人味的文明社會」[14]。胡適這篇廣播演講在全國四十多家報紙上發表，臺灣學者張忠棟認為這是「當時中國人面對尖銳對立衝突必須有所選擇的艱難時刻，一篇深具[指]南針意味的代表性文獻」[15]。天津北洋大學學生陳之藩因胡適的這篇廣播演講與之成了忘年交。十幾年之後，「陳之藩寫悼念胡適的文章，提到〈我們必須選擇我們的方向〉，仍說它是『中國幾十年來不得了的一篇文獻』，並說胡適『那種斬釘截鐵的聲音，至今仍作金石響』[16]。

胡適對世界範圍內民主自由大趨勢的肯定以及對蘇俄式專制極權予以否定，在其本質上是對民主政治理念的一種落實。1948年1月21日，胡適在批評法學家周鯁生的一封公開信中談及個人對蘇聯的深刻體認：「雅爾達秘密協定的消息，中蘇條約的逼訂，整個東三省的被拆洗——這許多事件逼人而來。鐵幕籠罩了外蒙古、北朝鮮、旅順、大連。我們且不談中歐與巴爾幹。單看我們這兩三年之中從蘇聯手裏吃的虧、受的侵略，——老兄，我們不能不承認這一大堆冷酷的事實，不能不拋棄我二十多年來對『新俄』的夢想，不能不說蘇俄已變成了一個很可怕的侵略勢力」，他甚至指出：「有這種憂慮的人，世界各地都有，在中國特別多，因為蘇聯近年對中國的行為實在不能不叫人害怕而憂慮」。胡適對於蘇俄式專制極權採取了勢不兩立的態度，「因而要求大家選擇民主

[14] 胡適〈我們必須選擇我們的方向〉，《現代中國自由主義資料選編》第一冊，第220－223頁。

[15] 張忠棟《胡適五論》，第245頁。

[16] 張忠棟《胡適五論》，第246頁。

自由的大方向」[17]。1948 年 8 月，胡適在〈自由主義是什麼？〉一文中又強調：「自由主義就是人類歷史上那個提倡自由，崇拜自由，爭取自由，充實並推廣自由的大運動。世間的民族，在這個大運動裏，努力有早有晚，成功有多有少。在這個大運動裏，凡是愛自由的，凡是承認自由是個人發展與社會進步的基本條件的，凡是承認自由難得而易失故必須隨時隨地勤謹護視培養的，都是自由主義者」[18]。胡適的看法與國民黨內部一些自由派人士不謀而合。1949 年 1 月，當蔣介石宣佈下野時，胡適、王世杰、雷震、杭立武等人從南京相繼到了上海，這時「他們深感時局緊迫，商談『如何挽救國家的危機』，因為當時中國尚有半壁江山存在，若以長江為界，或尚有可為之處」[19]。據雷震後來回憶：

> 胡適之先生看到南京住不下去，亦於一月二十二日晨到滬，住八仙橋上海銀行裏，他和上海銀行董事長陳光甫是老朋友故也。我和王世杰住在上海貝當路十四號章劍慧先生家裏，時杭立武先生亦在滬，不久由胡先生推薦就任教育部長了。我們經常見面，對於時局應該如何來盡國民一分子之力量來圖挽救，因為中國還有半壁江山存在也。我們集談結果，主張辦個刊物，宣傳自由與民主，用以對抗共產黨一黨專政的極權政治，以之挽救人心。……因此《自由中國》刊物就主張在上海辦……以《自由中國》為報刊的名字，亦係胡適命名，蓋仿照當年法國戴高樂之《自由法國》也。我主張辦日報，因為在影響淪陷區人心上，定期刊物已經時間來不及了。胡適倒是主張辦定期

---

[17] 張忠棟《胡適五論》，第 250 頁。

[18] 《現代中國自由主義資料選編》第一冊，第 215 頁。

[19] 馬之驌《雷震與蔣介石》，第 76 頁。臺北：自立晚報文化出版社，1993 年。

刊物，為週刊之類，他說：「凡是宣傳一種主張者，以定期刊物為佳，讀者可以保存，不似報紙一看過就丟了。」結果，由我決定如何進行，我決定籌措十萬美金在上海辦日報。[20]

從胡適認定自由主義是人類的一個大運動，到發動一場「自由中國運動」，意味著當時的一批知識份子置身動亂時局中在政治上的一個抉擇。中共領導人毛澤東在 1949 年 8 月 14 日為新華社寫的〈丟掉幻想，準備鬥爭〉評論中點名唾罵胡適、傅斯年等人，「為了侵略的必要，帝國主義給中國造成了數百萬區別於舊式文人或士大夫的新式的大小知識份子。對於這些人，帝國主義及其走狗中國的反動政府只能控制其中的一部分人，到了後來，只能控制其中的極少數人，例如胡適、傅斯年、錢穆之類……」[21]當胡適等人決定在上海辦一份報紙時，一方面是為了對抗，另一方面則是大力擁蔣並宣傳自由主義之真諦。只是還未來得及實施既定方針，國民黨政權搖搖欲墜，很快就失去了對整個大陸的控制權。這一年胡適奉命去了美國；雷震協助湯恩伯防守上海、廈門；而流亡至港澳的一些著名人士王雲五、左舜生、成舍我、阮毅成、金候城、徐復觀、陳伯莊、程滄波、張國燾、許孝炎、卜少夫等人，則不計前嫌，相約每週六聚會一次，這就是有名的「星期六座談會」。「參加這個座談會的人，都是高級知識份子，而且不分黨派，無所不談，各抒己見。但亦有一原則，就是所談內容，都必須是……如何救國，如何爭取自由民主，此為『星期六座談會』

---

[20] 雷震《雷震回憶錄——我的母親（續編）》，第 58－59 頁。香港：七十年代雜誌社，1978 年。

[21] 《毛澤東選集》第四卷，第 1374 頁，北京：人民出版社，1968 年。

的基本原則」[22]。他們由此想成立一個「自由中國協會」，與胡適、王世杰等人呼籲發起的「自由中國運動」相呼應，並委託雷震向蔣介石及國民黨中央改造委員會彙報此事。

依照雷震的設想，「自由中國運動」原則上是一個超越任何黨派勢力、以宣揚民主自由為理念的政治文化行動，由胡適先生出面來領導是最為恰當不過的人選。雷震在給王世杰之子王紀五的一封信中說：「我等意見（包括杭先生及雪公暨傅校長）以為中國自由黨不好組織，就是不易找到有號召力量之黨員，因社會上才智之士多入了國民黨，倒不如由適之先生領導自由中國運動，或名曰自由中國同盟，不論有無黨籍，凡屬志同道合者均可參加，但有信條（即政綱）、有組織，凡過去官聲不好或見解為極權主義者均不允許參加，以此……可滙成一巨大力量，而以適之先生為領袖，在政治上則支持蔣先生……」[23]這一期間，雷震多次致函在美的胡適，認為「先生不願組黨，猶有理由可說。而先生不願做這個運動的領導人，實在是說不出道理。前次求征，先生組閣，我是反對的。因如此必然犧牲了先生個人而於國事毫無補益。請先生領導這個運動，我是極端贊成的，因為只有先生才配領導這個運動」[24]。1950 年 2 月 16 日，《自由中國》第二卷第九期刊發一篇題為〈我們需要一個自由中國大運動〉的專欄文章，作者署名朱啟葆，顯然是在響應胡適、雷震等人的號召。他同時又致函《自由中國》編輯部：

---

22 馬之驌《雷震與蔣介石》，第 81 頁。

23 轉引自馬之驌《雷震與蔣介石》，第 352－353 頁。

24 萬麗娟編注：《萬山不許一溪奔——胡適雷震來往書信選集》，第 8 頁。臺北：中央研究院近代史研究所，2001 年。

> 目前中國正迫切地需要一個大規模的自由運動。就國家言，要自由；就個人言，也要自由。所以我想這個運動的名稱，就以貴刊的名稱——《自由中國》為最好。在香港居留的人士，精神上覺得自己是一個遊魂，東張西望找不到一個寄託之所。他們有的是體力、腦力，甚至資力，但目前既存的政治集團，都沒有吸引力來吸引他們。如果長期如此的話，他們是悲哀的，國家的前途也是悲哀的。所以我想藉貴刊篇幅刊登一篇呼籲性（為國家呼籲，為人類自由呼籲）的拙作。如果能藉此引起大家的共鳴，由輿論見諸事實，則幸甚幸甚。[25]

對雷震個人來說，創辦《自由中國》實際上是在積極準備和落實這一場運動。朱啟葆的文章見刊後，在臺灣社會引起強烈反響，一位署名寧遠的讀者，以「讀者來信」表示支持這一場運動。這時雷震再次透過王紀五勸說胡適最好能夠回臺灣一次，以籌畫和領導「自由中國運動」等具體事宜。不過由於時局的艱難，胡適、王世杰、傅斯年、杭立武、雷震等人意欲發起的這場「自由中國運動」，事實上並未真正形成大規模的聲勢，最終只是以《自由中國》在臺北創辦而成為一種真正的落實，這既反映出中國知識份子坐而論道的一個傳統，同時也表明國民黨當局對這些知識份子宣揚民主自由理念、倡言民主憲政缺乏足夠信心。關於民主黨派人士配合「自由中國運動」擬成立「自由中國協會」一事，著名法學家阮毅成在〈自由人參加記〉中這樣回憶：「雷儆寰（震）曾報告總統，奉批交中央改造委員會研究。在改造委員會中，有人顧慮統一戰線，是否將會蹈過去政協之覆轍。亦有人以為國民黨

[25] 轉引自馬之驌《雷震與蔣介石》，第 353－354 頁。

改造工作，尚未完成，本身力量不充，宜暫緩談統一戰線」[26]。很顯然，這場廣泛的政治文化運動如果不能得到國民黨高層的默許和支持，其範圍無疑是有限的。而此時胡適已去了美國，杭立武就任教育部長，傅斯年出任臺灣大學校長，用馬之驌的話說，傅斯年「一向以學術第一，對政治不感興趣」，王世杰不久即為「總統府秘書長」，「這些人已各安其位，再談什麼運動，豈非『心餘力絀』？現在只剩下雷震一人是無官一身輕，但若談發起一個『政治運動』，他就再有本領，也未免是『自不量力』了」[27]。

二、《自由中國》半月刊籌辦三階段

《自由中國》半月刊正式創辦於 1949 年 11 月 20 日，至 1960 年 9 月 1 日發行最後一期為止，前後出刊二百六十期，總共存活了十年九個月又十天，橫跨上世紀整個五十年代，這也是國民黨政府自退守臺灣島後，在政治上風聲鶴唳、危機四伏的第一個十年。《自由中國》的創辦並非想像中的順利，而是隨著時局的不斷變化經歷了三個籌辦階段。1949 年 3 月底，雷震與許孝炎、傅斯年、俞大維、王世杰、杭立武等人在上海聚會，設想成立一個自由中國大同盟，即所謂「自由中國運動」；之後，又與胡適、王世杰、杭立武等人動議在上海創辦《自由中國》雜誌或日報事宜，認為「除軍事戰之外，更應注意政治戰、文化戰、思想戰。政治戰的意思，是積極推行『民主憲政』，保障人民權益……」[28]。這實際上是創辦《自由中國》的第一階段，即「京（南京）滬倡議

[26] 轉引自馬之驌《雷震與蔣介石》，第 82 頁。
[27] 馬之驌《雷震與蔣介石》，第 356 頁。
[28] 馬之驌《雷震與蔣介石》，第 90 頁。

階段」。為了儘早創辦一份報紙或刊物，當時有一個籌款方案，即由王世杰負責向陳誠籌款，杭立武負責向胡宗南籌款，雷震負責向湯恩伯籌款。

第二階段從 1949 年 4 月至 8 月止。大陸局勢吃緊後，不少知識份子先後流亡港澳，也有不少自由派知識份子前往臺灣。這些人莫不以「國家興亡，匹夫有責」而自許，接過了胡適、王世杰等人在上海倡議辦刊的號召。這一階段《自由中國》的籌辦工作就由這些人在具體操作，其中主要人物大都與胡適有密切關係，如他的學生毛子水，張佛泉、崔書琴等都是北京大學的教授，王聿修為華北大學教授兼政治系主任，亦屬於胡適民主理念中的「自由學人」。這些人對於這份刊物究竟辦在哪裡（原定於上海，後又想在香港）以及參與者資格問題而意見不一，再加上經費毫無著落而一時陷入了僵局。6 月 18 日晚，臺灣省政府教育廳長陳雪屏約餐，雷震、毛子水、張佛泉、崔書琴、王聿修等人參加，再次討論了《自由中國》「是否接受省府津貼」等問題。崔書琴表示不贊成，「認為省府可自辦，我們的刊物應在香港舉辦，張佛泉之意見亦大致相同；毛子水贊成，只要我們獨立舉辦，不受省府之干涉，因籌款不易，接受省府輔助，可使刊物早日問世……」[29]雷震顯然是贊成接受臺灣省府資助的，以他當時的身份來看似乎順理成章。兩個月後，雷震赴廈門協助湯恩伯軍事防衛，無力過問此事，第二階段的《自由中國》籌備工作實際上無果而終，王聿修等人雖有一番民主事業的改革之心，卻因沒錢而「心餘力絀」。

1949 年 10 月 19 日，雷震從廈門返回臺北，再次接手這項工作，《自由中國》進入名副其實的第三籌辦階段。10 月 26 日，雷

---

[29] 《雷震全集》第 31 冊，第 242 頁。

震、傅斯年、陳雪屏、毛子水、王聿修、張佛泉等人在聚餐時商議，預定先出兩期，預算為五千新臺幣，即教育部三千、空軍總司令部一千，剩餘一千由雷震負責籌措。11 月 14 日上午，雷震訪陳紀瀅、梁實秋二人，請他們為《自由中國》半月刊撰稿；11 月 20 日，《自由中國》創刊號正式出版，從策劃、組稿、清樣、印刷乃至出版，前後只用了一個月時間，可見雷震的風格與辦事效率。「下午竟有人上門定購或購買，聞有一家書店，十本立刻銷售，可見對外聲譽之隆。其原因當歸發行人（指胡適，作者注）之大名也。」[30]《自由中國》半月刊創辦初期，一切從簡。分設編輯、經理兩個部門，另有一個編輯委員會。按照當時的法律規定，發行人負責向有關主管部門申請登記，並作為法定代表人，負有相關的法律責任。《自由中國》社第一任發行人為胡適先生，此時他仍在美國，有關發行人責任問題，均由雷震一人代表。雷震身為社長，系雜誌社的權利主體。編輯委員會當時有若干人，定期開會討論內外時局問題，督促國民黨政府進行全面改革，並確定其言論方針。不過，在毛子水、王聿修、張佛泉、崔書琴等人看來，「雷震是國民黨裏的強人，也是政治核心人物，所以對雷震存有戒心，惟恐受政治人物的利用，要劃清界限，於是私下計議確定一原則，就是《自由中國》刊物，如果能辦成功，一定請胡適先生做發行人。……否則就不參加。」[31]實際上這也是雷震本人的意思。在這之前，他與王世杰等人去奉化會晤蔣介石時，說好就是「請胡適先生出面領導」的。

---

[30] 《雷震全集》第 31 冊，第 366 頁。
[31] 馬之驌《雷震與蔣介石》，第 101 頁。

《自由中國》編委會早期有十七人：毛子水、王聿修、申思聰、李中直、杭立武、金承藝、胡適、夏道平、殷海光、許冠三、崔書琴、黃中、雷震、戴杜衡、瞿荊洲、羅鴻詔，稍後聶華苓出任文藝編委。這些人在大的理念上基本一致，但還是呈現出多元態勢。以馬之驌的觀察，當時編委們大致可分成三種思想路線，第一是以胡適為首的「自由主義」的思路；第二是以雷震為首的「三民主義」的思路；第三是所謂少壯派「唯我主義」的思路。其中以「少壯派」最為壯懷激烈，他們認定國民黨之所以淪落到今天這個樣子，完全是由於貪污、腐化、獨裁的結果……就創辦《自由中國》而言，開始時確實得到過國民黨高層的鼓勵和資助。雖然籌辦初期拒絕了臺灣省政府的資助，但依靠教育部每月提供的三百美金，還是如願以償地運轉了起來。《自由中國》創刊不久，即擁有軍方的大量訂戶，此時是《自由中國》與當局合作的蜜月期。1951 年，陶希聖身任國民黨改造會第四組組長時，每月撥一千五百元新臺幣以作為郵寄費。從 1949 年 11 月至 1950 年底，教育部補貼經費約在新臺幣三萬元左右。吳國楨自接任臺灣省政府主席後，從 1951 年 3 月至 1953 年春，每年也資助二萬元。從當時的情況看，來自國民黨方面的資助直至 1953 年春天才完全結束，至此《自由中國》社與官方已沒有了任何關係，真正成為一本民間的政論刊物。此後就是雷震利用私人關係四處尋求贊助，以維持雜誌的運轉，其中以旅日華僑張子良開辦的民營僑豐實業公司支持最多；其他熱心者如吳鐵城、柯俊智等人負責向菲律賓華僑進行募捐；陸根泉、劉梧桐、吳開先等人負責向香港工商界進行募捐；楊管北等人負責向臺灣工商界進行募捐，這些人均為

雷震的舊雨新知，「他們對於《自由中國》的成長，都是功德無量的」。[32]

三、與威權體制漸行漸遠

1949年12月7日，「中華民國政府」遷至臺北；11日，國民黨中央黨部也遷至臺灣，標示著國民黨在大陸的執政時代徹底終結，國民黨政府與美國的關係也跌入低谷。12月29日，美國總統杜魯門在白宮召開國家安全會議，研討臺灣問題。會上分為兩派：一派以參謀長聯席會議主席布萊德雷為代表，主張派軍事顧問團赴台，幫助蔣介石防守臺灣，否則菲律賓、日本等國也將受到威脅；國務卿艾奇遜則認為共產黨在事實上已控制了整個大陸，其原因是國民黨自身所導致的，美國必須正視這一現實。杜魯門支持艾奇遜的意見，決定拋棄蔣介石和臺灣。1950年1月5日，杜魯門召開記者招待會，代表美國政府發表〈關於臺灣的聲明〉，再次確認《開羅宣言》、《波茨坦公告》中關於臺灣歸還中國的條款，宣告美國政府無條件地認為臺灣是中國的領土。蔣介石政府決定以低調回應，雷震參加了這次在臺北草山由蔣本人親自主持的計設委員會會議。會上決議對美國的這份聲明「蔣介石本人暫不說話，於十日內或兩周內由政府發表一篇扼要之答辯，政府人員不可隨便發言……」等策略。10月4日，美國政府發表聲明暫不承認中華人民共和國，但仍未給蔣介石政府亟需的軍事援助。美國發表「不介入臺灣的政策」[33]，顯現對國民黨政權的一種失望，更

---

[32] 馬之驌《雷震與蔣介石》，第115頁。

[33] 其大意為：美國此時無意在臺灣獲取特權或建立軍事基地，美國也無意在此時使用武力介入中國內部衝突，同樣美國也不會對臺灣提供軍援或顧問。

不願浪費有限資源，同時預測中蘇之間必將發生利益衝突。這時在台的國民黨政府為營造一個民主改革的形象，爭取美國的好感，並以此獲得軍援而作出相應的姿態。蔣介石任命在台養病的陳誠代替文人魏道明出任臺灣省主席；1949 年 12 月 5 日，臺灣省政府再次改組，由前上海市長、美國普林斯頓大學博士吳國楨出任省主席兼保安司令官。外交老人顧維鈞在回憶錄中透露，當時美方提出任用吳國楨並授其充分權力，全力與美國顧問進行合作，是美國恢復其軍援的先決條件之一。「蔣介石對吳國楨任命案，曾考慮良久始同意。同時國民黨也預備進行改造，進行土地革命、地方自治，以加深美方改革與民主印象。在蔣介石於 1950 年複行視事後，孫立人升為陸軍總司令，國民黨自由派的王世杰、雷震亦分獲任命為總統府秘書長、國策顧問。」[34]

1950 年 6 月，朝鮮戰爭爆發，杜魯門總統下令美國第七艦隊進入臺灣海峽，臺灣安全與國民黨政權得以暫時維持。國民黨為了在臺灣站穩腳跟，鞏固統治地位，從 1950 年起至 1952 年止，對黨政軍組織進行了大規模的內部改造。主持其改造計畫的不是別人，正是在史達林時期留蘇十二年、曾為蘇共預備黨員的蔣經國。他把整套蘇聯的組織方式引入臺灣，採用純粹的軍事手段管理社會，將孫中山「三民主義」奉為拯救國民黨和社會的宗教信條，蔣介石不僅作為政治領袖，同時也被加以高度的個人崇拜。蔣經國之所以這樣做，就是企圖以這種方法肅清內部，凝聚人心，重建國民黨的組織力量。對於國民黨如何重整旗鼓，從一開始就存在著兩種截然不同的路線和選擇：「其一是以胡適、雷震為首，認為國民黨在大陸的失利就是因為沒有貫徹民主政治，導致政府

---

[34] 任育德《雷震與臺灣民主憲政的發展》，第 59 頁。

腐化，人心盡失，因此國民黨必須徹底反省，在臺灣實施充分的民主憲政，如此才能對大陸百姓產生號召力；其二則是以蔣經國、陳誠為首，他們認為國民黨在大陸的失敗正在於提供了過多的民主自由，給予共產黨滲進內部和煽風點火的機會，國民黨本身卻綁手綁腳，無法施予有效的反擊。為了記取教訓，國民黨在臺灣應將內部不穩定因素徹底清除，廣設政工制度，鞏固領導中心，以確保政策的順利推動。」[35]1950 年 1 月 13 日上午，雷震在國民黨改造方案討論會議上，以政治改革為考量，出語驚人，堅決主張「軍隊必須國家化」。他指出：

> 再也不能在軍隊有黨部，軍人不必入黨，過去已入黨者，應暫准其為黨員，既講民主，既認今後要行多黨政治，國民黨可參加軍隊，其他黨派滲入軍隊又將如何，必須使軍隊脫離黨部。今後軍隊政治教育應以政治機構主持，惟政工工作必須改善。過去方法既失敗，尤其所派人選，必須徹底刷新，應請有資格、有能力、對國忠貞之文人擔任政工工作，方可使軍事首長不懷疑，而可合作，一矯今日之弊。[36]

贊成「軍隊國家化」的還有國民黨中央改造委員會委員張其昀、蕭自誠等人。以雷震的政治敏銳，他當時感到「有兩種思想與見解在流露著，一者是自由與民主之思想，一者就是統制思想，前者為英美式，後者為蘇俄式」。雷震無疑選擇前者，他主張應採取英美式的民生政黨型態：即黨只管組織和宣傳，平日不過問政府決策；有關黨的名稱問題，雷震同意維持其原名，但「六屆中委」

---

[35] 徐宗懋〈胡適在臺灣的日子〉，香港《鳳凰週刊》2002 年第 9 期。

[36] 《雷震全集》第 32 冊，第 15 頁。

必須全體辭職，以示對大陸失敗負全責；有關政策政綱等問題，雷震則提出制訂一個最低限度的政策，不要專喊「三民主義」，要做到政治民主與經濟平等[37]……不過，這些主張均與最高當局的想法背道而馳，未得到任何回應。就在國民黨準備公佈改造委員會名單前夕，1950 年 7 月 23 日，雷震打電話給中央常委谷正綱，「建議總裁注意人選」，其理由是這次內部改造有關國民黨未來的前途，「不能以 CC 為基礎，亦不可以青年團為基礎，大部分要超越派系，而有號召新分子之能力者充任」。然而公佈的中央改造委員會委員名單讓雷震等人大失所望。單從這十六人的背景加以分析，其中固然包括了各派系人馬，但這十六人大都與蔣介石有師生或部屬關係[38]，仍未擺脫一種親疏。這次「改造」的最終目標，不過是以黨的組織來取代舊式派系的運作而已，僅以陳果夫、陳立夫等原先控制中央黨部的 CC 派人物被排除之外，其強硬派人物蔣經國被任命為改造委員會幹部訓練委員會主任委員。在這種政治變局中，蔣介石的強權政治與胡適、雷震等人的民主憲政理念產生了不可避免的價值衝突，自由派人士原本期待的改造運動未能朝著民主自由的方向發展，這無疑將直接影響《自由中國》辦刊的最終方向。

當國民黨在臺灣的權力基礎逐漸趨於穩固之後，黨內自由派人士與黨的關係再也不會如先前那般融洽，當局也不再需要以改革的象徵來團結各方力量向美國示好。事實上正是這樣，隨著吳國楨、王世杰、孫立人等人相繼與蔣介石、蔣經國發生矛盾與衝

[37] 1950 年 1 月，雷震日記中多有國民黨內部改造會議上討論情況的記錄。

[38] 國民黨中央改造委員會委員成員為：陳誠、張其昀、張道藩、谷正綱、鄭彥芬、陳雪屏、胡健中、袁守謙、崔書琴、谷鳳翔、曾虛白、蔣經國、蕭自誠、沈昌煥、郭澄、連震東。

突，雷震本人與蔣的關係也在不斷惡化，《自由中國》對當局的批評更加激烈了。意味著當時一批在台自由主義知識份子與威權體制在其理念上的衝突，很快就到了一個不可調和的程度。以臺灣學者薛化元的研究，從 1949 年 11 月起至 1960 年 9 月止，《自由中國》在與國民黨當局的互動關係中，經歷了「由密切交融而磨擦，進而形成彼此關係的緊張，由緊張而破裂，最後導致彼此對抗」的五個時期。就歷史脈絡而言，1949 年的蔣介石，雖然採取了聯合自由民主人士的政治方向，也為了爭取美援，但這並不意味著國民黨當局所採取的政治路線將向單一民主政治的方向發展。相反的，國民黨當局一方面希望得到自由民主人士的擁護，另外一方面也期待透過更嚴密的組織，以及其他的方式來反共。這樣一個發展的方向到了朝鮮戰爭爆發以後就更為清楚了。由於國民黨當局得到的資源逐漸豐富，美國與國民黨當局也逐漸形成准同盟的關係，使得蔣介石以他個人為中心所建立的強人威權體制，有了一定發展空間。

1951 年 6 月《自由中國》第四卷第十一期，由夏道平執筆的一篇社論〈政府不可誘民入罪〉，針對政府金融管制引發情治人員（情報和治安）貪污案件提出嚴厲批評，這是《自由中國》創刊以來首次觸怒當局，其結果導致軍方停止訂閱雜誌。出刊第三天，情治人員闖入雜誌社，逮捕一編輯，並留下三名特務予以監視。雷震為避免事態擴大，曾與多位黨政要員商討，他們認為社論所言均為事實，但沒有必要發生正面衝突。王世杰建議再發一篇社論加以平衡，主管國民黨宣傳工作的陶希聖也認為應緩和處理。《自由中國》第四卷第十二期，以〈再論經濟管制的措施〉為題又刊發一篇社論，其觀點基本回到了與當局金融管制的統一口徑上。遠在美國的胡適見到這兩期刊物後，表示不滿。1951 年 8 月 11 日，他致函雷震，說：「論『政府不可誘民入罪』，我看了此文，十分佩服，十分高興。這篇文字有事實，有膽氣，態度很嚴肅負責，用證據的方法也很細密，可以說是〈自由中國〉出版以來數一數二的好文字，夠得上『自由中國』的招牌……忽然來了『四卷十二期』的『再論經濟管制的措施』，這必是你們受了外力壓迫之後被逼寫出的賠罪道歉的文字……我正式辭去『發行人』的銜名，一來表示我一百分贊成『不可誘民入罪』的社評，二來是表示我對於這種『軍事機關』干涉言論自由的抗議。」胡適在信的空白處又附言：「此信（除去最後括弧內的小注），可以發表在《自由中國》上嗎？《自由中國》若不能發表『發行人胡適』的抗議，還夠得上稱《自由中國》嗎？」[39]。在胡適看來，言論自由是民主政治的應有之義，倘若《自由中國》不能有言論自由，或不能以負責的態度批評實際政治，「這是臺灣政治的最大的恥辱」。這封信刊於《自由中國》第五卷第五期，在國民黨內部引起極大震動，不少人對《自由中國》提出批評，認為這使「胡適之與政府對立」了，王世杰甚至擔心「臺灣今日風雨飄搖，受不起這個風浪」[40]。這時胡適在美國從中英文報紙上又獲悉《自由中國》已被查封的消息。9 月 11 日，他給雷震、毛子水、羅鴻詔、殷海光等人寫信，要求查證合眾社的這一消息是否確實？「如果不確，請你們通告合眾社，請他們更正，並請電告我。如果《自由中國》真有被禁發售的事，那麼，我們更應該為此事向政府力爭，……自由中國

[39] 萬麗娟編注《萬山不許一溪奔——胡適雷震來往書信選集》，第 23－24 頁。

[40] 張忠棟《自由主義人物畫像——胡適・雷震・殷海光》，第 83 頁。臺北：自立晚報文化出版社，1990 年。

不可沒有自由，不可沒有言論自由。……在這個國難時期，更應該切實鼓勵言論自由，使人民的苦痛、政府的毛病，都有上下周知的可能。」[41]

1952 年 5 月，《自由中國》第六卷第九期發表徐復觀〈「計畫教育」質疑〉一文，針對計畫教育提出批評，造成《自由中國》與教育部門之間的一次磨擦。9 月 16 日，《自由中國》第七卷第六期又以〈對於我們教育的展望〉為社論，對正在籌備中的青年救國團發出建言，指出辦教育的人不應是「偏激的黨員」，因為與青年救國團籌備宗旨相抵觸。刊物出版後，軍方政治部下令禁止閱讀《自由中國》，並派人將舊刊物撕去。「這是官方第一次以明顯的行動查禁《自由中國》。雖然，採取行動的是軍方，不過，這也標示了以往官方與《自由中國》的衝突都是在臺面下的衝突，自此以後，官方才開始公開的限制《自由中國》流通，而官方與《自由中國》的磨擦自此正式浮上臺面。」[42]這時國民黨七大即將召開，《自由中國》第七卷第七期刊發由毛子水撰寫的社論〈對國民黨七全大會的期望〉，雷震在當天日記中寫道：「所論或厲害一點，但是為了黨前途著想，辭嚴而義正，我們覺得到了今天，應該不避斧鉞了。」之後《自由中國》又發表一篇徐復觀對青年救國團的建言文章，主張救國團可以進學校，但不能妨害正常教育……此文發表後，救國團團長蔣經國勃然大怒，不久即公開誣衊徐復觀與雷震「有幫助共產黨之嫌」。蔣介石也公開放言，聲稱「《自由中國》社內部有共產黨」[43]，1953 年 3 月 13 日，國民黨中央委

---

[41] 萬麗娟編注《萬山不許一溪奔——胡適雷震來往書信選集》，第 29 頁。

[42] 薛化元《〈自由中國〉與民主憲政——1950 年代臺灣思想史的一個考察》，第 105 頁。

[43] 雷震 1952 年 11 月 9 日日記，《雷震全集》第 34 冊，第 153 頁。

員會第四組[44]致函雷震，對《自由中國》第七卷第九期〈再期望於國民黨者〉、〈監察院之將來（一）〉兩文提出嚴重警告。實際上「這兩篇文章可以被理解為希望執政黨能夠放棄自我本位，結合其他在野人士，並落實政治上的主張。但情治單位及執政者卻未必認為這是善意的建議，甚至還認定它多少已逾越了可以接受的程度。」[45]據雷震日記透露：蔣介石看到這兩篇文章後「赫然震怒」，下令免去雷震的「國策顧問」。3 月 24 日，雷震即接到「總統府」人事室公函，告知被解除「國策顧問」一職。

從當時政治時空環境來看，並非這兩篇文章觸怒了最高當局，而是可以解釋為執政當局在政治上與自由派知識份子分歧越來越大的一種具體表現。這一年 4 月，一直蘊釀辭職的臺灣省主席吳國楨，由於與「行政院長」陳誠不和，又與蔣經國發生衝突，終稱病赴美不歸；同月，臺灣《自立晚報》因刊載有關孔祥熙的報導被處罰停刊七天，言論與新聞自由遭到嚴重打擊；11 月 17 日，王世杰因「陳納德民航隊欠款事件」被免去「總統府」秘書長一職。王世杰作為國民黨內部自由派的一個重要人物，他的去職意味著自由派人士與高層的關係失去了一條溝通的管道；1954 年初，設計委員端木愷遭至開除黨籍的處分，此時在美的吳國楨則嚴詞抨擊國民黨政府[46]；這一年底，有著三十多年黨齡的雷震被註銷了黨籍，同時被免去中央銀行監事、國民大會籌備委員等職；

---

[44] 第四組係當時國民黨改造委員會專門分管新聞輿論的機構，負責人為陶希聖。

[45] 薛化元《〈自由中國〉與民主憲政——1950 年代臺灣思想史的一個考察》，第 109 頁。

[46] 吳國楨在美國提及當時臺灣的政治現狀：一，一黨專政；二，軍政之內有黨組織及政治部；三，特務橫行；四，人權之無保障；五，言論之不自由；六，思想控制。並建議：「國民大會」調查國民黨經費來源、撤銷軍中之黨組織及政治部、調查言論何以不自由等。

孫立人將軍則因所謂郭廷亮「匪諜案」辭職，並遭到軟禁。在短短兩年之內，這一系列內部衝突與整肅並非孤立的事件，實際上是兩種思維模式與治台路線的衝突，也可看出國民黨威權政治控制其局面的態勢明顯加強，並以放棄重用黨內自由派人物這一策略為代價，將臺灣社會帶入一個「白色恐怖時期」。國民黨在大陸失敗後，在臺灣進一步加強了對教育的全面控制。不僅在校園內散發反共宣傳讀物，還要求每一位學生背誦「三民主義讀本」、「總理遺訓」、「總統訓詞」，這一做法激起了強烈反彈，學生、家長們無不怨聲載道，這是繼上世紀二三十年代以來「黨化教育」在臺灣社會的一種延續。1954 年 5 月底，余燕人、黃廠風、廣長白三位家長在來信中指出：「……規定學生來念的課外東西太多了……眼看著我們的子女『戴月披星』、『三更眠、五更起』的愁眉苦臉的抱著這些書來啃，真正的課業，反而丟在一旁……我們的教育應該是自由的教育，而不是任何一黨包辦的黨化教育……全省的公立學校，都是用納稅人的錢來辦的。教育當局和救國團不可借教育之名而行黨化之實……」[47]鑒於當時與國民黨當局的關係已經惡化，《自由中國》社不少人不同意刊發此信。雷震、殷海光、夏道平等人則認為：這封來信不僅反映了臺灣教育界的真實現狀，還指出了諸如「救國團」這類組織非法這一事實，進而可以進一步檢討國民黨的「黨紀問題」。

1956 年 10 月 31 日，適逢蔣介石七十大壽。蔣故作姿態，婉謝祝壽，「以六事諮詢於國人，均盼海內外同胞，直率抒陳所見，俾政府洞察真情，集納眾議，虛心研討，分別緩急，采擇實施……」。雷震與一些主張自由民主的人士共同策劃了一組系列文

47 《自由中國》半月刊，1954 年第 11 卷第 12 期。

章對「國是」提出自己的看法，這就是轟動一時的《自由中國》第十五卷第九期「祝壽專號」。這一期《自由中國》共發表十六篇文章，除一篇社論之外，其餘十五篇均出自於專家、學者或在野黨領袖之手，其中包括胡適、徐復觀、毛子水、夏道平、陳啟天、陶百川、王世杰、雷震等人。在當時政治氣壓甚低的情況下，這些人「直率抒陳所見」，實屬難得。胡適寫了一篇題為〈述艾森豪總統的兩個故事給蔣總統祝壽〉的短文，以故事而時論，曲徑通幽，巧發奇中，取艾氏比蔣公，勸後者要做到「三無」，即「無智、無能、無為」。徐復觀的文章〈我所瞭解的蔣總統的一面〉，以心理學的視角入木三分地剖析了蔣介石的性格，他說：「蔣公的機會和才能，本可以當中國的華盛頓或林肯，但他到現在為止，還不能說是成功的華盛頓或林肯，這是什麼原故？因為華盛頓和林肯，心裏不滿意國會，但非常忠實於國會；心裏不滿意憲法，但非常忠實於憲法；心裏非常討厭那些異己的人，尤其是華盛頓，但對於異己的人在公務的接觸上，是非常誠懇而親切有禮；遇到兩方有爭執的時候，總是克制自己的情感，拋棄自己的成見，站在超然的立場，作誠懇底（不是偽裝底）折衷調處……」徐的這番話，巧妙點中蔣介石與民主政治不相相容的專制形象，同時建議「把學校中教授三民主義的時間，分一半出來教授憲法」。夏道平的文章從言論自由說起，要求從現在起就有效地保障言論自由，因為「言論自由是諸項基本人權中之一項，人權而冠以『基本』二字，是表示這幾項人權是人之所以為人的要件。基本人權不是邦國或政府所賦予的，而是先於邦國或政府而存在」。陳啟天係青年黨領袖之一，他站在民主黨派的立場上，在文章中強調「一黨在朝執政，他黨在朝監督」的重要作用，「據我看來，依據民主政治原則，講求改革政治的具體方法，當以培養和平的健全的有力的反對黨為第一要務，沒有這樣的一個反對黨，便很難促進實際政治的不斷改革。因為任何政府黨，如果缺少反對黨在野的監督，便必然釀成專權專利的流弊，並養成不負責任的官僚習氣」。陶百川的文章針對臺灣社會法紀廢弛之嚴重提出批評，他呼籲「第一要司法獨立，法官要有獨立審判權；第二要縮小軍權範圍……；第三要守法，老百姓守法，執政的人更要守法。因為『法之不行，自上犯之』，一定要做到『法律之前，人人平等』，『法律之內，人人自由』，不可有『例外』的事和『特殊』的人」。民社黨常委蔣勻田在文章中主要強調有兩點，第一，自由與權力，屬於個人者為「自由」，屬於政府者為「權力」，並以英國為例，說「……政府自身羈勒權力，使不侵犯人民的自由，不如以人民的自由，限制政府的權力，永閉權力侵犯自由之門」；第二，軍隊國家化問題，又以美國為例，「……美國現在處兩黨爭奪政權劇戰之際，而能全國宴然無事者，即由於美國的軍隊、員警、特務皆能嚴格地超然於黨爭之外，拒受任何政黨的影響。……今日國民黨黨化軍隊的設計，還是黃埔練兵時，受蘇俄顧問的影響，所生的觀念的回顧，也可以說是歷史的惰性，沒有什麼新的內涵，發生不了新的奇跡。打破歷史的惰性，如同斷絕嗜好一樣，需要痛下決心。」[48]……這一期「祝壽專號」在臺灣社會引起巨大反響，前後再版十三次。雖然是在回應蔣介石的「求言」，但這些主張和建言非但沒有得到應有的重視，卻引來當局激烈的反彈，甚至被視為是對威權統治的一次嚴重挑戰。官方所控制的《中央日報》以及軍方的《軍友報》、《青年戰士報》、《國魂》、救國團的《幼獅》，黨方的《中華

[48] 以上均參見1956年11月1日《自由中國》第15卷第9期。

日報》先後對《自由中國》發起圍剿，稱批評《自由中國》是「要揭穿為統戰工作鋪路的個人自由的陰謀」。[49]1956 年 11 月 16 日，雷震撰寫〈我們的態度〉一文，表明《自由中國》一向「對人無成見，對事有是非」的公正立場，同期的《自由中國》也發表社論，認為「這許多的意見，固然我們不能都說是非為政府採納不可，但是其中有不少的是針對時弊，且為大眾一致的要求，政府決不應予忽視，必須真實不虛，毫不折扣的做幾件出來給大家看。如果大家說了許多，而只是變成彙集的檔案，東之高閣，則不特有違『求言』的原意，我們深恐從此會再沒有人願意說話了。」[50]

1957 年 1 月 16 日，《自由中國》刊發〈我們的答辯〉，再次強調《自由中國》從未認為自己的主張與言論「是唯一的、終極的真理」，但刊物發現其面臨陷構與誣衊，「卻無法沈默」。同期還刊發成舍我以筆名范度才（諧音反奴才）撰寫的〈《中華日報》鼓吹暴動〉一文，回應《中華日報》上〈蛇口裏的玫瑰〉一文對《自由中國》的誣衊攻擊。軍方刊物《國魂》則在繼續圍剿《自由中國》，宣稱「毒素思想的淵源」就是「五四運動」所提倡的「科學與民主」。2 月 5 日，《自由中國》以社論〈個人自由與國家自由〉再次作出回應。胡適在給老友趙元任的一封信中說：「你大概不知道，或者不很知道，這大半年來所謂『圍剿』《自由中國》，其中受『圍剿』的一個人，就是我……」[51]這一時期的雷震日記透露：《自由中國》在許多地方被當局禁止出售，並詢問購買《自由中國》的是哪些人？鐵路局不再續訂《自由中國》，在許多學校也被

[49] 雷震 1957 年 1 月 3 日日記，《雷震全集》第 39 冊，第 5 頁。
[50] 1956 年 11 月 16 日《自由中國》第 15 卷第 10 期。
[51] 1957 年 7 月 26 日胡適致趙元任函，《胡適書信集·下》第 1320 頁，北京：北京大學出版社，1996 年。

管制起來，「連教務處都不能放，要完全收藏起來」[52]；而對《自由中國》造成最直接的影響是情治人員對印刷廠所採取的行動，「單單從《自由中國》的印刷須不斷地換印刷廠的曲折過程來看，即可顯示政府對《自由中國》所施的壓力」[53]。

根據當時《自由中國》對臺灣社會的認知，國民黨當局推行的各種政策與措施，無論是對內還是對外，都存有諸多弊端和問題。從 1957 年 8 月至 1958 年 2 月止，《自由中國》推出的這十五篇文章，並以社論形式來表達，這在《自由中國》前所未見。十五篇社論依次為：一，〈是什麼，說什麼〉，表示今日大多數人都在說假話，尤其是當局以「反攻大陸、國家利益、非常時期……」為政治之口實，掩蓋其專制的實質；二，〈反攻大問題〉，提出必須從公算和透過現實來加以考慮，不能借此來推延臺灣政治和經濟的改革；三，軍隊國家化、軍隊中的黨務等問題；四，財政問題；五，經濟問題；六，美國經濟援助的運用和浪費問題；七，小地盤大機構，呼籲壓縮並裁簡政府機構；八，建立中央政治制度，發揮政治責任；九，地方政制問題，主張實行地方自治；十，立法問題；十一，要求廢除出版法，保障新聞自由；十二，青年反共救國團系非法體制，破壞教育正常運作；十三，黨化教育應立即停止；十四，〈近年的政治心理與作風〉，對臺灣島的政風敗壞提出了嚴肅批評；十五，〈反對黨問題〉，以此制衡國民黨在臺灣的一黨統治……〈今日的問題〉系列社論，讓國民黨當局進退失據，與《自由中國》的關係越發緊張了。8 月 12 日，在黨部宣

---

[52] 以上參見雷震 1957 年 3 月 23 日、4 月 28 日日記，《雷震全集》第 39 冊，第 55 頁、第 80 頁。

[53] 薛化元《〈自由中國〉與民主憲政——1950 年代臺灣思想史的一個考察》，第 141 頁。

傳會議上，國民黨中央黨部秘書長張厲生提出〈今日的問題〉系列社論問題，認為對於臺灣社會及民眾影響頗大，應予以「停刊處分，必要時還可捉人」。1958 年 11 月 15 日，「立法委員」許孝炎約談雷震，國民黨高層下達四點指示，即讓《自由中國》「不評蔣介石，不評既定國策，不評憲法，不評國民黨」。許孝炎希望《自由中國》在今後能否能「緩和些」？雷震則說：「國民黨如不改革，縱把《自由中國》停刊和槍斃雷震，於國事無補。他們要能改革，我們可緩和，否則無法緩和……」[54]

這時臺灣社會在各方面都受到嚴密控制。及至 1958 年前後，國民黨對臺灣島內的控制更加完整、嚴密而成熟，在政、軍、文教及地方上，威權式一元控制體系逐漸成形，其嚴密程度為大陸時期所未見。1958 年 3 月 28 日，臺灣「行政院」向「立法院」提交《出版法》修正案[55]。5 月 1 日出版的第十卷第九期《自由中國》即以〈出版社修正案仍以撤回為妥〉為題，明確表示反對。該文甚至提出新聞自由的四項基本條件，「作為一個現代民主國家，新聞自由之有無，最顯著亦最有效的測驗，是看下列四項基本條件，是否符合：一，人民辦報，無須獲得政府許可，如有所謂登記，也只是報告性質；二，沒有事先的新聞審查；三，對報刊的任何處分，必須經過司法審判；四，報刊記載違法，犯罪者乃報刊法定的負責人，負責人受法律懲處，但並不影響報刊的生存……因

[54] 雷震 1958 年 11 月 15 日日記，《雷震全集》第 39 冊，第 398 頁。

[55] 1958 年 4 月，臺灣「行政院」秘密提請「立法院」修改出版法，當時「內政部」研擬的《出版法修正案》共修正了 18 條條文，除 1954 年拋出而被反對掉了的九項新聞禁例的內容以外，新增兩條，其中賦予行政機關不經司法程式，即可予報刊警告、罰款、停刊及撤銷登記等處分的權力，對臺灣言論空間與新聞自由造成嚴重的威脅。

為只有鐵幕或法西斯國家，才會徹底否認這四項基本條件的存在」[56]。胡適一向主張言論自由，也反對任何限制言論自由的法律。胡適於 1958 年 4 月回臺灣就任中央研究院院長，正值出版法修正案鬧得風城風雨，胡適在接受記者採訪時明確表示：「任何不經司法手續而逕由行政官署對出版機構加以警告、停刊、撤銷登記的處置，總是不好的，危險的，甚至根本違憲的」。5 月 27 日，胡適在《自由中國》社歡迎會上發表演講時又說：「……我可以告訴諸位，無論舊出版法也好，新出版法也好，大家所希望的言論自由，還是要我們大家去爭取的，相信大家一定勝利。舊的出版法不能阻止我們爭取言論自由的努力，新的出版法也不能阻止我們爭取言論自由的努力，這是我最後的一句話。」[57]《出版法》修正案於同年 6 月 20 日在「立法院」秘密通過，不僅引起主張民主自由的知識份子的反對和猛烈抨擊，更預示著當局將對主張民主自由的自由派刊物及言論採取合用於法律形式的壓制。

1959 年 1 月 16 日，《自由中國》第二十卷第二期刊出一封署名陳懷琪的讀者來信，內容敘述作者在「三民主義講習班」受訓時的親歷記實，來信中對課堂上教官們污蔑或攻訐《自由中國》之種種極盡諷刺、嘲笑之能事。讀過這篇「讀者來信」的人，無不「覺得很有一種真實感，非親自參與者，寫不出這種『報導翔實』的好文章。但沒想到竟因刊登這篇『投書』的短文，而招來一場大災禍」[58]。1 月 30 日，《自由中國》社收到陳懷琪的來信，聲稱這封「讀者來信」非他本人所寫，而是有人假冒其名義之所

---

[56] 社論《出版社修正案仍以撤回為妥》，1958 年 5 月 1 日《自由中國》第 18 卷第 9 期，第 5 頁。

[57] 參見 1958 年 5 月 28 日臺灣《聯合報》。

[58] 馬之驌《雷震與蔣介石》，第 287 頁。

為，要求《自由中國》予以更正。這件事實為當局有關部門製造的一個陰謀，陳懷琪隨後在《中央日報》、《臺灣新生報》、《聯合報》及《青年戰士報》上大登廣告，其題目為〈陳懷琪警告自由中國雜誌啟事〉；雷震等人懷疑這是臺灣警備總司令部所為，因為「陳君於十八日、十九日兩日登了《中央》等四個大報，十九日又有長篇記載，以一個中校之收入可以做到麼？這顯然有人背後操縱」[59]。3 月 2 日上午，雷震即接到法院的傳票。陳懷琪控雷震一案，成為當時臺灣新聞媒體的熱門報導，有人以為這「可能是抓住『整垮雷震』的機會」。胡適、王世杰、成舍我、胡秋原等人都認為這場官司沒有打下去的意義，並告誡國民黨或當局無論如何「都要適可而止，儘管雷震可以敗訴，甚至坐牢，都不重要，但政府一定因此而名聲掃地，為世界民主國家所不恥」[60]。胡適、王世杰等人透過私人管道，意欲謀求其解決辦法。蔣介石對胡適等人化解此事深感不悅，他在一次宣傳會議上說：王世杰與胡適叫人家不要干涉司法，他們也不要干涉司法才好。這時雷震已掌握到一些證據，這封「讀者來信」確係陳懷琪本人所寫，只是在軍中政治部的壓力之下，迫於無奈才出面加以否認的。1959 年 3 月 14 日，雷震在「陳懷琪案」之刑事辯訴狀中說：「告訴人於偽造文書外提出誹謗，於法已有不合。乃又提叛亂條例第七條為有利於叛徒之宣傳一點，其以根據臺灣省戒嚴時期軍法機關自行審判及交法院審判案件劃分辦法懲治叛亂條例所定之罪得由軍法機關審判，圖假法院之手，置辯訴人於軍法機關控制之下，而後以不公開之審判羅致之於罪乎？果如是，用心不可謂不深。但懲治

59 雷震 1959 年 2 月 21 日日記，《雷震全集》第 40 冊，第 32 頁。
60 馬之驌《雷震與蔣介石》，第 296 頁。

叛亂條例第七條之義理明顯，司法機關當不會容人曲解。」[61]儘管在胡適、王雲五等人的努力下，軍方此後再也沒有新的動作，但「陳懷琪事件」預示著當局對雷震及《自由中國》的政治構陷將隨時可能發生。

此時正臨近蔣介石第二任「總統」任期之末，公開或私下議論蔣是否會三連任已成為一個敏感的政治話題。胡適、雷震等人對此發表了自己的看法，主張蔣不應連任，認為這是一種最明智的做法。蔣介石本人的態度則相當曖昧。1959 年 5 月 18 日，他在國民黨八屆二中全會「總理紀念周」上發表談話時，雖然表示反對修憲，卻不排除三連任的可能。此時國民黨內部勸進者大有人在。《自由中國》的態度十分明確：如果國民黨修憲論者仍然轉彎抹角在進行其修憲運動，人們自然會懷疑到蔣介石所謂不修憲只是一種姿態；如果不經由修憲也可達到連任的話，則更是明白的違憲行為[62]。7 月 4 日，陶希聖在《中央日報》撰文提出「修改臨時條款並不是修改憲法本身」，被視為勸進者嘗試在蔣聲明不修憲的前提下為尋求連任的一種法律依據。7 月 16 日，《自由中國》發表社論駁斥陶希聖，社論指出：「臨時條款的制定，就是憲法的修改」，「臨時條款實構成憲法的一部分」、「增加臨時條款，或修改臨時條款，也即是修改憲法」[63]。不過當局試圖修訂臨時條款也面臨難以克服的障礙。憲法規定修憲代表人數須有「三分之二出席，及出席代表四分之三之決議」方可進行。陶希聖於 1959 年 12 月

---

[61] 萬麗娟編注《萬山不許一溪奔——胡適雷震來往書信選集》，第 266 頁。

[62] 社論〈欣幸中的疑慮——關於蔣總統反對修憲的聲明〉。1959 年 1 月 1 日《自由中國》第 20 卷第 1 期，第 7 頁。

[63] 社論〈好一個舞文弄法的謬論〉，1959 年 7 月 16 日《自由中國》第 21 卷第 2 期，第 5 頁。

又提出民法上所謂「死亡宣告」的辦法可適用於修訂臨時條款，試圖以此降低國大代表總額。《自由中國》刊發社論，認為陶希聖的這一主張無論從法律範疇加以分析，或從法定要件上來推論，都不能成立。「國民黨如果硬想利用那種似是而非、強詞奪理的說法，來打破國民大會修改憲法或臨時條款人數的困難，自當首先負起『毀憲』和『破壞法統』的責任」[64]。國民黨決策機構深感其中有諸多「缺陷」，又改以「行政院」及國民大會秘書處向法院提出對國民代表大會總額作出解釋的申請。1960 年 2 月 12 日，大法官會議作出「憲法所稱國民代表大會代表總額，在當前情形，應以依法選出，而能應召集會之國民大會代表人數，為計算標準」的驚人解釋，為蔣尋求三連任掃清法律上的障礙。3 月 1 日，《自由中國》發表社論，對大法官會議成為國民黨「御用工具」表示不滿，「大法官已放棄自己的超然立場，做了『御用』的工具，實行所謂『司法配合國策』！……大法官原來是仰承『黨』的『御旨』，以黨的『理由』為『理由』了」[65]。3 月 12 日，國民黨正式提名蔣介石為「總統候選人」，十天之後蔣再次當選。

這一年 4 月，臺灣舉行地方省議員暨縣、市長選舉。《自由中國》將目光轉向這一政治焦點。其態度十分鮮明：國民黨如有誠意把選舉做到公平合法，便該同意由各黨及無黨派候選人共派管理員，進而同意由各黨及無黨派候選人共同聘請監察員。4 月 24 日選舉結束，國民黨在兩項選舉中獲得「絕大多數勝利」，省黨部發言人宣稱選舉「完全在公平的基礎上作公開合法的競爭」。5 月

---

[64] 社論〈「死亡宣告」可以適用於國大代表嗎？〉，1960 年 1 月 1 日《自由中國》第 22 卷第 1 期，第 7－8 頁。

[65] 社論〈豈容「御用」大法官濫用解釋權〉，1960 年 3 月 1 日《自由中國》第 22 卷第 5 期，第 4－6 頁。

1日，《自由中國》在社論〈這樣的地方選舉能算『公平合法』嗎〉中指出：國民黨在完全把持管理和監察工作的前提下，很容易將投票時的違法舞弊做得沒有漏洞，加上此次地方選舉採用違法的助選方式，又控制了投開票的全過程，國民黨哪有不獲得「絕大多數勝利」的道理。社論強調：「民主自由是要靠大家努力爭取來的，今後唯一有效的補救方法，就是要靠這些篤信民主政治的人士，大家聯合起來組織一個強有力的反對黨，以與國民黨抗爭」[66]。5月18日，雷震參加在野黨及無黨無派人士本屆選舉檢討會，雷震、高玉樹等七人被推選為主席團主席。會議一致抨擊國民黨選舉舞弊違法，進而從最初對此次地方選舉的檢討轉到主張組織新黨這一重大問題。對於這次組黨，雷震心中一直有所不安。他在5月19日日記中寫道：「我非主動者，但是贊成人，我們不參加，他們也要自動的出來組織，因選舉舞弊太甚……，我們參加之後，還可以防止惡化。」儘管雷震對此持有一種謹慎態度，但他主導下的《自由中國》已然成為臺灣反對威權政治的精神象徵，他本人因此也成為新黨運動中的核心人物。此次籌組新黨的第一個目標，即為下一屆地方選舉作準備。相對於此間臺灣反對黨運動逐漸走高，當局加緊了對自由派人士的監視。臺灣《新生報》南部版此時刊出新黨背後有所謂共產黨支持的新聞，無疑是國民黨當局對籌組中的新黨「抹黑與戴帽子」以便打擊的一個信號。雷震以耳順之齡全力投入到這次組黨工作中，這種敢於為民主政治獻身的精神與毅力，顯示其無畏的人格力量，而作為一個現代知識份子「對理想之堅持與使命感，更是無法以『失意政客』或『尋

---

[66] 社論〈這樣的地方選舉能算「公平合法」嗎？〉，1960年8月1日《自由中國》第22卷第9期，第7－8頁。

求個人政治復出』等個人利害思考方式概括認定的」[67]。正因為如此，雷震所主持的《自由中國》沒有停止發聲，仍在不斷刊發支援組織新黨的文章，殷海光執筆的那篇著名社論〈大江東流擋不住〉，則表示民主潮流像大江東流一樣，誰也阻擋不住：

> ……近十幾年來，國民黨權勢核心人物，使出渾身的力量，實行「加緊控制」，他們是否收到什麼效果呢？從一方面看，他們的確收到了一時的效果。在這個小島上，他們確曾收買了一些無思想、無原則、唯利是圖之徒。他們正同在大陸掌握政權時代一樣，在臺灣把有人格、有節氣、有抱負的人很有效的消滅殆盡了。他們控制了一群以說謊造謠為專業者。他們控制著一群藉著幫同作惡以自肥的人。他們控制著藉唱萬歲而飛黃騰達的「聰明人」。他們製造了成千成萬當面喊擁護叫口號的政治演員。他們控制著臺灣一千萬人的身體。然而，除此而外，他們還控制著什麼呢？

這篇社論刊於 1960 年 9 月 1 日《自由中國》第二十三卷第五期。

殊不料，竟成了《自由中國》十年來生命中的絕響。9 月 4 日，雷震、傅正、馬之驌、劉子英等人以「涉嫌叛亂」遭到當局的逮捕，從而爆發了震驚海內外的「雷震案」，《自由中國》半月刊也被迫停刊，在萬人痛惜之中與自己的歷史使命戛然永訣，成為「臺灣民主運動史中的一座燈塔」（柏楊語）。……在對抗國民黨威權體制整整十年中，《自由中國》不期然地扮演了一個傳播民主思想無可替代的重要角色，在臺灣民主憲政思想發展史上有其獨特而不可抹滅的地位，與上世紀二十年代的《努力週報》、《新月》雜

[67] 任育德《雷震與臺灣民主憲政的發展》，第 273 頁。

誌、三十年代的《獨立評論》、四十年代的《觀察》雜誌等政論刊物，在推進中國民主政治的漫長過程中，構成了現代自由主義知識份子的一個價值譜系，為臺灣社會日後實現其政治轉型提供了精神資源。「如果說臺灣有所謂自由主義的論述、自由主義的思潮、自由主義的言論的話，那麼，那是從《自由中國》半月刊開始的。《自由中國》半月刊基本上是受到胡適思想影響的，胡適是《自由中國》半月刊的創辦人、名譽發行人，又是他們的精神導師，《自由中國》繼承了胡適思想的脈胳」[68]。

四、胡適——揭櫫言論自由的一面大旗

胡適、雷震與《自由中國》半月刊，可說是影響上世紀五、六十年代臺灣自由民主運動發展的三個重要關鍵因素。雷震被視為《自由中國》的「火車頭」，但胡適對於《自由中國》或雷震而言，在那個形格勢禁的非常年代，是一頂保護傘。《自由中國》創刊不久，胡適發表〈民主與極權的衝突〉等多篇文章，既關注當局對言論自由的干預，也在考慮如何善用言論自由的問題。他在《自由中國》三周年紀念會上發言時強調：「我們當政的人，應該極力培養合法的反對，合法的批評。什麼是合法的反對，合法的批評呢？輿論就是合法的反對，合法的批評。輿論的批評，只是要善意的，就應該承認是合法的。至於代表民意的機關，無論是中央的立法機構，地方的立法機構，對政府的實施有反對、有批評都是合法的。在朝的應該培養鼓勵合法的反對，在野的應該努

---

[68] 張文中〈「我是誰」：臺灣自由主義的身份危機——錢永祥訪談〉，香港「世紀中國」網站資料庫。

力自負起這個責任，為國家做諍臣，為政府做諍友。這種精神才可以養成民主自由的風氣和習慣。這樣才可以在自由世界站一個地位而無慚愧。」[69]胡適之所以一以貫之地強調言論自由的重要性，就在於民主政治信仰的堅定不移。早在上世紀二十年代初，他與友人創辦《努力週報》，共同發表〈我們的政治主張〉，要求當時的中國有一個「憲政的政府」，甚至強調這是政治上軌道的第一步。實施訓政，胡適始終反對，不惜與友人打筆戰以堅守自己的信念。抗戰勝利後，胡適參加制憲國民大會及第一屆國民大會，其熱衷與心切實可視為對民主憲政的一種期待。在言論自由方面，「胡適不僅是提出主張，而且是身體力行。他一生主編或參與的雜誌，包括《努力週報》、《新月》、《獨立評論》和《自由中國》，結果這四份刊物最後都和有關當局發生衝突，乃至遭遇停刊的命運。在《自由中國》的後期，他曾勸告朋友們在運用言論自由的時候，也要懷抱容忍的精神，在批評政府的時候，也要講究技巧，讓別人聽得進去……」[70]。《自由中國》編委、政論主筆殷海光雖然尊重胡適的意見，但同時指出近代中國最不容忍、最不給別人自由的人，往往是那些整天煞有介事高喊「主義」、「正統」、「道統」、「傳統文化」和「革命哲學」的人，這些人都自以為「我不會錯」，並代表「絕對真理」。殷海光說：「就咱們中國而論，自古至今，容忍的總是老百姓，被容忍的總是統治者。所以，我們依據經驗事實，認為適之先生要提倡容忍的話，還得多多向這類人

[69] 胡適在《自由中國》三周年紀念會上的致詞，1952 年 12 月 16 日《自由中國》第 7 卷第 12 期，第 4－5 頁。

[70] 張忠棟〈胡適心目中的民主和反對黨〉，收錄於《胡適五論》之附錄，第 299 頁。

士說法……」[71]不久胡適在《自由中國》十周年紀念上發表演講時，特別針對殷海光的話作了一番說明，「我們這一班主持言論的人，不要太自卑。我們不是弱者，我們也是有權有勢的人，不過我們的努力，不是那種幼稚的勢力，也不是暴力。我們的力量，是憑人類的良知而存在的。所以我奉告今天在座的一百多位朋友，不要把我們自己看得太弱小；我們也是強者。但雖然我們也是強者，我們必須有容忍的態度」[72]。胡適善用言論自由的論述客觀、理性、公正，準確地表達了在威權體制之下自由主義知識份子應有的立場與態度，「容忍比自由更重要」這一觀點，被北美周策縱教授認為是「胡適的最後的重要見解」。在當時的情況下，胡適一方面支持雷震與《自由中國》，一方面也私下勸告雷震要有所約束。1960年3月16日，他對雷震坦言道：「你說的話，我自己說的話，都會記在我的帳上。你不知道嗎？『殺君馬者道旁兒』：人家都稱讚這頭馬跑得快，你更得意，你更拼命的加鞭，拼命的跑，結果，這頭馬一定要跑死了。現在你以為《自由中國》出了七版、八版，你很高興，這都是你災害！」[73]六個月之後，「雷震案」不幸爆發，證實了胡適的這一擔憂。1962年2月24日，在中研院第五次院士會議的酒會上，胡適即興講話，話題從科學發展很快就轉到言論論自由方面，他這樣說：「我去年說了二十五分鐘的話，引起了『圍剿』，不要去管它，那是小事體。我挨了四十年的罵，從來不生氣，

---

[71] 殷海光〈胡適論容忍與自由讀後〉，1959年4月1日《自由中國》第20卷第7期，第15－16頁。

[72] 胡適〈容忍與自由——在〈自由中國〉十周年紀念會上講詞〉，1959年12月1日《自由中國》第21卷第11期，第6－8頁。

[73] 胡頌平《胡適之先生年譜長編初稿》第9冊，第3217頁，臺北：聯經出版事業公司，1984年。

並歡迎之至，因為這是代表了自由中國的言論自由和思想自由。」[74]這是胡適一生最後一次講話，仍在強調言論自由是檢驗一個社會或國家民主自由與否的試金石。臺灣學者張忠棟認為：「胡適為什麼在院士會議酒會中大談言論自由？他的語氣之間何以充滿激動？任何嘗試尋求這些問題的答案，其實都是多餘之舉。他和雷震等《自由中國》的朋友都曾努力爭取言論自由，方法技巧容有不同，方向目標大體一致……」[75]胡適對《自由中國》爭取言論自由的支持始終如一，這種支持雖不是特定的政策主張，卻堅信言論自由是民主政治的前提，是促進社會進步的重要因素。從這個意義講，倘若沒有《自由中國》十年抗爭，民主憲政理念在臺灣社會絕不可能深入人心。

雷震曾是國民黨當權者極其信任的權力圈子中的重要人物，抗戰結束後曾任「政治協商會議」、制憲國民大會秘書長等要職。他從對爭取言論自由到身體力行組建新黨的過程有著相當的代表性，但他對胡適始終懷有莫大的敬佩之心。胡適與雷震結緣，誠如他本人所說，主要是因為《自由中國》這份刊物的關係[76]。胡適擔任《自由中國》發行人三年多之久，至 1953 年 2 月才卸去其職。雷震特意致函胡適，表示雖然變更了發行人，《自由中國》在精神上仍是先生在主持。雷震說：「在過去三年多中間，在編輯方面，確係兢兢業業，守住先生手訂之宗旨，以冀造成健全的輿論。……震仍一本初衷，從事於健全輿論之建立，儘管遭受若挫折，震決不灰心，此點請先生放心，並盼以後隨時指示，務期本刊日有進

[74] 胡頌平《胡適之先生年譜長編初稿》第 10 冊，第 3901 頁。
[75] 張忠棟《胡適五論》，第 292－293 頁。
[76] 參見胡頌平《胡適之先生年譜長編初稿》第 9 冊，第 3338 頁。

步。」[77]從 1940 年至 1960 年十年間雷、胡二人的通信來看，雷震對胡適的尊重溢於言表，更是精神上的一種寄託，胡適對雷震的評價亦極高。1952 年 11 月，他從美返台講學時，正值《自由中國》三周年紀念會在臺北舉行，這是胡適到台後第一次作公開演講。據聶華苓回憶，胡適開頭就說，雷先生為民主自由而奮鬥，臺灣的人應該給雷震造個銅像[78]。歷史學家唐德剛認為胡適之所以對雷震有如此評價，大概是「胡氏鼓吹了一輩子民主，處處碰壁；道不行，乘桴浮於海。誰知道在垂暮之年，卻遇到這樣了不起的『傳人』雷震。雷震所搞的簡直就是百分之百的『胡適民主』」[79]。臺灣學者錢永祥在審視當年《自由中國》編委會那一批人時認為，「如果說他們是由胡適思想的脈絡下來的話，我覺得，他們與中國其他的自由主義者，比如張東蓀、《觀察》的儲安平等，多少是有些距離的。他們不屬於中國四十年代國民黨和共產黨之外的那批『民主人士』的那條路線，而是與國民黨比較貼近、甚至是國民黨黨內的人。然後，他們又接受了一些胡適的影響和關係。在 1950 年代，是由他們奠定了臺灣以後談論自由主義的基礎。他們當時的主要訴求，是憲政民主」[80]。

雷震被捕及至《自由中國》停刊，雖與組織新黨有關，但又是一批在台自由主義知識份子落實民主憲政理念的必然結果。在這個問題上，雷震的認知與胡適多有出入，甚至認定胡適原本屬意的國民黨一分為二「於今是行不通的」；只有成立反對黨，逼國

---

77 萬麗娟編注《萬山不許一溪奔——胡適雷震來往書信選集》，第 36－37 頁。
78 參見聶華苓〈憶雷震〉，收錄於《雷震全集》第 2 冊，第 311 頁。
79 唐德剛〈『銅像』遲早會出現的〉，收錄於《雷震全集》第 2 冊，第 240 頁。
80 張文中〈「我是誰」：臺灣自由主義的身份危機——錢永祥訪談〉，香港「世紀中國」網站資料庫。

民黨退為普通政黨，臺灣社會才可能有一點點希望。於是雷震等人不甘於空言改革，試圖以政治組織的方式直接挑戰國民黨的執政地位，但在強人威權體制尚未鬆動之前，其悲劇發生註定不可避免。蔣介石三連任前夕，雷震問過胡適「今後該怎麼辦」？胡適這樣說：只有民青兩黨和國民黨民主派和臺灣人合組反對黨，如果組成了，他首先表示贊成，自己不參加，留幾個無黨無派分子比較好……[81]在中國現代思想史上，激進派與務實派的角力中，胡適的思想與作風是務實派最重要的代表。即使是歷史轉折的危亡之秋，胡適亦未改變自由主義知識份子的立場，自詡為忠言直諫的書生。這種對待民主政治的理性態度，其深刻意義需要長期觀察比較後才能為人們理解與體會。臺灣文史工作者徐宗懋認為：「一個真正的自由主義者會堅持民主，同時也會拒絕和滿腔熱血的革命者站在一起。……這不僅是胡適個人的問題，就廣義而言，也是百年中國務實改革者的處境，他們提供的進步之道似乎太溫和、太長期了，無法滿足人們被撩起的一步登天的夢想與欲望。或許，只有革命的路走到盡頭，滿目瘡痍的一刻，人們厭倦戰鬥，希望好好發展，找出長治久安之道時，如胡適者如沐春風的舒緩調子，才真正令人嚮往。」[82]在《自由中國》整整十年社務中，雷震固然扮演了極其重要的角色，胡適則是《自由中國》半月刊揭櫫言論自由的一面大旗，他在臺灣真正居住的時間不過四年，卻播下民主自由思想的種子。臺灣學者在總結這一代知識份子追尋民主自由這一艱難歷史進程時認為：唯有先輩們毫不吝惜付出自己的歲月，探索實現自由與民主的各種可能性，後人才

---

[81] 雷震 1960 年 3 月 16 日日記，《雷震全集》第 40 冊，第 270 頁。
[82] 徐宗懋〈胡適在臺灣的日子〉，香港《鳳凰週刊》2002 年第 9 期。

能享受得來不易的民主果實。在趨於多元化發展的今日，知識份子逐漸擁有言論自由，與公共論壇的空間時，是否能抗拒現實政治權力的誘惑，而能恒久以批判態度看待政治事務，則是值得深刻省思的。[83]

[83] 參見任育德《雷震與臺灣民主憲政的發展》，第 323 頁。

四十年前的「中西文化論戰」
——《文星》雜誌與一樁訴訟

四十多年前，臺灣文化思想界有過一場激起軒然大波的「中西文化論戰」。

這場為時二十一個月的論戰，從最初所期冀的試圖推動一次新的中國文化「文藝復興」運動，發展到後來論戰「質變」，雙方以「誹謗罪」互控於法庭而「偃旗息鼓」，讓人始料未及。但它所呈現出來的混亂歷史影像卻遠遠超出了論戰本身，確可成為自民國初年以來，中國社會一連串文化思想論戰中較為少見而又可資反思的重要一環（「孔教論戰」、「國體論戰」、「文體論戰」、「東西文化論戰」、「科學與人生觀論戰」、「中國社會史論戰」、「民主與獨裁論戰」、「中西本位文化論戰」、「中西文化論戰」）。2004 年 4 月 18 日，筆者前往上海西郊看望目前定居大陸的當年臺灣《文星》老闆蕭孟能先生（蕭先生已於同年 7 月 23 日病逝，終年八十五歲。作者注），從蕭先生所提供的有關這場論戰的若干史料中可以發現，點燃這場論戰導火線的關鍵人物並非在這場論戰中「暴得大名」的臺灣大學歷史研究所研究生李敖，卻是我們所熟悉的中國現代文化史上的著名人物胡適先生。不過，胡適本人並沒有參與這場論戰。在論戰甫起之時，1962 年 2 月 24 日，胡適不幸以心臟

病猝發在臺北逝世。面對這一突發事件，論戰雙方不僅沒有因為「哲人已逝」而鳴鑼收兵，相反更加激烈地將戰火蔓延開來，直至後來捲入司法糾紛，雙方才怏怏罷手，不歡而散。

論戰初期，雙方均以被當時臺灣青年人目為「心聲」的《文星》雜誌為陣地。

《文星》雜誌是「文星書店」麾下的一面旗幟，創刊於 1957 年 11 月 5 日，這是一份標榜「生活的、文學的、藝術的」綜合性雜誌。由葉明勳[1]擔任發行人，「文星書店」老闆蕭孟能親任社長，主要編輯包括何凡（夏承楹）、林海音（林含英）、小魯（陳立峰）等人，何凡是林海音的丈夫。《文星》的創辦是蕭孟能與幾位朋友商量的直接結果。在代發刊詞中，他們提出的口號是「不按牌理出牌」。這篇有名的發刊詞出自何凡的手筆，之所以提出如此鮮明的「口號」，「因為當時辦雜誌是一件極辛苦的事，要有傻勁和傻勇才能成功」，而這種「傻勁和傻勇」竟得益於一則外國故事中的一幅漫畫：

> 當時在研商創辦《文星》時，何凡特別欣賞一個外國故事中的寓言並深受啟發。這個故事是說在一幅漫畫中，一個旁觀者在牌局終了時，對得勝者憤憤不平地說：「如果照牌理出牌的話，你沒有贏得道理。」作者認為，創造歷史的偉人，如果人人照牌理出牌，就不會有那麼多豐功偉業。把它應用到生活方面，

---

1 葉明勳（1913－），福建浦城人。早年畢業於福建協和大學外文系，後赴美國史丹佛大學從事研究工作，歷任「中央社」臺北分社主任、中華日報、自立晚報社長。現為臺灣世界新聞傳播學院董事長，臺灣電視公司常駐監察人，臺灣新生報、新聞報、民生報常務董事。

> 如果一個人總想照牌理出牌，他可能一輩子打光棍，結不了婚。如果結婚後夫婦要等到家裏萬事齊備才要孩子，那可能永遠等不到適當的時機。歷史上最偉大的一個嬰兒（耶穌），就是在父母逃亡途中，小店裏沒有客房而生在馬槽裏的，這可以說是孩子誕生的最不適當的時機與地方。同樣的道理，如果是瞻前顧後，就什麼事也搞不成……[2]

作為《文星》的老闆，蕭孟能顯然認同這樣的辦刊方式。他說：「這個故事用來比喻從事雜誌出版事業的人，真是再恰當也沒有。因為大家明明知道『按照牌理』從事於雜誌出版的事業，是一件費力而不討好的事業。……相信也許『不按牌理出牌』可以出現點奇跡，或者不至於垮得慘兮兮的……」[3]林海音對於《文星》的誕生十分興奮，她在給臺灣作家鍾理和的一封信中稱《文星》是「我們朋友辦的，綜合性，格調被認為在臺灣是第一位」[4]。儘管如此，從 1957 年 11 月到 1961 年 10 月，即《文星》第一期至四十八期，有人斷言這是《文星》雜誌「平庸無生氣的」的頭四年，這一說法更準確地來自於李敖回憶錄：「那時候書店已開了十年、雜誌已辦了五年，可是成績卻很平平。原因很簡單：『文化商人』受格局所限，因而他們雖『萬事具備』，總是無法突破水準，真正的突破，有賴於『東風』型的人物，才能達成。無疑的，『東風』型的人物沒有比李敖更合適的，於是，在李敖進入文星以後，

---

[2] 夏祖麗：《從城南走來——林海音傳》（北京：三聯書店，2003 年 1 月第一版），頁 150。

[3] 蕭孟能：《出版原野的開拓》（文星書店，1965 年 1 月 25 日初版），頁 5。

[4] 夏祖麗：《從城南走來——林海音傳》，頁 150。

雜誌變色、書店改觀。」[5]事實上，第四十九期之前的《文星》雖然不像後《文星》那麼激越、尖銳，但在臺灣文化思想界卻早已獲得了應有的重要地位。蕭孟能認為「……李敖說在他沒來的頭四年，文星是不算的，這一點是太過份了，何凡主編的那四年的貢獻是不容抹煞的。《文星》創刊不久便發生一件大事，就是成舍我的狗年談新聞自由，為當局不惜，甚至有人批評我們是新亡國主義者……」[6] 此語實可作為對《文星》前四年的一種客觀評價和總結。但《文星》自第五十九期開始，由於辦刊理念之遽變，明顯表露出一種急於自見、標新立異的態勢，甚至有一點「逞浮游之小慧，縱搖盪之狂情」的偏局。

1961 年 10 月 1 日，《文星》創刊四周年之時，第四十八期出人意料地刊出一篇居浩然[7]撰寫的火氣十足的〈徐復觀的故事〉。這篇尖酸刻薄的文字使得「一向在稿件題目設定與文字語氣上作風穩健的《文星》，自此逐漸浮現出一種蓄勢待發，積極尋找批判對象，隱約呈現霸氣的風格。……可算是《文星》『西化派』作者猛烈抨擊『傳統派』為『義和團分子』的頭一炮」[8]；緊接著，第四

[5] 李敖：《李敖回憶錄》（臺北商業週刊出版股份有限公司，1997 年 5 月 1 日初版），頁 194。

[6] 2004 年 4 月 18 日下午筆者在上海對蕭孟能的採訪錄音。

[7] 居浩然（1917－1983），湖北武穴人。居正次子，孫中山為其命名浩然。早年就讀於清華大學社會學系。1947 年 6 月自費留學美國哈佛大學研究院。1952 年 8 月任淡江英語專科學校（淡江大學前身）校長。1962 年卸職，先後在英國牛津大學及倫敦大學研究院深造。1964 年，應聘任澳大利亞墨爾本大學東方語言系教授，長達 19 年。有《論全球戰略計畫》、《中國兵書五種》、《論正軌戰術》、《論游擊戰》、《蔣百里論》等著作。後期學術著作多屬社會學、哲學等題材。主要的有 《十論》、《戰爭社會學》、《東西文化及其軍事哲學》、《儒家學術的非宗教性》、《派深思的社會體系簡介》等。

[8] 陶恒生：〈談談臺灣早年的「中西文化論戰」（收自《海隅文集》，香港明報出版社，2003 年 3 月初版），頁 322。

十九期（1961 年 11 月 1 日）又有一篇充滿霸氣的文章，這就是青年李敖一炮打亂天下的成名作〈老年人與棒子〉；1961 年 11 月 6 日，胡適應亞東區科學教育會議之邀在開幕式上發表英文演講，這篇英文講稿除刊登在當時的報紙上，第五十期《文星》（1961 年 12 月 1 日）又刊出經胡適本人認可的講稿譯文（由徐高阮翻譯，作者注）。殊不料，這篇題為〈科學發展所需要的社會改革〉的講稿立即遭至衛道諸公如徐復觀[9]、鄭學稼等人的「口誅筆伐」，甚至惡意詆毀，一時間圍剿、責難的文章紛紛出籠，喧鬧不已。這場不期然的文化論戰實際上就是從這時悄然開始的，胡適生前絕然沒有想到。但對於此時正處在「蓄勢待發」中以求改觀的《文星》雜誌來說，不啻於一次千載難逢的好機會，尤其深諳市場的《文星》老闆蕭孟能不可能眼睜著與之擦肩而過，儘管他並未意識到這場由《文星》引發的論戰到後來會走向一個不可收拾的田地。第五十二期《文星》（1962 年 2 月 1 日）〈編輯室報告〉中有這樣一段話：「在這一次論戰中，我們暫時不想指出誰對誰錯，對與錯的問題應當訴諸全民族的理性良知。我們也不準備提供什麼見解，這是需要大多數人來共同討論的。我們所能做的，是把《文星》這座小小的『講臺』貢獻出來，請大家登臺演講，各抒高論……」[10]於是，一個橫睨一世的「文化頑童」李敖先生不由分說地登場了，他似乎已等待得太久，二十六歲的年紀，精力充沛，雄性勃發，

---

9 徐復觀（1903－1982），湖北浠水人。畢業於日本陸軍軍士學校。1949 年在香港創辦《民主評論》，赴台後，任教於省立台中農學院、東海大學，後再去香港。著有《學術與政治之間》、《中國思想史論集》、《兩漢思想史》等。

10 轉引自陶恒生〈「不按牌理出牌」的《文星雜誌》〉，臺灣《傳記文學》2003 年 1 月第 488 號。收錄於陶恒生《海隅文集》（香港明報出版社，2003 年 3 月初版），頁 325。

其語氣一上來就顧步自盼、咄咄逼人，讓蕭孟能心中大喜過望。在當時《文星》主編陳立峰的介紹下，蕭孟能親赴臺北新店找到了這個「蓄勢待發的窮小子」（吳祥輝語），雙方一拍即合，公私之誼自此肇始，成為「肝膽摯友」。四十多年後，蕭孟能這樣回憶：

> 〈老年人與棒子〉這篇文章，主要是講老年人霸住位子不放，年輕人冒不出來。這篇文章寄來文星的時候，我還不認識李敖。我看這篇文章之後，覺得他寫得這麼好，不管是文章的內容、文字的表現方法，實在太好了，這麼好的作者，在刊登以前，我懷疑作者另有其人，在這種特殊情況之下，我都要親自去找作者見面談談，對作者的背景和工作情形，作一番瞭解。我發現作者李敖原來是台大歷史研究所的研究生，只有二十多歲，他住在新店。我去找他，他住的房子是房東牆外搭的一個長形斜頂的棚子，生活相當清苦。〈老年人與棒子〉發表之後，李敖又繼續寫了幾篇文章，在很短期間之內，我為他的文采、風度、談吐所吸引，我心想，從事文化出版這一行的人，最需要這樣一位人才，當然我對於他工作能力之強，尤其他特別有事務才，辦事有條有理，有速度，乾脆，真是千載難逢的好人才。[11]

這一年蕭孟能四十一歲，正處於文化出版事業的巔峰狀態。對於這一次會面，無論是蕭孟能抑或李敖，事實上都是雙方一生中極為重要的一筆。從蕭孟能晚年談話中，我們仍可感受到當年對這位小於自己十五歲的年輕人「禮賢下士」的自得心情，李敖

---

[11] 陶恒生整理：《蕭孟能 2001 年未刊談話錄》（2001 年 2 月 15 日），係陶恒生本人提供。

也承認「蕭孟能的長處是能欣賞人才」[12]。不過，李敖之所以調強《文星》的生命始於第五年，包含著兩層意思：一為《文星》第四十九期刊發了他的成名作〈老年人與棒子〉，引起的驚歎之聲帶來不小的聲譽；二為在蕭孟能「老謀深算」的賞識之下，李敖毅然放棄了在台大歷史研究所的學業，成為《文星》中重要的一員，從此「文星變色」（李敖語）……《文星》從第二十五期起，雖然將其編輯方針從「生活的、文學的、藝術的」改為「思想的、生活的、藝術的」，但與當時雷震先生所主持的政論刊物《自由中國》半月刊[13]在思想上對臺灣當局威權統治的猛烈批評仍有相當的距離。到了上世紀六十年代初《自由中國》半月刊因發行人雷震被捕而被迫停刊，人們的視線才開始轉向已刊登大量批判性文章的《文星》雜誌，當時關心臺灣社會問題以及嚮往民主與自由的知識份子，很少有人不知道《文星》的存在，也很少有人沒有讀過它的文章。尤其是血性賁張的青年人對此時《文星》的大膽言論莫不為之而嚮往，蕭孟能這樣說：

> 我辦《文星》的頭四年，有些言論批判的文章，但是第一、太少，第二，太弱，第三、對外聯絡不夠，第四、設計題材做得不夠，因此我那時的許多想法和社會關係，都運用不起來。所以我看到李敖的文章之後，知道他是辦理文化性的批判言論的

---

[12] 李敖：《李敖回憶錄》，頁196。

[13] 《自由中國》半月刊係胡適、王世傑、雷震等人於1949年11月20日在臺北創辦。在辦刊十年中，極力鼓吹自由民主以及憲政理念，對國民黨當局所推行的威權政治進行了猛烈的抨擊，成為當時自由主義知識份子與極權專制分庭抗禮的一個輿論重鎮。1960年9月4日，國民黨當局以「涉嫌叛亂」罪將雷震等人逮捕入獄，爆發了震驚海內外的「雷震案」，《自由中國》半月刊也因此被迫而停刊。

最佳人選。他來之後，《文星》因他而作風大變，這點李敖沒有吹牛。……李敖來後，與我配合得非常好。[14]

儘管《文星》有著求變的思想動機和真實心態，但胡適的這篇英文講稿本身並不存有意欲挑起論戰的動機，恰恰是他本人長期以來在對待東西方文化時一以貫之的態度。關於這場文化論戰的時代背景，有一種說法值得思考：即臺灣社會自 1953 年以來實施四年為一期的長期經濟建設計畫，到了上世紀六十年代，已歷經了兩期，臺灣的經濟社會結構事實上已經鬆動，在大量引進西方資本、科學技術、技術人才的同時，伴隨而入的西方思潮早已將臺灣的社會文化結構衝擊得搖搖晃晃，「當時徘徊在傳統與現代、東方與西方的文化十字路口的臺灣知識份子，早就希望能在思想上做一個解決，……論戰符應了整個臺灣現代化過程的最高潮—— 一種新的文化觀，或說世界觀的形成」[15]。正是在這種痛苦的精神徘徊與摸索之中，胡適這篇英文講稿恰好成了某些文化保守人物對變革中的社會發洩不滿、質疑問罪、惡語攻訐的機會，深刻地反映出當一種新的文化觀乃至世界觀正在逐漸形成時所造成的必然困惑與矛盾心理。這裏不妨看一下當時胡適在英文演講中是怎樣說的，摘要如下：

我認為我們東方這些老文明中沒有多少精神成分。一個文明容忍像婦女纏足那樣慘無人道的習慣到一千多年之久，而差不多沒有一聲抗議，還有什麼文明可說？一個文明容忍「種性制度」

---

[14] 陶恒生整理：《蕭孟能 2001 年未刊談話錄》。

[15] 陳正然：《臺灣五十年代知識份子的文化運動——以〈文星〉為例》（臺灣大學社會學研究所碩士論文未刊稿，1985 年 6 月，由蕭孟能先生提供），頁 66。

（the caste system）到好幾千年之久，還有多大精神成分可說？一個文明把人生看作苦痛而不值得過的，把貧窮和行乞看作美德，把疾病看作天禍，又有些什麼精神價值可說？

現在正是我們東方人應當開始承認那些老文明中很少精神價值完全沒有精神價值的時候了；那些老文明本來只屬於人類衰老的時代——年老身衰了，心智也頹唐了，就覺得沒法子對付大自然的力量了。的確，充分認識那些老文明中並沒有多大精神成分，甚或已沒有一點生活氣力，似乎正是對科學和技術的近代文明要有充分瞭解所必需的一種智識上的準備；因為這個近代文明，正是歌頌人生的文明，正是要利用人類智慧改善種種生活條件的文明。……

我主張把科學和技術的近代文明看作高度理想主義的，精神的。我大約三十多年前說過：「這樣充分運用人的聰明智慧來尋求真理，來控制自然，來變化物質以供人用，來使人的身體免除不必要的辛勞痛苦，來把人的力量增加幾千倍幾十萬倍，來使人的精神從愚昧、迷信解放出來，來革新再造人類的種種制度以謀最大多數的最大幸福，——這樣的文明是高度理想主義的文明，是真正精神的文明。」[16]

這是胡適一生中的最後一次演講。針對胡適對東方文明與精神文明毫不容情的批判與質疑，最先作出反應的是徐復觀在《民主評論》十二卷二十四期（1961 年 12 月 20 日）發表〈中國人的恥辱，

---

[16] 胡適：〈科學發展所需要的社會改革〉，刊於 1962 年 12 月 1 日《文星》第九卷第二期。

東方人的恥辱〉一文，他以一種近乎失態的口吻猛烈抨擊胡適「東方的老文明中沒有多少精神成分」這一說法。徐復觀說：「看到胡博士在東亞科教會的演說，他以一切下流的辭句，來誣衊中國文化，誣衊東方文化，我應當向中國人，東方人宣佈出來，胡博士之擔任中央研究院院長，是中國人的恥辱，東方人的恥辱。我之所以這樣說，並不是因為他不懂文學，不懂史學，不懂哲學，不懂中國的，更不懂西方的，不懂過去的，更不懂現代的。而是他過了七十之年，感到對人類任何學問都沾不到邊，於是由過分的自卑心理，發而為狂悖的言論，想用誣衊中國文化，東方文化的方法，以掩飾自己的無知，向西方人賣俏，因而得點殘羹冷炙，來維持早經掉到廁所裏去了的招牌，這未免太臉厚心黑了。」

此時徐復觀已近六十歲，頗有點「老夫聊發少年狂」的率性。有人稱他是一位「天賦熱情充沛，疾惡如仇的人，常會因情緒激動，破口直言，而筆鋒又凌厲尖銳，不免予人以刻薄的口實」[17]。這時胡適已在病中，似未有任何答辯。但在去世之前曾激動地提及此事[18]，對於一個久患心臟病的老人來說，這不能說毫無影響。相隔不久，胡秋原[19]在《文星》第五十一期（1962 年 1 月 1 日）上發表二萬七千字的長信〈超越傳統派、西化派、俄化派而前進〉，他不以胡適否定中國傳統文化為然，警告人們不可在「復古」、「西化」中二者選一，「因復古只足以促成洋化，而洋化無論西洋化、

17 許逖：《文星・問題・人物》（臺灣雙喜圖書出版社，1983 年 1 月），頁 19。
18 參見臺灣《傳記文學》第五十五卷第一期，頁 38。
19 胡秋原（1901－2004）湖北黃陂人，字石朋。曾就讀於日本早稻田大學。1933 年參加「閩變」，失敗後亡命海外。1937 年返國，先後創辦《時代日報》、《祖國雜誌》及《民主政治》。1948 年當選立法委員。赴台後，創辦《中華雜誌》。1988 年 9 月，前往大陸探親，宣傳其「國民會議」理論，遭限制出臺兩年，並被國民黨開除黨籍。著有《古代中國文化與中國知識份子》等書。

北洋化，到最後是亡國」，同時告誡年輕的朋友們應當「認真的，規規矩矩的做人，認真的，規規矩矩的求學，以便將來有機會認真的、規規矩矩的立國。」胡秋原的這一荒腔走板立即遭至李敖的反駁。他在《文星》第五十二期（1962 年 2 月 1 日）〈給談中西文化的人看看病〉一文中，一槍連挑五十幾位中國三百多年來的古今人物，並直截了當地聲稱這些人都是有病的。這些病包括義和團病、中勝於西病、古已有之病、中土流行病、不得已病、酸葡萄病、中學為體西學為用病、挾外自重病、大團圓病、超越前進病……等等，不一而足；他甚至認為「取長捨短，擇善而從」地面對西方文化的理論是行不通的，「我們面對西方現代文化，就好像面對一個美人，你若想佔有她，她的優點和『缺點』就得一塊兒佔有」，企圖改正美人缺點，就是妄自尊大的厚顏；因此「我們一方面想要人家的胡瓜、洋蔥、鐘錶、番茄、席夢思、預備軍官制度；我們另一方面就得忍受梅毒、狐臭、酒吧、車禍、離婚、太保（不知害臊）、大腿舞和搖滾而來的瘋狂」。……李敖後來在《文化論戰的一些史料與笑料》一書中，將胡適的這篇英文講稿及自己的〈給談中西文化的人看看病〉一文均視為這一場論戰中「真正在思想『趨向』方面指路的文獻」，而「其他的大量文字，有的是這條路上的壓路機，有的是這條路上的攔路虎……」[20]。

〈給談中西文化的人看看病〉一文發表後，連李敖自己也驚訝了。這篇文章給他帶來始料未及的「不虞之譽」與「不虞之毀」，一時間「數不清的來信，數不清的批評、讚揚、支持、恐唬，以

[20] 李敖：《文化論戰的一些史料與笑料》（《李敖全集》21，第 7 集第 3 分冊，臺灣遠流出版，1986 年 11 月 1 日一版），頁 14、15。

及數不清的文字上的辯駁討論」[21]。李敖突然發現自己成了《文星》上的一個焦點人物，於是聰明過人的他開始反擊了……就這樣，一方以李敖為首，另一方以胡秋原當帥，一場言論兩極、硝煙四起的「中西文化大論戰」於焉爆發……參加論戰者，支持李敖的有居浩然、許登源（台大哲學系助教）、洪成完（台大數學系助教）、何秀煌（台大哲學系講師）、陳鼓應（台大哲學系助教）等中、青年學者；站在胡秋原這一邊的有徐復觀、鄭學稼、葉青（任卓宣）等資深政論家。不久，胡適先生突然去世。1962 年 3 月 1 日，《文星》因勢利導，於第五十三期推出「追思胡適之先生專號」，除十一篇紀念文章之外，仍有三篇論戰的文字，分別為胡秋原的〈由精神獨立到新文化之創造——再論超越前進〉、徐復觀的〈過分廉價的中西文化問題——答黃富三先生〉、李敖的〈為「播種者胡適」翻舊帳〉。這一期雜誌洛陽紙貴，幾天內連印四版，計二萬多冊，這場論戰終於喧囂騰上。有學者認為，就在《文星》提供「講臺」的這一期，「《文星》的新人物李敖已經領頭在〈給談中西文化的人看看病〉破口大罵，同時，年輕的一輩已經對老一輩展開全面性攻擊。他們不但以古人，同時也以現時現地的今人作『戰爭』對象，而且這時候的論辯，不僅不能平心靜氣，甚至極普通的道理，也必須以挖苦與譏誚的口氣才說得清，講臺已在不自覺中變成了播臺」[22]這一段議論未必持平而公充。年輕、囂張的李敖們固然是在那裏潑口罵人了，但徐復觀卻從一開始就對胡適先生「惡語相向」，實際上也是引起論戰雙方開罵的一個內因。這時，替胡秋原、徐復觀等人幫腔的某些人在 1962 年 2 月 25 日《政治評論》

---

21 李敖：〈文化論戰的一些史料與笑料〉，頁 16。

22 許逖：《文星・問題・人物》，頁 69。

上撰文譏笑李敖是「胡適的鸚鵡」、嘲諷李敖與陳序經[23]「真是穿著一條褲子」等，顯然也表現得不夠理智。論戰從一開始就暗含一股遠離理性之岸的暴戾乖張之氣，雙方都負有一定的責任。

1962 年 4 月，李敖在《文星》第五十四期上發表〈我要繼續給人看看病〉一文，鄭學稼則有〈論白話文和白話文的運動——附答李敖先生〉，同期的還有居浩然、許登源、洪成完、李彭齡、黃富三、東方望、孟戈等人的文章。……東方望在文章中嘲笑徐復觀做人不夠恕道，在胡適生前大肆攻訐，此時又為文大捧，「在古今中外之褒貶文章中，兩個月之內，如此轉態度者，當推徐復觀教授為第一」，對徐的人格有所質疑；居浩然在文章中為胡適的西化運動辯護，認為現在的「全盤西化」，應是專就以近代西洋科學為基礎的工業技術而言，說到底就是「全盤科學化和全盤工業化」，同時又批評胡秋原的「俄化」問題簡直「不知所云」，甚至提出要與胡秋原公開比試一下英文的「讀、說、寫」能力，並開了個洋書單，要胡秋原「不妨認真將這些書讀通，再談知識社會學不遲」，其文字充滿挑釁而不留餘地；李敖在文中則嘲笑徐道鄰的文化觀念中無不滲透著「世界博物館館長」的好夢，想以萬花筒的方式，來維持各地文化傳統於不墮，分明是在替「傳統派做嫁衣裳」；又說胡秋原「是一位病得很辛苦的大病人，他的長篇大論矛盾百出，僅「超越」一文就有自相矛盾三十七處之多；許登源在文中批評胡秋原以「立正、向前看、超越、前進」來比喻「超

[23] 陳序經（1903－1967），著名社會學家。廣東文昌（現屬海南省）人。1925 年畢業於上海復旦大學。1928 年獲美國伊利諾伊大學博士學位。回國後，歷任嶺南大學、南開大學、西南聯合大學教授，並任西南聯合大學商學院院長、南開大學經濟研究所所長、南開大學教務長、嶺南大學校長、中山大學副校長、暨南大學校長、南開大學副校長等職。

越」完全是一種口號，「一點也沒有說到具體的方法」，邏輯觀念也不正確，他建議胡秋原「應修好大一邏輯」、再「吃一帖強烈的瀉藥，把自己雜亂無章，概念不清，思考不邏輯等毛病統統瀉去」，完全是一副輕蔑的口吻；洪成完攻擊胡秋原〈由精神獨立到新文化之創造〉一文，認為一個「淵博常識」的知識份子，除了先天因素外，還必須多讀及格的書，多做硬功夫，如果不瞭解及接受新知識，對於尚在爭論中的問題狂加斷說，他便沒有資格談現代化問題，胡秋原不過是一個 「頭腦不邏輯」、昧然不知「科學」為何物的「蜘蛛式的玄學英雄」而已，他奉勸胡秋原「勿玩弄名詞，也勿被名詞玩弄」、「多動大腦多思考，少動小腦耍筆桿」；李彭齡針對徐復觀〈一個偉大書生的悲劇〉、〈過分廉價的中西文化問題〉兩篇文章而戲之，懷疑徐氏根本不曾、也不能真正的瞭解過胡適，徐復觀筆下的胡適之，毀也好，譽也罷，也就「無啥斤兩了！」黃富三在駁斥徐復觀時認為：「胡先生是說東方文明只有極少的精神價值，並不是說東方文明根本沒有靈性」，他問道「凡是人便有靈性嗎？殺人不眨眼的魔王也有靈性嗎？」至於婦女纏足問題，胡適不過是舉出「包小腳」這個例子，無非是想說明中國文化中缺少應有的「精神成分」，而徐對胡適的批評「只是向空中虛放一響而已」；孟戈在文中大聲呼籲「我們年輕的一代，要痛痛快快地接過這位大師交下來的歷史接力棒，……我們不能再兜圈子了，再兜圈子什麼都完了！」雖然《文星》在上一期「編輯室報告」中還特別強調「來稿只要是理性的，而不是肌肉衝動——例如謾罵，人自身攻擊，我們將盡可能的刊載」，可這一期的《文星》卻幾乎成了一本反胡（秋原）反徐（復觀）的專輯，其中「以四篇圍攻胡秋原，三篇圍攻徐復觀，即使徐道鄰的一封短信，也遭受無情的批判。作者們熟練地運用邏輯辯證技巧，毫不留情地把對方逼到牆角，再用教訓的口吻數落對方，要他們回去多讀點書再回來辯論」[24]。如此猛烈的文字火力，讓胡秋原、徐復觀等人如坐針氈，開始遷怒於《文星》，實際上就是在責怪蕭孟能。這時，胡秋原突然翻臉，再也不願回到《文星》來了，他轉移陣地，開始在《世界評論》上撰文以反擊《文星》上的年輕人，把居浩然、李敖、許登源、洪成完四個人編為甲、乙、丙、丁四號，予以個別批評。甚至懷疑《文星》敢於有組織性地連篇刊文攻擊他，是有一股勢力在迫害他，這讓蕭孟能多少感到有點意外：

> 原則上，只要是言之有物，對知識份子是有意義的，不管它刻不刻薄，無論是正面或是反面，我都讓它發表。當時胡秋原對於李敖給他的反駁與攻擊，老羞成怒，對文星拂袖而去，如果他不這樣做，他的反駁與攻擊的文章，不管有多長，我們還是照樣刊登。過去他的長文，我們不但登，而且是一次登完，為了他一篇長達七萬字的文章，文星不惜增加頁數，一期登完，我們對他的尊重，他是沒有話說的。相信任何其他雜誌是不可能這樣做的。[25]

胡秋原為《文星》的長期作者，文章以冗長而著稱，《文星》從來都是以一次刊出為原則，可見蕭孟能對他確實抱有幾分尊重。胡秋原在《文星》的最後一篇筆戰文字〈由精神獨立到新文化之創造——再論超越前進〉見諸「追思胡適先生專號」，之後便不再向《文星》投稿。蕭孟能去信並要求見一面，均未得到答覆。

---

[24] 陶恒生：《海隅文集》，頁 343。

[25] 陶恒生整理：《蕭孟能 2001 年未刊談話錄》。

《文星》第五十七期「編輯室報告」中有這樣一段話:「這次文化問題的討論,《文星》僅供篇幅,讓各種不同意見的人都有發表的機會,但沒料到有人辯翻了臉,反而遷怒於《文星》,這是我們感到很遺憾的。」這裏「有人辯翻了臉」指的就是胡秋原。繼胡秋原「出走」不久,鄭學稼、徐復觀等人也相繼退出《文星》。胡、鄭、徐三人本來跟《文星》編輯委員會大多數成員一向私交甚篤,由於此時「李敖的介入,臺灣大學一批學有所專,而且自命能談問題的青年朋友接著也湧入《文星》,於是《文星》的知識陣容,在年輕人狂熱和激情的氾濫下,聲勢日漸浩大。」[26]胡秋原、徐復觀等人自認為遭到一批年輕知識份子在《文星》上的連番圍攻,也不願坐以待斃,於是以同樣的方式予以反擊,導致雙方由論戰而謾罵,相互扣大帽子,乃至人身攻擊,終至與《文星》而決絕……就中西文化問題而言,若以康有為、梁啟超為中國第一代知識份子,陳獨秀、胡適等五四前後的人物為第二代知識份子,胡、鄭、徐等人以其年齡和早年在大陸文壇崛起的時代而言,應屬介乎第二、三代之間的知識份子。如今他們在臺灣與下一代的西化派青年知識份子對立,被當成傳統派的「義和團餘孽」而遭受聲討,他們對於這幫「胡適的鸚鵡」極為不滿,甚至覺得這些年輕人「太猖狂,太不知自量,太不識時務,太不知進退」,說他們「還帶著一些歐僕西崽的臭味」。

5月5日,《政治評論》刊出葉青〈中西文化問題之總結〉一文,聲稱「『全盤西化』是一種奴婢思想,而現在主張全盤西化的人,多是陳序經的第三代信徒。所以稱為『奴下奴』是再恰當沒有了。這些人,目的不在討論問題,只是由於門戶之見,為『洋

---

[26] 許逖:《文星・問題・人物》,頁70。

大人』、『學閥』看『家』而已。」陳序經是上世紀三四十年代在中國文化思想界主張「全盤西化」的代表人物之一。1933 年 12 月 29 日，他在中山大學禮堂發表題為〈中國文化之出路〉的演講，在當時就引發過一場關於文化問題的論爭。陳序經認為「尋出一種辦法以為中國文化前途計的人，大約不出下面三個派別：一，主張全盤接受西方文化的；二，主張復返中國固有文化的；三，主張折衷辦法的」，他直言不諱地批評後兩派一個是「辦不到」，另一個是「走不通」，因為「前者昧於文化的一致與和諧的真義，而後者昧於文化發展變換的道理」。《文星》在第五十八期重刊陳序經〈全盤西化的理由〉一文，李敖特意寫了「重刊後記」，以表示「對這位第一個提出『全盤西化』四個字的人的一點懷念」[27]。這一姿態分明表示「陳序經的第三代信徒」毫無讓步的可能。至此，文化論戰進入一個短兵相接階段。

《文星》第五十五期（1962 年 5 月 1 日）繼續刊登討論胡適思想及文化問題的文章，並重刊胡適〈「五四」的第二十八周年〉一文。就在這時，有好心人開始對論戰雙方進行「調和」。東海大學教授梁容若在〈如何奠定現代文化基礎〉一文中，希望臺灣學術界的風氣現代化，大家多向前看向大處著眼，舊帳是算不完的，一時也難有結論。以梁氏之見：毛子水、胡秋原、居浩然、徐復觀、李敖諸君悼念胡適先生的文章，其命意大體相同；居浩然當年教國文的種種高見，實際上與徐復觀所說相去並不太遠；李敖冷天常常穿長袍，文章又滿篇成語，喜掉書袋，可見他還不能割斷傳統，完全西化；徐復觀的兒女在國外學理工，足證他們一家也是追求在現代化，熱心科學的，與胡適、李敖並無不同……「監

[27] 李敖〈文化論戰的一些史料與笑料〉，頁 173－174。

察委員」黃寶實在〈弭兵停戰議〉一文中，認為這場論戰的美中不足之處，在於「論少戰熱」，或「有戰無論」；於是呼籲交戰論者，各自忍辱一次，佈施一次，弭兵停戰，而轉移智慧於文化之體認研究，「並從而宣揚之」……另有一篇法學家徐道鄰夫人葉一鳳的文章——〈謾罵不能推行西化〉，她在文中指出：李敖接連給談中西文化的人看了兩次病，所表現的熱情和博覽，值得佩服。即使他說話的禮貌差了點，但是看在他善良的動機上，可以不必計較他的態度；謾罵絕不是推行西化的好辦法，蠻橫無理的態度，依仗「年老」固然不可以，依仗「年少」同樣的不可以……或許受到好心人的調解及善意文字的影響，《文星》第六十六期（1962年 6 月 1 日）終於停戰一期，僅刊出包奕明的〈中國文化問題的關鍵〉和東海大學教授張佛泉二十七年前寫的〈西化問題之批判〉等一系列文章；李敖也寫了一篇「遊戲文章」——〈媽媽．弟弟．電影〉，在文中數落「親愛的媽媽」第一生命是她自己，第二生命是他的弟弟，第三生命是電影，是之謂「三命主義」。又藉他的媽媽酷愛電影時那種「雅人深致的熱情」，以此諷刺那些食古不化而偷偷模仿西方新事物的老古董們，一筆吳稚暉體的文章，確實走筆淋漓，生動可讀，連公共汽車站旁的三個女孩子都在吱吱喳喳談論這篇「妙文」……然而，只安靜了一個月，《文星》第五十七期（1962 年 7 月 1 日），戰火又捲土重來，居浩然在〈從門德雷夫的週期表說起〉一文中，不僅冷嘲熱諷地挖苦胡秋原等人既不懂自然科學，又要賣弄從通俗科學雜誌那裏販來的知識，結果與義和團思想分子一樣不打自招地暴露弱點……接著，筆鋒忽然一轉，破口大罵起在上一期以充當「和事佬」的梁容若、黃寶實兩位先生，說前者是「鄉願」，稱後者是「活死人」，他倒要看看「這活死人受了我的惡罵有什麼反應：若是不能忍辱，則自打嘴巴；假使忍辱佈施，那是死定了，則以入土為安，今後免開尊口」。整篇文章極盡刻薄、無情之能事，一副豪門惡少的嘴臉（許逖語），對兩位好心的勸架人饗以如此惡毒的攻訐，讓人難以想像這位居正（孫中山的朋友，曾任國民黨「立法院」院長，作者注）之子竟然也是受過多年西方高等教育的學者（據知情者透露，居浩然晚年在澳洲墨爾本大學教書時，也是罵人成性，僑胞形容他是一個「以得罪人而為樂」的人物[28]）。孟戈則在〈鄭學稼腦袋裏的東西〉一文中，揭露鄭氏在訕譏胡適時所用的材料大量采自中共於上世紀五十年代中期對胡適資產階級唯心論思想全面批判時文獻，包括 1955 年香港三聯書局出版的《胡適思想批判》八大卷裏的內容。這一招確實狠毒而陰險，明眼人一看就再明白不過了。正因為如此，當論戰一方採用如此不仁不義的方式施以口誅筆伐時，引起一批對傳統文化熱愛或有所肯定者的反感，其中包括一些自由主義知識份子的批評。留美學者林毓生當時就認為《文星》「發昏」、作風「輕佻」，態度極不嚴肅。由於胡秋原、徐復觀等人的揚長而去所造成的負面影響，《文星》內部這時開始出現了分裂。1962 年《文星》第五十八期（8 月 1 日）刊出三則啟事，其中有一則為發行人葉明勳、主編陳立峰宣佈辭職的消息：

> 本社原任發行人葉明勳先生，近因事務繁忙，主編陳立峰先生，因健康欠佳，已分別辭職。從本年 8 月 1 日起，發行人由社長蕭孟能兼任；編輯事務由編輯委員會處理。

---

[28] 2004 年 4 月 18 日下午筆者在上海對蕭孟能的採訪錄音。

關於葉明勳、陳立峰二人的突然辭職，歷來說法不一。有人懷疑他們是被李敖擠走的，蕭孟能矢口否認了這種說法，聲言他們是自動退出的：

> 葉明勳、何凡是自動退出文星的。文星雜誌從來不刊登主編或編輯的姓名，編輯群對外是編輯委員會，但對內有主編。林海音當聯合報副刊主編時，我請她為文星寫稿，離開聯合報後，加入文星編輯委員會，她與何凡都不是專職。李敖進文星之後，把文星的作風改變了。我完全同意他，完全支持他的改變。我辦文星除了文學、生活、藝術之外，一向對社會、文化採取批判的態度，沒有批判的雜誌，任何人都可以辦，何必要我來辦？[29]

葉明勳、陳立峰、蕭孟能為《文星》時代鼎足而三的創辦元勳，陳立峰是在後來接替何凡為雜誌的主編。何凡與妻子林海音二人離開《文星》的時間較早一點，那時論戰尚未爆發，他們與《文星》及蕭孟能的矛盾是因其他一些問題。在當時，葉明勳雖被冠以發行人之名銜，卻未真正過問《文星》的編務，頗似當年胡適掛名《自由中國》半月刊發行人一樣，真正掌控其社務和編務的乃社長雷震先生；《文星》的真正當家人則是「魄力十足」的社長蕭孟能。如果說何凡、林海音夫婦的離去終因「不能以書為食」，似與經濟收入有關；那麼葉明勳、陳立峰二人在此時告別《文星》則與這場論戰不無關係了。「如今《文星》發生了這麼大的文化論戰，且又介入了司法糾紛，他（指葉明勳，作者注）自然不願牽連在內。而陳立峰是《文星》的執行編輯人，《文星》的新走向，得罪了那麼多人，與他的人際關係有衝突，且與他的性格和理念

---

[29] 陶恒生整理：《蕭孟能 2001 年未刊談話錄》。

不相符，自然也要求去，這樣一來，蕭孟能身兼船主與船長兩職，而他手下真正的掌舵人是誰呢？」[30]毫無疑義，此人不是別人，正是蕭孟能慧眼中那個咄咄逼人的李敖。蕭孟能坦言：

> 我認識李敖之後，很快地我就曉得這樣的知識份子，才是我從事文化事業，辦雜誌、辦出版最需要的人才，他也很快地瞭解我這樣一個搞文化事業的人是他的性格裏面最合適，再也碰不到的人。我提供園地，他來發揮，他的文章在別的地方是不可能有人敢登的，真是伯樂與千里馬，相輔相成的一個情況。在《文星》結束以前，李敖所有寫的文章雖然越來越刻薄與具攻擊性，還是不傷大雅的。他發揮言論思想及辯論帶一點動人、吸引人的語句，他認為他已經形成的風格，能受讀者歡迎。可是到後來是情不自禁地發揮，帶著輕薄俏皮，很多人是不能接受的。[31]

雖然《文星》內部發生分裂，但這場論戰確實給四平八穩的《文星》帶來了經濟利益上的改觀，「《文星》雜誌增加了篇幅，拓寬了銷路，也找到了售價加倍的正當性」[32]，發行量從原來的四千冊增長到七千冊左右。在當時，青年讀者搶讀《文星》，一時成為風尚，也直接加速了《文星》繼續刊發刺激性文章的慣性，形成一股巨大的反主流聲勢。詩人余光中在第五十八期《文星》上〈歡迎中國的文藝復興〉一文，可說是一篇《文星》為改變風格、走向異數的標誌性「社論」，余光中這樣說：「1962 年的文化界是

---

[30] 陶恒生：《海隅文集》，頁 347。

[31] 陶恒生整理：《蕭孟能 2001 年未刊談話錄》。

[32] 陶恒生：〈「不按牌理出牌」的《文星雜誌》〉，臺灣《傳記文學》2003 年 1 月第 488 號。

多姿多彩的。胡適先生在讚美與詬罵之間死去。在中西文化論戰聲中，年輕一代的發言人李敖先生自己，也多少成為毀譽參半的人物。一些假髮被無情地揭露，一些偶像自高高有像座上跌下來。……年輕的一代中，大抵心儀其人，口誦其文，反對者固然也很多，但噓聲畢竟弱於喝彩……」儘管如此，還是有人懷疑這場論戰背後的真正企圖。以點燃這場論戰之火「名滿天下，謗亦隨之」的胡適先生而言，「他們的『做法』，也是相當曖昧的，……『是胡適思想的檢討？還是中西文化的論戰？究竟是利用胡適？還是真正的尊敬胡適？除文星編輯部之外，誰也沒有弄清楚。』「很多人不是被胡適那篇發展科學所必須的社會改革的演講所吵醒，而是被文星吵昏了頭」[33]。這是畢業於臺灣輔仁大學哲學研究所的許逖在專著《文星・問題・人物》中的一段話。許逖對《文星》在論戰中「謾罵狂論的風格」始終不敢認同。他聲稱自己是一個「冷眼旁觀者」，當年他在輔仁大學做學生時，這場「中西文化論戰」正進行得如火如荼，「眼看他起高樓，眼看他宴賓客，眼看他樓塌了」，其大起大伏，實在是有點「咎由自取」。李敖後來批評這本專著「從皮相看的地方多」，蕭孟能則坦然大度，預約了一千本擬放在文星書店裏出售。許逖不禁感慨道：「這一點實在是十分難得的，因為文星老闆很清楚我對他們的批評是不會作任何人情顧慮的，還肯這麼做，至少可以說明，他們相信我的話是客觀公平的。」[34]

---

33 許逖：《文星・問題・人物》，頁70。
34 許逖：《文星・問題・人物》，頁11。

儘管李敖暗中幫助蕭孟能使「文星變色」，但他本人仍在羅家倫[35]、陶希聖[36]所主持的「中華民國開國五十年文獻編纂委員會」（簡稱「文獻會」）「暫時糊口」（李敖語）。不過私下裏，他又與蕭孟能達成一種默契，「與文星關係愈來愈近」（李敖語）了。如上所言，此時的論戰已是「論少戰熱」，在一片相互謾罵聲中以及揭老底的驚人手法之下，胡秋原等人確實有點招架不住了。1962年9月18日，胡秋原發表公開談話，宣佈自己將為反對亂戴紅帽子而奮鬥，並經由律師向《文星》雜誌提出了警告。同一天，「立法委員」邱有珍在「立法院」提出質詢文星案……想不到，一場「文化論戰」就這樣鬧進了立法院，讓人大跌眼鏡。《文星》第六十期（1962年10月1日）刊出李敖的長文〈胡秋原的真面目〉，再一次激怒了胡秋原。據李敖在「文獻會」同事阮繼光生前回憶：

> 李敖在《文星》發表文章寫「閩變」，這下惱怒了胡秋原，他專辦一個《中華雜誌》和李敖對上。《文星》和《中華雜誌》你來我往，極盡攻守之能事。胡秋原招架不住，竟告到法院。李敖不知道從哪裡找到「閩變」當時的報章雜誌，一捆捆、一包包的搬到法庭作證，當然，胡秋原的官司又敗了。這其間，陶先生（指陶希聖，作者注）是不作任何偏袒的，沒有說一句話。胡秋原惱羞成怒之餘，竟把箭頭直接指向陶先生，說李敖

---

[35] 羅家倫（1897－1969），浙江江山人，字志希。曾留學美、英、德等國。歷任清華大學、南京中央大學校長、駐印度大使。赴台後，歷任考試院副院長、國史館館長等職。

[36] 陶希聖（1899－1988），湖北黄岡人。北京大學畢業。任北大教授六年，創辦《食貨》雜誌。1937年起，歷任蔣介石侍從室第二處第五組少將組長、《中央日報》總主筆、國民黨中央宣傳部副部長。到台後，為國民黨中央改造委員會設計委員會主任委員、國民黨中央常務委員、《中央日報》社董事長等。

是陶先生的先鋒、打手。陶先生沈默不語，不作反應。胡秋原計無可施，於是聯絡湖北籍的「立法委員」如錢納水、郎維漢等人向陶先生施壓，並向黨部陳說。胡又直接找陶先生，陶先生看到目標轉移到他的頭上，大有野火燒不盡的情勢，於是解除了李敖的職務。這大約是民國五十二年的事。[37]

1962年11月，胡秋原協同鄭學稼正式向臺北地方法院控告蕭孟能、李敖二人。被告中本來也有置身異域的居浩然，由於「居浩然的太太找到了胡秋原的太太，由太太級的出面，雙方先行達成和解」[38]，這讓蕭孟能與李敖多少感到不快。實際上，惹起這場官司的正是居浩然本人。1962年9月1日，《文星》第五十九期刊出過一封居浩然從英國寄來的短信：

前輩留英同學中有人領過福建人民政府的津貼，因此對於「津貼」兩字特別敏感。在他們看來，《文星》雜誌不領津貼而能繼續出版將近五年，乃是不可能的事情。至於他們辦的雜誌，照例津貼一停，生命告終。……「閩變」乃是與虎謀皮的反動行為，參加的分子都是投機取巧的敗類。……我們應該把個人歷史攤開來由大眾檢視。如有毒素存在，大家來幫助他「自清」。借反對人生攻擊的名目來掩蔽見不得人的醜史，乃是一種詭計，我們要毫不容情地加以揭發……（下略）

居浩然信中提及的「閩變」[39]顯然是針對胡秋原的，雖沒有公開點名，胡秋原則鐵口直斷，稱有一股勢力正在迫害他。「閩變」

---

[37] 係阮繼光生前給其表弟陶晉生的一封信。陶晉生為陶希聖之子，阮是陶的表哥。

[38] 李敖：《李敖快意恩仇錄》（臺灣商業週刊出版公司，1998年9月1日初版），頁187。

[39] 閩變，又稱「福建事變」。1933年11月20日，李濟深、陳銘樞、蔣光鼐、蔡

是胡秋原本人最不願提及的一段歷史，儘管這與一個人身處歷史風雲際會中的吊詭心情有關，卻無情地被居浩然、李敖等人牢牢抓住，成了論戰中「克敵致勝」的強大武器。在《文星》第六十期上，李敖還有一篇〈澄清對「人身攻擊」的誤解〉的奇文，他認為「人身攻擊」四個字最嚴格的解釋應該是「為深入研究文字微意而對作者『人身』所做之必要而無情之調查，以所持的為懷疑態度，故易被作者或『善意第三人』視為『攻擊』，然此『攻擊』，實無所謂誹謗之意」；同期「舊文重刊」專欄中則刊出「閩變真相」文章五篇，進一步將胡秋原逼進了論戰的死胡同。或許出於無奈，胡秋原跑到「立法院」提出質詢，又告到法庭，此舉無疑等於是要求有關當局出面來「干涉文星的言論」（蕭孟能語），胡秋原卻也顧不上這些了。蕭孟能認為：「胡秋原曾經為了出版法的修訂，宣告出版法不廢除，他決不再回「立法院」，他說了，也做了，如今為了自己，不但回到了立法院，還要官方來壓制民間的言論，自相矛盾，莫此為甚，是一大敗筆。筆戰討論的是思想問題，怎麼可以打到法院去呢？難怪這件事會搞得騰笑中外……」[40]不過，也有人持不同看法，柏楊在〈妖風〉一文中說：「以居浩然先生為首，祭起各色各樣的帽子，把胡秋原、鄭學稼、徐復觀幾位先生，祭得暈頭轉向。一會說他們是漢奸啦，一會說他們曾經反抗過政府啦，一會說他們思想有問題啦……嗚呼，論戰的主題是『二加二等於四』，即令人他們是漢奸，反抗過政府，思想有問題，二加二仍等於四，不能就等於五……」

廷鍇等人以國民黨第十九路軍為主力，在福建發動的抗日反蔣事件。這場事變打亂了蔣介石第五次「圍剿」計畫。1934 年 1 月，遭到蔣介石政府的輿論攻擊和軍事鎮壓而失敗。

40 陶恒生整理：《蕭孟能 2001 年未刊談話錄》。

由於胡秋原控告李敖，從 1962 年底起，李敖所在服務單位「文獻會」逐漸感受到來自黨政方面的巨大壓力。1963 年 2 月，自《文星》刊出李晉芳律師代表蕭孟能的答辯狀後，胡秋原在立法院的動作更大，徐復觀也加入戰團，聲言「如果和解不成」，他將於 3 月 29 日向「總統」報告文星書店出版的《中國現代史料叢書》「侮蔑總統」。《文星》自然也不甘示弱，依據「刑法」第三一〇條第三項提出反訴，要求自訴方提出真實事實，以證明原訴狀中「國家檔案機關的資料可否如此盜用來作清算私人之用」。胡秋原訴狀中的「國家檔案機關」，指的是國民黨黨史委員會。他指稱李敖是「開國文獻會」的臨時雇員，利用該會得以調借黨史委員會資料之便利從事誹謗，且據黨史委員會主管函，此事未經其同意，且為其不許，即李敖無權使用而擅自使用，故曰「盜用」。當《文星》捲入司法糾紛，原來頗為支持蕭、李二人的陶希聖，這時也無法繼續維護李敖了。1963 年 5 月 5 日，陶希聖飛東京訪問，出發之前指示秘書高蔭祖轉告李敖，希望他在官司未結束以前暫時不必來「文獻會」上班，可辦理停職留薪。蕭孟能對陶的這一處理方式極為不滿，在日記中寫道：「搞政治的人真是可怕」。李敖也非常難過，覺得自己一年多前因生活窘迫才「上了賊船」。李敖離開「文獻會」後不久，蕭孟能即安排他擔任《文星》主編，李敖主持《文星》編務刊發自己的第一篇文章，就是第六十九期（1963 年 7 月 1 日）〈為「一言喪邦」舉證〉一文。李敖在文中繼續挖苦胡秋原，「不堪造就，竟然老羞成怒，老下臉皮來控告我」，勸他「趁早投筆毀容，批髮入山」。

7 月，「文獻會」秘書高蔭祖向臺北地方法院正式出具一公函，證明被告（李敖）行為「不發生盜用問題」。為此，胡秋原傳他出庭作證，高蔭祖在出庭後忽然聲明自己願作調停人。8 月 29 日，調解失敗。臺北地方法院也在當日宣佈辯論終結。在訴訟過程中，胡秋原又追加對方恐嚇罪，同時依據（舊）刑事訴訟法第 244 條（新法第 265 條），提出被告誹謗和反訴皆牽連誣告罪之追加起訴。9 月 5 日，初審判決書發表，確認兩被告為共犯，各罰一千元。法庭採用高蔭祖秘書的證詞，認為控方用「盜用」二字誹謗了對方，罰胡秋原六百元，並否認被告等的誣告罪，抹煞其恐嚇罪。胡秋原不服上訴，要求取消六百元罰款，並追訴恐嚇罪。案子隨即進入二審程式，先後開庭調查十餘次。

這一場鬧得沸反盈天的「中西文化論戰」，從 1961 年 10 月 1 日《文星》第四十八期刊發居浩然〈徐復觀的故事〉一文算起，至李敖 1963 年 7 月 1 日在《文星》發表〈為「一言喪邦」舉證〉一文時止，總算告一段落，歷時二十一個月。其間，雙方唾沫四濺，互不讓步，打得昏天黑地，難分難解，均使出渾身解數，引經據典以駁倒對方為能事，最後不免個個火眼金睛，忿忿然不可終日。讀者們也興致勃勃地看得眼花繚亂，從帽子亂戴到罵名亂飛，從「圖窮匕現」到「你死我活」，卻又很少看到這場論戰到底存有幾分真正討論中西方文化問題的嚴肅態度。在這場論戰中，蕭孟能顯然是站在李敖等人這一邊，其中既有《文星》本身辦刊理念適時漸變的因素，又有經濟效益上的莫大誘惑。有人這樣認為，自李敖被蕭孟能網羅進入《文星》之後，「他助長了文星的氣勢、風光，也埋下了文星的覆亡」[41]。蕭孟能的父親蕭同茲即「蕭三爺」乃國民黨高官，上世紀三十年代以充當大陸新聞界的鋒頭人物而名重一時，亦為國民政府中精明幹練的中堅之一。蕭同茲

---

[41] 吳祥輝：《李敖死了》（在台自費刊印），頁 71。

曾任「中央通訊社」的社長、國民黨中央委員等要職。投靠《文星》的文人正是在蕭氏父子的保護傘下，得以在論戰期間享有不受言論管制的特權。雖然蕭孟能一再強調這場筆戰風潮絕非刻意而為之，但他本人挾其財勢、社會關係以及顯赫的家庭背景，毫無節制地提供論戰場所，坐令筆戰無限擴大，以致戰火蔓延到難以收拾，卻也是不爭的事實。論戰二十五年後，胡秋原在一篇文章中這樣說：

> 當時文星歌誦一人，謾罵一世而無人抵抗，只有我抵抗，於是他們以我為對象了。五六月間，我借《世界評論》答覆他們。我說「文化問題無戰爭」，指出他們的理論、知識，乃至對英文術語之誤解。他們老羞成怒，到九月間，乃以三十年前閩變之事，給我戴紅帽子，要「警總調查」我，並說我「一死不足蔽其辜」。我參加閩變是事實，這早無法律問題，而紅帽子是唯一死刑之罪。這不是學術問題，而是法律問題。他們也戴鄭學稼先生以紅帽子，鄭先生控之於法院。我則先由律師警告他們，並要他們道歉，他們不理。於是，在五十一年九月十八日，我宣佈起訴，後與鄭先生案合併審理。[42]

徐復觀後來與台大的殷海光[43]也談到：當初我們少數人，看到中國文化遭受誣衊，於是共同發心，要為中國文化打抱不平……連年筆戰使剩下本已無多的知識份子，兩敗俱傷。大家的精力和

---

[42] 轉引自陶恒生《海隅文集》，頁 355。

[43] 殷海光（1919－1969），湖北黃岡人。本名福生。西南聯大哲學系畢業。抗戰勝利後，曾任國民黨中央宣傳部編輯、金陵大學副教授、《中央日報》主筆。赴台後，執教臺灣大學哲學系，並為《自由中國》雜誌社編委及主筆之一。後有《殷海光全集》問世。

對社會的影響力都抵銷了。從當時的事實看，一場好端端的文化論戰就這樣以「訴訟」而垂下了灰暗的大幕，出乎所有人的意料。學政兩界重要人物陶希聖認為「在學術文化界的論戰史上，在一場論戰中忽然發生法律問題，這還是第一次。」[44]這一場論戰孰勝孰負，當時誰也說不清。四十多年後，當我們有心來重新審視這場「質變」的論戰時，才發現答案其實早已有了：就是雙方皆輸。儘管論戰雙方在對待傳統文化及西方文明的認知上可以迥然不同，亦能愈辯愈明，但所欠缺的就是一般公共知識份子理應具有的理性、客觀、寬容的態度，與上世紀三十年代胡適、陶希聖與丁文江、蔣廷黻等人「民主與獨裁」的君子之爭不可同日而語。不過，「在所謂《文星》人物裏，殷海光先生是非常特殊的一位，他曾是《文星》最推崇的特約撰稿人，文星『擂臺』上鬧得最激烈的幾個青年，幾乎全是出自他的門下，然而自始至終，他沒有參加『文字罵戰』和『人身攻擊』」[45]……1965年12月25日，《文星》第九十九期尚待排印之時，臺北市警局派員直接到印刷廠沒收了待印稿件。兩天後，臺北市長高玉樹下達《文星》雜誌停刊一年的行政命令。停刊一年期滿後，蕭孟能申請復刊，未獲批准。《文星》從此銷聲匿跡二十年……[46]2004年5月24日，當年「中西文化論戰」要角之一胡秋原在臺北新店壽終正寢，終年九十五歲。李敖不改四十多年前筆戰的尖銳語氣，在報端貶抑胡氏一生「立場反反覆覆」，又說他的妻子「卻是極好的人」[47]，如此極端

[44] 陶希聖《夏蟲語冰錄》(臺灣法令月刊社，1980年10月1日)，頁82。
[45] 許逖《文星・問題・人物》，頁50。
[46] 1986年9月，《文星》復刊，由於銷路不振，財務不支，出了22期便自動宣佈停刊。從此《文星》不在。
[47] 2004年5月25日，北美版《世界日報》。

而又抽象的褒貶手法，不禁讓人又想起當年《文星》燃起的那場漫天烽火，將那些「躊躇滿志」抑或「名滿一時」的風頭人物燒得面目全非，讓人慨然繫之。只是在那些飄散下來且留有歷史餘溫的紛亂灰燼中，鑒往知來，真不知今天的人們能從中觸摸到一些什麼……。

（《文星雜誌》月刊，1957 年 11 月創刊，
1965 年 12 月停刊，共出版 98 期）

蕭孟能晚年的悲情

對於大陸的讀者來說，知道蕭孟能這個人，更多的應當是緣於李敖的諸多文字或表述。也就是說，有關《文星》以及蕭孟能與李敖，已然構成了一個重要的人際與事件的鏈結。在李敖一系列輕狂的表述中——沒有李敖，就沒有《文星》，這是李敖「先聲奪人」的一種方式，而鑒於蕭孟能長期以來置身異域，甚至三緘其口，李敖的這種「單邊敘事」自然也就成了一種「定論」。在大陸有關《文星》的文字中，基本上沒有脫開這種似是而非的「判斷」，因而歷史再一次被人為地遮蔽而讓眾人無動於衷，至少這時誰也沒有想起蕭孟能對《文星》或李敖究竟會持何種看法？事實上，蕭孟能先生一直有著許多話要說，可他始終未能找到一個較為妥貼的方式。直至今年四月間，我作為大陸（南京）的一名新聞記者，無意間走到了這位八十四歲老人的面前，這時他距離自己的生命之終只有三個多月了——這是我們誰也沒有想到的。在這之前，蕭孟能先生曾經多次陷於生命的垂危之中，而每次都能奇跡般地「化險為夷」，用他自己的話說，就是面對李敖的「狂妄之語」，心有不甘，因此要頑強地活下去……雖然，我們無法將這兩件事聯繫起來看，但蕭孟能在最後的彌留之際，其痛苦不堪的心態可見一斑。這時的蕭大公子確實「龍鍾老態」，風流倜儻早已不復存在，吃著百姓的五穀雜糧，守著全套的《文星》雜誌和叢

刊，終日與吸氧機為伍，在汩汩復汩汩的吸氧聲中撩起前塵往事，仍不肯原諒當年的患難之交李敖——「有才無德啊」，一聲長歎，我的錄音筆清晰地錄下了這句足以穿透時間耳膜的痛言……

就這樣，我不期然地成了採訪蕭孟能先生的最後一位記者。

三個多月後，在美的陶希聖三公子陶恒生先生突然發來一封電子郵件，通知我說：「一個小時（美西上午九時）之前接到王劍芬的電話，蕭孟能大哥已於七月二十三日中午十二時因心肺衰竭在醫院去世……」這是七月二十四日清晨得到的消息。這一天，我正準備與在西班牙留學的兒子前往山東聊城參觀傅斯年先生陳列館。當即我往上海蕭家打了電話，王劍芬女士在電話中向我證實了這一不幸的消息，其語悲傷而低沉，這時我才真正感受到對於死者的一種不安。因為受蕭孟能先生之託，我正在寫一本有關《文星》述往以及李敖與蕭孟能「反目為仇」的書，可由於種種原因，未能趕在先生去世之前完成，這種遺憾無論如何也是無法彌補的了。我是帶著一種忐忑不安的心情上路的，而數月前在上海採訪蕭先生時的情形始終壓迫著自己的心跳：因為當時我就知道，往事並非如煙——這樣的話，用在蕭孟能身上再恰當不過了。雖然二十多年前他與李敖的那場驚世訴訟早已塵埃落定，但對於蕭本人來說，實在是無法輕鬆地走出這慷慨一生中與老友的恩怨是非，他們不僅糾纏得太深，決裂得也太無情。當年那場轟天訴訟，實際上並不存在所謂的勝者。在人生的白雲蒼狗之中，手足之情也好，忘恩負義也罷，到最後，只有天地良心的對峙才是一場真正的較量。然而，沒隔幾天，蕭先生乃因「呼吸道感染，造成呼吸困難，已入上海第一人民醫院留院治療」——這同樣是陶恒生先生在電子郵件中傳來的消息。我當時不知道蕭先生能否挺過生命的這一關，但他晚年唯一的奢望就是能夠將當年與李敖打官司的真相在大陸公之於眾，這是他的一個心病，也成了最後的寄託。等我第二次到上海時，已無法見到奄奄一息的蕭先生了。在上海老滬青平公路一百六十八號久事西郊花園二百三十七號別墅中，在空蕩蕩的一樓客廳裏，只有蕭太太王劍芬女士心神不寧地陪著我們（陶恒生先生、江蘇文藝出版社副編審孫金榮兄）。我翻閱了許多蕭先生私人相簿中尚未發黃的照片，其中有他與前妻朱婉堅女士結婚時的照片，有他與李敖、李放及李敖女友劉會雲等人的合影，有李敖為他與王劍芬在石門水庫所拍的照片，也有蕭孟能與其父蕭同茲先生的留影，這些照片的背後流動著蕭孟能一生中最為快意、同樣也是最為沮傷的諸多情感，只是在向我這位陌生人無聲地敘說時，顯得有點尷尬。

我是由於一個偶然的機會，才結識後來定居大陸的當年臺灣《文星》雜誌老闆蕭孟能先生的。對李敖個人而言，他當年之所以能夠在臺灣文化界聲名鵲起，不能不說與蕭孟能的「禮賢下士」有關。套用李敖本人的話來說，這是「蕭孟能獨具隻眼、李敖別有一手的成果」。不過，從蕭孟能與李敖相識之交始起，直至後來兩人「反目為仇」，整整十九年間無不充塞著許多讓人驚詫莫名、扼腕歎息的故事，以致於晚年的蕭孟能對此仍耿耿於懷，時常對天長歎，悔之晚矣！面對蕭先生晚年的不堪心情，儘管我不斷告誡自己必須站在一個公正的、不偏不倚的立場上來審視這件曾在臺灣島內引起輿論大嘩的「陳年舊事」，但李敖的個人形象在我的內心卻產生了不可回避的動搖。與大多數在八十年代中期就開始閱讀李敖的人一樣，我不否認李敖曾給我的個人閱讀帶來的衝擊和影響，尤其是他對國民黨威權政治的批判和抗爭，使他作為一

個體制外的自由主義知識份子而贏得了包括大陸讀者在內的尊敬和讚揚。一時間，李敖的書遍地開花，正版與盜版競相出籠，大凡眼下的讀書人倘若說自己沒有讀過李敖的書，或許就是一件咄咄怪事了。不過，李敖的書讀得越多，且隨著他在電視螢光幕上頻頻拋頭露面，這時會發現一個曾經被我們自認為十分稔熟的李敖原來竟是那樣的陌生。一個名叫魏仲華的人針對李敖在鳳凰衛視的談話節目《李敖有話說》，在網上撰文發表自己的銳利看法，他覺得「李敖這人對大陸的認識很無知。他是屬於那種站著說話不嫌腰疼的人，對大陸的歷史（近代史和現代史）沒有深入的瞭解就亂發表意見。他的這些言論具有欺騙性和煽動性，如果不及時給他揭露，恐怕要害了許多人，無論是臺灣或大陸的人。」魏先生在說這般話時幾近憤怒了，多少可以反映出當下不少讀書人對李敖的一種態度。我的朋友、著名學者謝泳先生也在一篇未刊短文中這樣寫道：「如果早些年還有人以為李敖是一個追求民主和自由的人，那麼現在人們可以放棄這種評價了，李敖是一個怪物，是一個只有在專制社會中才能感到自己存在價值的人，也是一個在自己的生活裏不能沒有對手的人，如果這個對手始終存在，那李敖還有事幹，他那些文章，也還有一些讀者。而今李敖當年想要的東西，大體上都來了，至少在一個較為現實的社會裏，李敖過去迷惑人們的那些小把戲，已經沒有人在乎了，李郎才盡了。」而被人稱之為「大陸李敖」的青年作家余杰，曾以〈李敖的墮落〉為題，認為李敖在電視上拋頭露面，且對於一九四九年中共建政後其政策之判斷，「已然喪失了一個知識份子的基本人格。為了利益，他不惜悄悄地出賣自己。這種聰明人的虛偽和無恥，比愚昧更讓我感到悲哀」。大陸知識份子對於李敖的批評，我一直持有謹慎的態度。不知從何時起，我已確實不再去讀李敖的書了，其理由完全來自於個人：面對一個「睚眥必報」的人，我深感沒有寬容就沒有未來，也就不願再被某些所謂的「正義」在精神上所挾持。不過，當某一天，我不經意地出現在整天依賴著吸氧機以維持其生命的蕭孟能面前時，從他斷斷續續、平靜而又苦澀的敘事中，我經受了一次靈魂的震驚與折磨。我想，人有時真是經不起細節的推敲，文字與話語的虛妄性無所不在。不僅天才的李敖逃脫不了這樣的命運，包括我們每一個人在內，往往都是被自己或他人所遮蔽的「複雜的動物」……剎那間，我突然意識到自己不由分說地走入了一場友誼裂變之後的恩怨之中，一方是曾經大名鼎鼎的《文星》老闆蕭孟能，另一方就是「有仇必報」能言善辯的李敖先生，這一夜，我失眠了。

多少年以來，在眾多大陸讀者眼中，文化狂人李敖的「特立獨行」、「俠肝義膽」、「嫉惡如仇」、「嘻笑怒罵」，等等這一切，都使他成了中國傳統文化中的一個異數。有人說，讀李敖的文章，「在節擊讚歎之餘，我也有『滿浮一大白』的欲望」。因此，這樣的李敖「曾經是那麼的英雄蓋世，那麼的令人迴腸盪氣」，甚至有這樣的評述：他對胡適的繼承，對魯迅的活用，對獨裁專制的批判，對中文句法的嬉弄，都可謂入木三分，加上他的風流名氣，坐牢資格，娛民聲色，諾貝爾提名聲威，在當今中國可謂一代名士，泰山北斗了。應當承認，自李敖的書在上世紀八十年代首次登上大陸以來，時至今日，確實影響了不少熱血青年。這對於其人性遭至壓抑已久的一代中國人來說，由於李敖的出現，「是在呼吸不到新鮮空氣之時讓我們見識什麼叫個性和人性，勇氣和傲氣」，不啻於一道驚人的電閃，讓不少人為之怦然心動。由此而觀，若從

文化思想史的角度加以定位，李敖其人其文的全部意義恐怕就在於此。但不幸的是，在一個無序的商業化時代，奇才李敖似乎也不能倖免於被人「捧殺與罵殺」的大肆無端炒作之中，而從未回到過大陸的李敖，對此也只能仄仄然隔海相望，未能真正體驗到這種從「拍案驚奇」到「庸俗商業」的全過程，於是一個眾說紛紜的「李敖」出現了，一個「複雜動物」的真貌被人為地遮蔽了，李敖成了被一群人盲目崇拜的偶像。曾幾何時，只有同樣具備神話色彩的「金庸大俠」才可與之相比肩，亦可謂天下何人不識君了……然而，對於臺灣的一些讀者以及曾經與李敖相識、相交、相愛，乃至相恨的人來說，同樣的一個李敖，從來就不是一個什麼「完全李敖」，當人們在賞識其才華肆溢、鋒芒畢露的同時，未必不會從更多現實生活的細節中去尋求對李敖的真正體認。至少在一個特定的時空下，他們比我們更能接近一個才智超人、剛愎自用、性情吊詭、睚眥必報之人的真實。因此，一個備受爭議的李敖實際上更加符合事物的真相或本來的起點，對於大陸讀者來說，抑或李敖本人，這才算是公允的。在這個世界上，從來就沒有什麼「完人」，李敖亦復如此。

實際上，我正在寫的這本書就是對其數十萬字的原始資料進行重新解讀的一個過程，這是複雜而又困難的，因為蕭孟能先生的「憶往談舊」一如李敖的某些說法一樣，同樣亦有著情緒的底色。我無意站在當年訴訟雙方的哪一邊，更不會由此而作出什麼道德上的判斷，因為結論本不該在這裏出現，而是在廣大讀者心靈的天平上。同時，作為一個職業記者，其操守告訴自己，我只能這樣，而且必須這樣。事實上，蕭孟能當年訴李敖「背信侵佔案」複雜如亂麻，李敖與胡因夢婚姻的破裂多少與此有關。雖然蕭孟能在一審後上訴終使李敖坐了六個月的牢，但出獄後的李敖也以同樣的方式使蕭孟能坐了幾個月的監獄，這種牢裏來、牢裏去的法律訴訟多少使得這兩位臺灣文化名人一時間成了輿論中的「箭垛式人物」，這大概也是訴訟雙方最不情願所面對的。一晃二十多年過去，蕭孟能垂垂老去，李敖也不再年輕，只是泛黃的故事並未隨著白駒光陰而「煙飛灰滅」，往事重提，抑或心有不甘，於是成了某個當事人晚年咀嚼的一粒青橄欖，其澀澀之味也讓我們這些局外人口舌「生津」，可我們什麼也說不出，這畢竟是朋友間的一場大悲劇，其中的恩仇在李敖看來或許頗為「快意」，可我卻不這樣看。因為，無論是李敖，抑或蕭孟能，他們在這場官司之後，雙方失去的東西實際上都很多。財產有價，友情無價，其中的冷暖與得失，只有他們自己心裏最清楚了。儘管如此，我還是誠懇地向蕭先生提出查閱他數十年日記的請求，可我沒有得到肯定的答覆。蕭先生只是告訴我，他的日記從年輕時一直記錄到晚年來大陸定居為止，其中僅缺失一年的，其餘大部分完好。對於蕭先生來說，這或許是一個「過分」的請求，但為了能夠進一步瞭解他與李敖之間的恩恩怨怨，這些珍貴的日記是再真實、最可靠不過的原始資料了。第二次到上海時，我向王劍芬女士再次提出這一請求，她經過長考，還是委婉地拒絕了我。最終，我只得到了幾頁蕭孟能先生日記的複印件，都是與李敖有關的。可以說，我雖然搜集到了大量的當年蕭、李二人對簿公堂的訴訟史料，獨缺蕭孟能先生的日記，我知道自己這本將要完成的書稿其價值無疑會大打折扣的。

而導致這本書稿遲遲未能完成的另一個原因，就是我無法採訪到書中的另一位當事人李敖先生。對於一個記者來說，這是不

可原諒的（我十分願意能夠採訪李敖先生，否則，對於這件事的重新表述是不完整的）。蕭孟能先生在上海去世後，大陸的媒體幾乎沒有多少反應，這也在意料之中。王劍芬女士曾打來電話，讓我關注一下臺灣媒體對此事的報導，這其實不難做到，可我最擔心的還是本人對李敖先生的「缺席採訪」。在香港鳳凰衛視「李敖有話說」節目中，李敖對蕭先生的去世作出了最快的反應，老友、知名作家鄧海南兄特意從青島打來電話告知談話內容，李敖在電視上這樣說：「我看了報紙，說《文星》創辦人蕭孟能病逝上海，蕭孟能對一般人來說，他是一個歷史的記憶，因為自從《文星》結束了以後，他等於退出江湖，他是我的老朋友，我們當年一起在『文星』拼，一起在『文星』奮鬥，直到《文星》雜誌被蔣介石下令關閉，直到『文星書店』也被蔣介石下令關閉。這段歷史對很多人說起來，已經很遙遠了，可是由於蕭孟能以八十四歲的年紀死在上海，重新勾起我的回憶。我覺得中國人民應該知道這一段言論自由被打壓的事，我願意跟大家現身說法談一談。蕭孟能比我大十四歲，我明年就是整七十了，所以呢，我再不說沒有人能夠更仔細的說出這一段歷史。」李敖雖然這樣說了，但與彼在回憶錄中的說法相差不遠，並無新鮮之處。無非是「《文星》雜誌當年辦的什麼雜誌呢？……雖然它標榜思想的生活的藝術的，可是在我看起來實在沒有什麼思想，直到我進去才有變化。所以呢，從『文星書店』到《文星》雜誌來看，雖然書店辦了十年，雜誌辦了近五年，可是在李敖沒有去以前，那個書店是個爛書店，這個雜誌是默默無聞的雜誌，直到我出現了一切才改觀，一個新的蕭孟能才出現……」之類的陳詞濫調。比照蕭孟能先生對我所言，以及翻看全套的《文星》雜誌，尤其是審視四十多年前那場

「質變」的「中西文化論戰」，青年李敖之所以在當年於一夜之間暴得大名，倘若沒有蕭孟能「慧眼識珠」，他未必就不再是一個「蓄勢待發的窮小子」（吳祥輝語）？蕭孟能曾經這樣回憶說：「〈老年人與棒子〉這篇文章，主要是講老年人霸住位子不放，年輕人冒不出來。這篇文章寄來文星的時候，我還不認識李敖。我看這篇文章之後，覺得他寫得這麼好，不管是文章的內容、文字的表現方法，實在太好了，這麼好的作者，在刊登以前，我懷疑作者另有其人，在這種特殊情況之下，我都要親自去找作者見面談談，對作者的背景和工作情形，作一番瞭解。我發現作者李敖原來是台大歷史研究所的研究生，只有二十多歲，他住在新店。我去找他，他住的房子是房東牆外搭的一個長形斜頂的棚子，生活相當清苦。〈老年人與棒子〉發表之後，李敖又繼續寫了幾篇文章，在很短期間之內，我為他的文采、風度、談吐所吸引，我心想，從事文化出版這一行的人，最需要這樣的人才，當然我對於他工作能力之強，尤其他特別有事務才，辦事有條有理，有速度，乾脆，真是千載難逢的好人才。」在我的採訪中，蕭孟能並沒有因為後來與李敖反目而有意抹殺這段歷史，相反始終認為李敖是一個奇才。不過，他又認為「……李敖說在他沒來的頭四年，文星是不算的，這一點是太過份了，何凡主編的那四年的貢獻是不容抹煞的。《文星》創刊不久便發生一件大事，就是成舍我的狗年談新聞自由，為當局不惜，甚至有人批評我們是新亡國主義者……」作為當年《文星》的大老闆，蕭孟能的這些話並沒有走樣。儘管李敖才華超人，並且橫睨一世，可在蕭孟能未能「賞識之前」依然「一文不名」，其中的事實也就不必多言了。總之，李敖在進入《文星》之後便成為天下無人不曉的風雲人物；若干年後，又因財產

之訟與恩人蕭孟能鐵臉鬧翻，這與當年國民黨對他打壓的泛政治化有多少直接關係則未可知也，實在是一樁可以重新加以審視或判斷的歷史往事。

蕭孟能先生終於走了。生於大陸，歿於大陸。

從四月十八日我見到他，至七月二十三日撒手人間，前後只有三個多月時間。我對他的錄音採訪共有九節，歷時四五個小時。誠然，對於一個人的漫長歷史來說，實在是有點微不足道，但蕭先生畢竟留下了生前最後的「清醒的聲音」。那天，我見到蕭先生時，他正在二樓自己的書房裏吸著氧。採訪休息中，我給他品嘗了一塊友人從國外帶回的巧克力，看著他津津有味咀嚼的模樣，就像一個如獲至寶的孩子，心中不免感到這位當年《文星》大老闆的幾多單純和溫潤。蕭先生的晚年應當是幸福的，蕭太太王劍芬女士在生活上悉心照料，其中雖然不乏嚴格之處，但蕭先生卻並未「逾規逾距」，而是心悅誠服地遵從之。晚餐時，我坐在蕭先生身邊，王劍芬女士特意為他準備了強身健體的五穀粗糧，可見其愛心之所在。之後，我們又坐在一樓客廳裏談天說地，蕭先生興致頗高，邊吸氧、邊插話，隨心所欲，其樂融融，一如多年的老友。就在這時，我冒昧地提出想看一看他的日記，蕭先生笑笑，不置可否。後來，從陶恒生先生那裏得知，蕭孟能的日記牽涉的人與事太多，此時倘若向我公開恐有諸多不便，而他本人似乎也更想「就事論事」，不必由此生發開去……蕭先生是在四月二十八日入住醫院的，距離我採訪他之後只過去了十天時間。陶先生在信中對我說，蕭先生的「病情一直不穩定，醫生一度準備為他插管，但尚未插，正在觀察中。老先生的生命力極強，類似住院狀況，今年已是第三次了，相信這次一定還能挺過……」當時我也是這樣暗自祈禱的，可未曾料到對他的兩天採訪竟成了我們最後的一面，尤其是想到在臨行前他對我說過的「請放心，我會好好活下去的……」這樣自信的話，心中不免悵悵的。就在蕭先生去世的第二天，陶恒生先生從美國三藩市來信，建議我也寫一篇紀念文字給台港的《傳記文學》，他說「因你可能是在蕭大哥入院之前唯一見到他，跟他談過話，有過積極互動的大陸文化界人士，最有資格寫出你對他步入歷史之前一段日子的觀感」。實際上，作為後生晚輩，我深知自己並沒有資格來寫這樣的追念文字，可我確實無意中成了蕭孟能先生生前所見到的最後一位記者。我的數碼相機中至今存有若干蕭先生在三個多月前的珍貴鏡頭，在此願意奉獻出來讓海峽兩岸的讀者一睹先生最後的風采。或許，這也是我紀念先生的一種最好方式，聊勝於這篇不知輕重的文字。末了，我還想說，蕭孟能先生，我會時常想起您的，因為您是一個大陸記者十多年採訪生涯中最重要的一位歷史文化人物，這種緣分有時真是可遇而不可求的。

蘇雪林論魯迅

春上五月，杭州傅國湧兄攜全家來我們這座城市旅遊。因其有著共同話題，又因心有所繫，在閒聊中，竟若「童言無忌」一般，暢言不止。其中談到了蘇雪林這個人，也談到了她對魯迅的認知與態度。我告訴國湧說，蘇雪林六十七歲時在臺灣出版過一本《我論魯迅》（臺灣《傳記文學》出版社），其語尖刻如刀，毫不留情，並直稱自己是一個「反魯迅的人」。國湧兄建議我寫一篇這方面的文章，當時我不置可否。其實，蘇雪林的這種偏激態度，胡適先生早就批評過她。1936 年 12 月 12 日，胡適在回覆蘇雪林的一封信中就這樣說：「我很同情於你的憤慨，但我以為不必攻擊其私人行為。魯迅狺狺攻擊我們，其實何損於我們一絲一毫？我們盡可能撇開一切小節不談，專討論他的思想竟有些什麼，究竟經過幾度變遷，究竟他們信仰的是什麼，有些什麼是有價值的，有些什麼是無價值的。如此批評，一定可以發生效果。」胡適的這封信見諸國內多種選本，大凡讀過的人都會有深刻印象。實可見胡適先生在論人議事時，始終有著自己的原則。同樣在這封信中，胡適對蘇雪林又說：「凡論一人，總須持平。愛而知其惡，惡而知其美，方是持平。」南京學者邵建先生感慨胡適先生這個人未必就是如往言似的「深刻」，卻又處處顯得「高明」。以此信為例，確實可見胡適在對待魯迅的態度上較之蘇雪林不知要「高明」

了多少，尤其「愛而知其惡，惡而知其美」一語，更讓人慨然繫之，直可觸摸到胡適那顆寬容、豁達而又善良的心。所謂「高明」，以我個人的陋見，一為「高瞻遠矚」，二為「世事洞明」。一個人倘若有了如此「高明」，「深刻」就可退而求其次了。蘇雪林是自認為「深刻」的，不僅在給胡適寫信時批評魯迅，也給主持過魯迅葬儀的蔡元培先生寫信，表示「意欲一論」。當時蔡先生滬上病重在身，其轉交者以信中措詞過於狂直而「恐傷蔡先生」，故未交達，此信不久即被蘇雪林公開發表了。胡適先生則是在二十多天後才讀到蘇雪林給他的信，隨即作覆。蘇雪林在接到胡適的回信後，一時似有所悟。1937 年 2 月，她在武昌《奔濤》半月刊一卷三期上撰文說：「胡先生信裏所有我批評魯迅的話，係由我致蔡孑民先生信稿中引出，批評魯迅而牽涉魯迅的私人格，我亦知其不當。……我對胡先生表示欽佩，並願青年以此為範。」然而，蘇雪林則又是一個十分固執的人。若干年後，即 1966 年 11 月，臺灣《傳記文學》刊出她的一篇二萬七千字的長文〈魯迅傳論〉（後收入《我論魯迅》一書中），此時正值魯迅逝世三十周年之際。蘇雪林文中聲稱自己再也不能坐視臺灣論壇「近年『捧魯』有漸成風氣之勢」，於是又開始投入到「幾乎成了我半生事業」（蘇自語）——「反魯」的亢奮之中，試圖「以了宿願」。

蘇雪林的這篇長文中從魯迅的家世說起，其語輕蔑而簡約。她借用魯迅〈吶喊〉中的文字，說魯迅少年時「家裏的歲月，過得極其艱難」，當時他出入最多的兩個地方，一個是當鋪，一個是藥店，到了求學年齡時連學費都籌不出。後來到日本，決計學醫，其原因如魯迅自己所說，「我確實知道新的醫學對於日本維新有很大的幫助」。接下來，說到魯迅自二十九歲「束裝返國」後，先杭州師範學堂做化學和生理學教員，後紹興中學堂當教務長，之後又出走，想到一家書店當編譯員，結果被拒。蘇雪林由此而判斷，「魯迅讀書老是讀一個時期便換學校，當教員也愛跳槽，想必是歡喜同學校當局磨擦，或與同事鬧脾氣，亦可見他與人相處之難」。儘管這也是一種分析，卻並沒有拿出多少證據來，我們說這是「誅心之論」亦未嘗不可。

在第二段落中，蘇雪林開始分析魯迅的「性情與思想」，上來就下了斷語——魯迅心理是病態的。想必這已不是「想必」了，這裏多了一點細節：童年的魯迅常常扛著一包袱舊衣之類到典鋪質錢以維家用。典鋪的櫃檯比他身量還高，他很吃力地將包袱呈送上去，然後在店員輕蔑的眼光和嘴角的冷笑裏，接得一點錢回家。後來他又被寄在親戚家吃閒飯，被稱為「乞食者」，以致他忍受不下，決定回家……蘇雪林於是說，魯迅「本是一個要強好勝的人，這種人家加給他心理上的傷害，終身也彌補不了」。蘇雪林以胡適的身世與之作了一個比較，她說胡適幼年時代的家庭也沒有什麼溫暖，前娘的幾個媳婦，年齡都比胡適母親大，動不動就給臉看，每每逼得胡適母親「閉門哭泣」。胡適十二歲離家到上海讀書，十六歲便一面教書，一邊求學，賺錢養家……這話倒也是事實，李敖寫過一本《胡適評傳》(1964 年)，書中也是這麼說的。蘇雪林因此問道：「為什麼幼年時代環境的不順，並不足妨礙……胡先生光風霽月的胸襟？」相形之下，則「可見魯迅性情的惡劣，大半實由天然生就，所謂『根性』者是」。為證明此言不虛，蘇雪林舉出了兩個例子，其中一例是魯迅在兒時聽人談二十四孝裏「郭巨埋兒」的故事。照蘇雪林看來，這在別的孩子一般也不過是聽聽而已，或者羨慕郭巨的至孝，是一個肯為母親犧牲自己的孩子。

可魯迅呢，卻是這樣說的，「從此總怕聽到我的父母愁窮，怕看見我的白髮的祖母，總覺得她是和我不兩立，至少，也是一個和我生命有些妨礙的人」。這段話出自魯迅的〈二十四孝圖〉一文。一個孩子在幼年時所出現出來的早熟其實並不能算錯，魯迅當時生活在一個「祖父在獄，父親又患重病」的家庭裏，心靈極其敏感，他感到有所「害怕」亦屬正常。蘇雪林卻偏偏不肯理解這一點，她說「一個天真純潔小孩沒有不愛其祖母的，即說祖母待之少恩，也絕不會為聽一個古代故事，會將她當作吸血的巫婆看待，魯迅小小腦筋居然產生這種怪想，無怪他長大後會成為那種人。」在舉這些例子之前，蘇雪林對魯迅的性格早已有了一個斷語：陰賊的天性，在孩提時代便已顯露出來。

蘇雪林說魯迅這人特別多疑，而且「出乎常情地多疑」。為此，她又舉了一些例子：據魯迅同鄉兼北大學生孫福熙說，魯迅常懷疑有人會暗害他。由日返國後，曾定制一把小刀，藏在枕頭下，每夜枕著睡覺。又據魯迅的太太許廣平說，魯迅常做惡夢，經常夢見自己出門時，黑暗中兩邊埋伏著兩個人，他一喝，那人影便隱去不見了……蘇雪林透過這些例子，覺得魯迅「這麼疑神疑鬼，在自造的荊天棘地裏度日，做人豈不太苦了」？還有：魯迅在浙江兩級學堂任化學教員時，有一次做氫氣燃燒實驗，忘了帶火柴，便離開去取。走出教室前再三囑咐學生們不要動那個氫氣瓶，以免混入空氣而爆炸。殊不知回來點燃後瓶子竟突然爆裂，玻璃刺入他的手，當時流了不少血。魯迅這時發現原先坐在前排的學生挪到後面去，這才恍然大悟，認為就是學生已動過了這個瓶子。蘇雪林對此大不以為然，認為學生固然好作惡作劇，但也未必敢以老師的生命開玩笑。瓶子爆炸當屬一個意外，而學生從前座挪至後面，肯定是聽了老師剛才的話，以防萬一才這樣做的，「魯迅先生你忒多疑了啊！」蘇雪林不禁大叫了一聲。

在談及魯迅的「思想」時，蘇雪林認為「陰暗空虛」，就是一個「虛無哲學者」。為了證實自己「並非憑空誣他」，她引出魯迅自己的話為證，其中一段是〈影的告別〉中的：有我所不樂意的在天堂裏，我不願去；有我所不樂意的在地獄裏，我不願意去；有我所不樂意的在你們將來黃金世界裏，我不願意去。嗚呼嗚呼，我不願意，我不如彷徨於無地……這是魯迅散文詩集《野草》中的篇什，最初發表在 1924 年 12 月 8 日《語絲》週刊第四期上。三個多月後，魯迅在給許廣平的一封信中提及此文，也承認「我的作品，太黑暗了，太黑暗了，因為我常覺得惟『黑暗與虛無』乃是『實有』，卻偏要向這些作絕望的抗戰，所以很多著偏激的聲音。其實這或者是年齡和經歷的關係，也許未必一定的確的，因為我終於不能證實：惟黑暗與虛無乃是實有」。實際上，連魯迅本人也都不能肯定這究竟是否就是一種「虛無」，蘇雪林卻要說：「魯迅為了心胸過於仄隘，把自己世界縮小得無以復加，竟致弄得有無處可去之苦。」另一些例證出自魯迅小說〈傷逝〉中對主人公涓生絕望心情的一些描述，如「負著空虛的重擔，在嚴威和冷眼中走著所謂人生的路……」等等。這時，蘇雪林筆鋒一轉，發起一番宏論來：「一個人總要有希望，才能充實。魯迅卻一切希望都沒有，圍繞他周圍的既沒有一個好人，對中國民族更認為病入膏肓，無從救藥。他雖然自負能以銳利的解剖刀挖剔中國國民族的『國瘡』，別人也都是這樣贊許他。在虛無主義的魯迅，解剖刀的亂挖，無非想聽聽病人的呼痛之聲，來滿足自己報復之念——因為他報復的物件是無限地廣大的。何嘗有將病人治癒的心理？」

魯迅對於國民劣根性的批判幾乎貫穿自己的一生，但這是否就是「陰賊的天性」所致並滿足個人的「報復之念」，恐怕不僅僅是一個見仁見智的問題。蘇雪林則鐵口直斷，儼然判官，這種「挾正義的火氣」的口吻實在讓人嚇出了一身冷汗。

在蘇雪林眼中，魯迅還是一個十分難以對付的人。「人家無意得罪他老人家，他可以恨你一輩子。恭維呢，也不行，『是人家公設的巧計』，『用精神的枷鎖來束縛你的言動的』。『不但恩惠，連吊慰都不願受，老實說吧，我總疑心是假』。『人家恭維你，是想利用你，或者想鑽進來』。」蘇雪林文中仍引用魯迅說過的一些話來加以證實。我查了一下，其中一些字句出現在魯迅與北大哲學系教授徐炳昶的通信中，兩人是在談論當時一些「通俗的小日報」。不過，蘇雪林卻將「引文」抄得斷斷續續，原信中雖然也是有這類意思，但她加了雙引號，仿若原文就是如此。蘇雪林之所以引「文」而論，就是想藉此來證明魯迅這個人「言不由衷」，並非就是一個不愛接受「恭維」的人，相反「不僅愛恭維，並且癖好諂諛，他左傾後，完全生活於永遠不斷肉麻可嘔的諂諛當中」。這有證據嗎？蘇雪林說當然有，不過「這事待後文再敘」，我卻等不及了，想弄個明白。又去查，其實仍不過是片言隻語的抄錄而已，「人家奉獻給他的頭銜不可勝數：『東方的尼采』、『中國的羅曼羅蘭』、『中國的蕭伯納』、『中國的高爾基』、喊得洋洋乎其盈耳，魯迅聽了並非不笑，不過不是聽人頌揚他敵人的恥笑，而是點頭得意含著嘉許的微笑。我以為世上癖好阿諛的人，魯迅可算第一」，如此云云。蘇雪林搬出當年陳源在給徐志摩的一封信中對魯迅發洩的不滿，說「陳源教授說魯迅聽人稱他反對者為『文士』，笑不可仰，但當人們稱他為中國『思想界的權威者』又不笑了」。

這一段文字，讓我想起我的朋友北京學者張耀杰寫過一篇有關青年作家高長虹當年與「世故老人」（高長虹語）魯迅之爭的文章，其中就談到〈所謂「思想界先驅者」魯迅啟事〉這件事。耀杰兄是這樣說的：魯迅奮筆寫下〈所謂「思想界先驅者」魯迅啟事〉，不就高長虹公開提供的事實進行正面的答辯，反而拿三個月前的〈狂飆社廣告〉大做文章：「《新女性》八月號登有『狂飆社廣告』，說：『狂飆運動的開始遠在二年之前……去年春天本社同人與思想界先驅者魯迅及少數最進步的青年文學家合辦《莽原》……茲為大規模地進行我們的工作起見於北京出版之《烏合》《未名》《莽原》《弦上》四種出版物外特在上海籌辦《狂飆叢書》及一篇幅較大之刊物』云云。……對於狂飆運動，向不知是怎麼一回事：如何運動，運動甚麼。今忽混稱『合辦』，實出意外；不敢掠美，特此聲明。」這大概就是陳源教授之所以挖苦魯迅「又不笑了」的來龍去脈，這是歷史上一段有關《莽原》的公案。蘇雪林顯然沒有今人學者張耀杰梳理得曉暢明快，「魯迅又不笑了」這一句讓人雲裏霧裏，真不知說的是什麼？

說起陳源教授，勢必就要提及錢杏邨這個人。這是蘇雪林在〈魯迅傳論〉一文中最為推崇的在當時批判魯迅的兩個重要人物。前者係北大教授，與王世杰、周鯁生、胡適等人辦過《現代評論》，後又當過武漢大學教授；後者即阿英，是一位左翼文藝評論家（左聯中的人）。陳源與魯迅之間的分歧，是因為他曾在《現代評論》上撰文批評當時北京女子師範大學發生的一場風潮，後遭至魯迅等人的駁斥；至於錢杏邨為什麼要批評魯迅，我孤陋寡聞，不太清楚，也未及查考。蘇雪林認為「替女高師校長楊蔭榆說公道話，陳源教授多說了幾句，魯迅罵他足足罵了半年」，陳源

是忍無可忍，最後才給徐志摩寫了那樣一封信，訴苦復微詞，「因此陳源教授這篇文章可說是反魯迅的第一炮，是中國新文學史一篇最重要的文獻」。陳的這封信後來發表在1926年1月30日的《晨報副刊》上，其中一個最尖銳的說法，就是「魯迅先生一下筆就想構陷人家的罪狀。他不是減，就是加，不是斷章取義，便捏造些事實。他是中國『思想界的權威者』，輕易得罪不得的……」這是今天我們在《西瀅閒話》中可讀到的文字，不再贅述。蘇雪林卻由此而加以發揮，繼續對魯迅的一生「加以疏解」，試圖「得其真相」。她為此又舉出三個例子：第一例——當年俄國愛羅先珂來北京，看了北大幾位愛好平劇的學生上演的幾出戲，次日在報上撰文沒說好話。這讓幾個學生感到難堪，在報上作出回應，大意是說，你愛羅先珂對中國文化根本不懂，是個「瞎子」，何必瞎批評呢？魯迅與愛氏本是好朋友，於是寫文章將這幾個學生罵得狗血噴頭，並引用一個日本故事「仇人已盲，殺之不武，抑且不仁」來說明對一個殘廢者的戲謔輕侮是最不人道的，也是最卑鄙的。魯迅的這篇文章，其實並沒有說錯什麼，蘇雪林卻要說魯迅自己亦曾是這樣的罵人，如「像潘光旦缺了一條腿，魯迅便在〈理水〉裏號之為『柱杖先生』，顧頡剛頭顱有點異樣，他又稱之為『鳥頭先生』」；第二例——魯迅在廣州時，與史學家顧頡剛鬧了點意見，魯迅以刀筆對他而「毒諷」，顧氏聲言要起訴他，這時「魯迅一聽『起訴』這兩字，幾乎笑歪了嘴巴。但顧氏本屬一個忠厚長者，起訴他不過說說而已，後來也就不了了之」。而魯迅自己卻因北新書局版稅問題而與人最後鬧到了法庭上去，據當時北新書局老闆李小峰在法庭上供稱，北新每年付魯迅的版稅，有帳可稽，何從對他剝削？當時這件事在報端鬧得沸沸揚揚，「遂有某文人計算魯迅的版稅，年達萬元。在當時的物價，萬元是何等大的嚇人數位？魯迅打這場官司，並未從北新多支版稅，反而洩露了自己的秘密，實為失策。因為他從此不能再對人訴窮了，不能再對人說『我吃的是草，擠出來的是乳』了」，蘇雪林說；第三例——魯迅雖然撰文勸人對同類不可太操切，可他自己又做得如何呢？蘇雪林寫道：「他盤踞左翼文壇時候，痛罵『正人君子』不算，連與他毫無恩怨，只因同『正人君子』接近的胡適之先生也遭了大殃。他罵胡先生為『高等華人』、『金元博士』、『偽學者』、『皇權的保衛者』，在抗日怒潮正高漲時，他又乘勢罵胡先生為『漢奸』、『賣國賊』。……血氣方剛的青年們，聽了魯迅這種話，胡先生生命豈不是危乎殆哉了嗎？」這三個例子都是蘇雪林藉此來證明魯迅是一個「心理複雜」的人，雖然這樣替魯迅畫一張文字像，「確不容易」，「但照我所勾勒的幾根線條，魯迅的嘴臉是怎樣，想讀者們已明白一個大概」了，蘇雪林這樣說。

錢杏邨洋洋萬言批評魯迅的文章〈死去了的阿Q時代〉，被蘇雪林認為是「圍剿魯迅的文章成為系統，最有力量的」文字。「圍剿」二字是蘇雪林親口說的，在《我論魯迅》這本書的第三十頁，可見蘇雪林批判魯迅時的心態也未必有幾多善意。依錢杏邨的看法，魯迅的作品「……不但不會超越時代，而是沒有抓住時代；不但沒有抓住時代，而且不會追隨時代；胡適之追逐不上時代，跑到故紙堆中去了，魯迅呢？……他沒有法跟上時代……根據所謂自由主義的文學規例所寫成的文學創作，不是一種偉大的創造有永久性的，而是濫廢的、無意義的、依附於資產階級的濫廢的文學！」對於錢杏邨的這種語氣，我們這代人耳熟能詳，太熟悉不過了。如果魯迅不死的話，如此這般左翼思潮中「濫廢」的話

語到後來是否會成為對魯迅攻擊的一種語式，我不禁有點後怕，因為「上綱上線」曾經是我們對於某些「同類」太可「操切」的一種手段，真可謂「殷鑒不遠」啊！錢杏邨在這篇文章中居然提到「政治思想」這四個字，他說：「阿Q時代是已經死去了，阿Q正傳的技巧也已死去了！阿Q正傳的技巧，我們若以小資產階級的文學的規律去看，它當然有不少相當的好處，有不少值得我們稱讚的地方，然而也已死去了，他已經死去了！現在的時代不是沒有政治思想的作家所以表現出的時代，舊時皮囊不能盛新的酒漿，老了的婦人永不能恢復她青春的美麗，阿Q正傳的技巧隨著阿Q一同死去，這個狂風暴雨的時代，只有具著狂風暴雨的革命精神的作家才能表現出來，只有……對於政治有親切的認識，自己站在革命的前線的作家才能表現出來！阿Q正傳的技巧是力不能及了！……」錢杏邨這篇文章發表在1928年5月的某機關報《太陽》上，魯迅這時已從廣州到了上海，正在集中精力在《莽原》、《萌芽》、《語絲》等雜誌上批判所謂的「新月派」，好像沒有理會錢杏邨。於是蘇雪林認為，「秉性兇惡狠毒的魯迅為什麼竟會變得這樣溫良起來呢？原來魯迅是一個老於世故的人，……一心要登上文藝學術界的寶座，……至於目前的這幫人呢，那可並不容易對付，他們中間同你一樣的『無賴』、『潑皮』也並不缺乏，現在還算同你客氣，真正鬧翻了，他們使出來的招數，恐怕你就接不下。你固然曾吸收過來若干青年，而這些青年正抱著和他們一般的宗旨，一樣的目標，他們跟著你是想你帶他們進入『理想的天國』，並不想伴隨著你走向『陰森森的墳墓』倘使你仍然唱著那種並不兌現的革命調子，他們是會因失望而背叛你以去，……失去了『群眾』魯迅即長出三頭六臂，神通也就有限。」原來如此，蘇雪林「分析」得振振有詞，「左翼作家聯盟一成立，魯迅立即加盟，立刻被擁上『金交椅』成為左翼文壇的領袖！」接著，蘇雪林又開始歷數起魯迅置身左翼文壇盟主十年之中「所幹的罪惡」，從魯迅入盟後左派對他的圍剿從此偃旗息鼓，到敬奉他為「精神偶像」，從魯迅發明「獵狐式的包圍」，到打擊「第三種人」，魯迅本人也從此「肉身成道」，變成萬千青年虔誠崇拜的物件，「魯迅所求正是如此，自然躊躇滿志！」看起來，似乎一切「順理成章」，實際上卻是蘇雪林在那裏「自說自話」，魯迅固然為中國的若干代青年所擁戴，但這是否就是魯迅本人「所求」，甚至放棄了對當時中國社會客觀現實以及左翼思潮興起的具體分析，無論如何都是一種「主題先行」的評判而已，實不足為時人與今人心悅誠服。說到底，以這種極端的方式對魯迅進行所謂的「批判」，實際上仍未脫舊文人之間相互輕蔑、相互詆毀的那種惡習，即胡適先生所說的「舊文字的惡腔調」。我之所以這樣說，同樣是鑒於魯迅先生當年在上海灘上確實也曾罵過人。

有人說，蘇雪林曾經是魯迅的學生，我對蘇雪林個人經歷不甚瞭解，不敢確定。但我始終不能理解的是蘇雪林這位曾經留法、受過良好教育的人，當過大學教授，甚至被人稱之為文壇的「常青樹」，她為什麼要半生反魯迅？兩人之間究竟有過什麼不可化解的恩怨，以致在魯迅身後多少年也決不放過？按照蘇雪林 1936 年冬天對病中的蔡元培所說，「魯迅盤踞文壇十年，其所陷溺之人心與其所損傷之元氣，即再過十年，亦難挽回恢復焉」，她甚至使用了「魯禍」這個字眼，可這時已三十年過去了，蘇雪林彷彿仍有一種焦灼之感。當年蘇雪林在公開自己致蔡元培、胡適「反魯」的信函後，本指望左翼重要作家中如茅盾、田漢、鄭振鐸、丁玲、

胡風等人「站出來同我說話」，誰知「左派重要文人並無一人出面，只叫了一群嘍羅把我千般怒斥，萬端辱罵，足足鬧了個把月，直至對日抗戰發生，國人注意目標轉移才罷」。如果事實正如蘇雪林所言，茅盾、田漢等人當年沒有回應蘇雪林的這一態度可能有其他原因。至少有一點，蘇雪林的文字正充滿了胡適先生所說的「舊文字的惡腔調」，不予理睬才可能體現一個文化人「修得善心」的正果，儘管這些人有時也「左」得可愛。關於魯迅這個人，不管在當時抑或現在，頌揚也好，貶抑也罷，其實都不妨礙閱讀魯迅著作的人心中自有的那一番感受。不過，當我在閱讀今日中國出版社 1996 年所編上下兩冊《恩怨錄：魯迅和他的論敵文選》時，且不論孰是孰非（當然有人會論），更不論其中的恩恩怨怨，我則不能同意「罵是可以區分的」這一說法，就像今天我們不應贊許蘇雪林對魯迅的「痛罵」一樣。因此，再就魯迅而言，雖然他對這個世界批判的方式在今天看來多少也存在某些不恰當之處，卻同樣反映出在一種文化生態中的「共同基因」（任不寐語）；雖然他的「啟蒙思想」也有著「歷史局限」，卻同樣反映出一種緣於批判話語「本身固有的某種心理療愈功效」（路文彬語），只是內心不滿的宣洩而已；雖然他「代表著光明的中國的一切成分，打擊一切醜惡分子，表面雖針對著某一個人某一樁事，而其實他是在打擊那朽腐社會的鬼魂」（孔另境語），卻同樣反映出一種「五四新文化以來的思維特色和語言特色」（邵建語），這種文化生態中的不良傾向，對於今天的知識份子來說無論如何都是值得記取或慎待的，蘇雪林就是其中一個極端典型的例子。儘管蘇雪林曾經這樣問過自己，「……有人說你在批評魯迅，何不用正面文字，從大處落墨，將魯迅的文藝創作，學術著述，及他的思想提出來討論討論，像胡適之先生對你所建議者，嘻笑怒罵，只是徒呈論鋒，實不足取」，可是由於文化生態中的「共同基因」，蘇雪林挾「正義的火氣」根本無法理智地駕馭早已失韁的馬車，這既不「高明」，也不「深刻」了，或正如邵建先生所說「偏斜於『動物上陣』的文化形態」，到頭來，只會剩下一種「罵」了。「罵文化」實際上是一種不能「寬容異見」的具體表現，更是「獨斷與專制」在文化、思想上對人性的一種極大摧殘。雖然我本人也甚喜愛蘇雪林早年激情充沛的《鴿兒的通訊》此類情感散文的「清純明淨」，卻無法認同晚年蘇雪林這些犀利狠毒、筆走偏鋒的文字，誠如這本《我論魯迅》即是。蘇雪林在「自序」中坦承「我的那幾篇反魯文字，原來從魯迅學來，正所謂『以其人之道，還治其人之身』。魯迅一輩子運用他那支尖酸刻薄的刀筆，叫別人吃他苦頭，我現在也叫這位紹興師爺吃吃我的苦頭，不算不公道吧？」蘇雪林說過自己一生兩次大哭，一次為母親病逝，一次為胡適猝死。可是胡適先生當年對她的善意批評早已成了「耳旁風」，曾經有過的「似有所悟」也凋零、憔悴不堪，其固執可笑，偏狹心胸，以「刀筆自雄」而睥睨一時，如此桑榆肝火，悲哉，夫復何言？

泰山無字碑

民國 18 年，泰山頂上的無字碑，突然有了字。

「黨權高於一切」，六個尺餘大小的字，在碑的正面。這座高六米、寬一米二的石碑，究竟為何人何時所立，歷史上嘗有辨議。明清大儒顧亭林，就是寫《日知錄》的那個人，鐵口直斷：此碑「非秦碑」，而為漢武所立；有人不以為然，駁之：劉徹本是一個好大喜功之人，立其碑而「絕無字痕」，似不像他的性格……所以，更多的人還是相信，無字碑為始皇嬴政所立，「隱然於來者，此意即焚書」，這是萬曆年間進士鍾惺的一首五言古詩《無字碑》中的末二句，直指秦始皇，不滿其「焚百家之言，以愚黔首」的政策。

民國 18 年，也就是 1929 年。但我們的話題，要從 1928 年說起。

1928 年，在中國發生的最大一件事，莫過於 6 月 15 日，蔣介石以南京政府的名義發表宣言，通告「統一完成」。儘管後來有人認為，此時所謂「北伐成功，全國統一」，有名而無實（汪榮祖、李敖語）。其理由，張學良「東北易幟」非在此時，而是這一年的 12 月 29 日。這是史家們的一種「論定」，且不去說它。倒是這一年的「濟南事件」不能不提。1928 年 5 月 3 日，在華日軍為阻撓北伐，借保護日僑，出兵濟南，屠殺我軍民數千餘人。蔣介石以「各方隱忍」為由取妥協之策，令北伐軍繞道北上。5 月 8 日，蔣本人也從濟南附近的黨家莊退至泰安，致使日後日軍佔領濟南一

年有餘。蔣到泰安後，翌日，即率員登泰山。5 月 29 日，南京國民政府明令在泰組建山東省政府，泰安為臨時省會。6 月 9 日，國民黨山東省黨部遷至泰安，有著孫中山頭像的銀幣成為泰安市面上的流通主幣。8 月，在泰的省府撥款十萬餘元，將岱廟前半部改為「中山市場」，後半部改為「中山公園」。10 月 10 日，從前線歸來的孫良誠正式就任山東省政府主席（前由石敬亭代理）。在此之前，國民黨將領吉鴻昌一行游泰山，即興作〈登泰山詩〉。

這一節似乎寫得有點「繁冗」。

之所以，說白了，就是想把國民黨當年變泰安為省會的那種「煞有介事」再現出來。說它「煞有介事」，是因有日軍仍踞濟南這一事實，百里之外的泰城卻又是另一番「重文偃武」的繁忙景象，實在讓人心裹頭不是滋味。無字碑上「黨權高於一切」六字，就是為這時已在泰的國民黨山東省黨部於第二年所製，也就是民國 18 年。有關「無字碑」的文章不少，今人或舊人的，所能讀到的且言及「黨權高於一切」的似只有一篇，而且還是附後的「小注」中有所提及。作者是誰似未有說明，但其中「無字碑已變為有字碑矣，貽非『黨權高於一切』，無此偉力歟」之句，辛辣、調諷且一針見血，讓人讀後不忘。而在此之前，有關泰山無字碑的一切「辨議」，顯然都成了多餘的。因為秦皇也好，漢武也罷，恐怕都無及於這千年之後更有甚者的「政治傑作」，「一黨專政」、「以黨治國」再也不必遮遮掩掩而「隱然於來者」。這時，國民黨甚至公開地說，中國的一切，由它「獨負全責」（《革命文獻》第七十六輯）。

由此而來，無字碑在 1929 年的「變奏」，便不足為怪了。

歷史從不空穴來風。即便是一塊小小的石碑，也有著自己的「起承轉合」。更何況，「黨權高於一切」——絕非僅僅是一些狂熱黨徒的即興之作，它已然成了那個「專制時代」的縮略圖，同時還暗示著某些重大歷史事件隱微複雜的政治背景。由於「北伐成功」，1928 年的國民黨成了執政黨。按照孫中山《建國大綱》的設想，國民黨在奪取政權之後，「軍政時期」即告結束，而是「訓政時期」的開始。所謂「訓政」，就是由黨一手控制的政府，對落後民智進行民主訓練，為將來「還政於民」做準備。這一年 10 月 3 日，國民黨中執會常務會議通過並公佈了《中國國民黨訓政綱領》。該「綱領」由胡漢民、孫科二人提出，同時胡還起草了一個《訓政大綱提案說明書》，將「一黨專政」表述得十分「到位」，也很坦率：「一切權力皆由黨集中，由黨發施。」正因為有了這個大前提，《國民政府組織法》中又規定：政府行政、立法、司法、考試、監察五院，其正副院長均由國民黨中執會來選任……此時的國民黨，何以權力之大，且「高於一切」呢？一方面，自然與他們上臺執政有關，在形式上又統一了中國；另一方面，受其「以俄為師」政治迷思的侵淫，其「民主政治」理念發生了動搖，從而步入「一黨專政」的歧途。所謂「以俄為師」，是孫中山晚年「從頓悟中發現了一個新方法……」（唐德剛語），就是接受蘇俄經驗，引進「黨治制」，全面實行「一黨專政」。蔣介石向以孫中山的學生而自居。1926 年 6 月 7 日，他在黃埔軍校發表演講時，將孫晚年的這種「迷思」發揮得淋漓盡致。他說：「俄國革命之所以能夠迅速成功，就是社會民主黨從克倫斯基手裏拿到了政權……什麼東西都由他一黨來定奪，像這樣的革命，才真是可以成功的革命……中國要革命，也要一切勢力集中，學俄國革命的辦法，革命非由一黨專政和專制是不行的。」所以，1928 年《訓政綱領》和《國民政府組織法》的頒佈，實際上標誌著「一個完整的以一黨專政為特徵的政治體制」(《蔣氏秘檔與蔣介石真相》) 出現在中國，與孫中山早年所追求美國模式的「民主共和」以及建立「合眾政府」的理想相去甚遠。這種政體上的「冰炭之殊」，意味著政治理念一百八十度的大轉彎，而這種政治理念又被強行納入「黨化教育」，於是到了民國 18 年，泰山無字碑上出現「黨權高於一切」這樣極端反民主的口號，就不難理解了。

「黨化教育」是上世紀二三十年代中國人政治生活中的一次「流感」。

曾幾何時，從南至北，漫漶於中國大地，讓當時不少中國人內心「惴惴不安」(袁偉時語)。1927 年 8 月，國民政府教育行政委員會出臺了一個《學校實施黨化教育辦法草案》，大力推行「黨化教育」(1931 年改稱「三民主義教育」)，其目的，無非是想培養出一代唯諾的「順民」。「黨化教育」在本質上是一種愚民政策，也是國民黨實施「訓政」的一種政治手段，與秦始皇「燔百家而愚黔首」的做法毫無二致。

我輩生晚。只能從各種史料和回憶文章中來體味當時的「黨化教育」。在美的陳定炎教授近年撰文追憶，說「黨化教育」在二十年代的中國「曾是一個普遍流行的名詞」。它最大的特點，就在「黨化」二字上。陳定炎以當時廣東教育界為例，這樣說：「……強迫所有教育行政人員、教師等全部入黨，同時鼓勵學生入黨，在學校設立國民黨黨支部，進而規定『三民主義』為必修課，控制與改訂教科書。孫中山去世後，規定每週舉行紀念周。到了 1926 年底，廣東所有的公、私立學校，都成了國民黨的政治工具。」(〈漫談黨化教育〉）陳定炎何許人？他就是歷史上曾經「叛變革命」的軍閥陳炯明的兒子。他曾在廣東生活多年，後來成為哈佛大學的工學博士。陳定延的這番描述也可從其他方面予以證實。1928 年，胡適在上海任一私立大學的校長，也不無抱怨地說道，我們「可以否認上帝的存在，但不能批評孫中山。可以不上教堂守禮拜，但不能不讀總理遺囑，也不能不參加每週孫中山的紀念周……」（《胡適文集》）可見胡適對「黨化教育」的憎惡與不滿。也就在這一年，胡適、羅隆基、馬君武、張元濟等自由主義知識份子向國民黨當局發出挑戰，紛紛激揚文字，其鋒芒直指「訓政」和「黨化教育」。胡適在《人權論集》序中寫道：「……我們要建立的是批評國民黨的自由和批評孫中山的自由。上帝我們尚且可以批評，何況國民黨與孫中山。」那麼，胡適等人要批的是什麼呢？簡言之，大要為三點：一是批沒有人權保障；二是批「訓政」，他說，沒有憲法或約法，則訓政只是專制；三是批以「三民主義」和孫文的「遺教」來統一思想，推行「黨化教育」，沒有思想言論的自由。這本《人權論集》由新月書店於次年出版，在當時激起軒然大波。袁偉時教授稱這部《人權論集》堪可與晚清鄭觀應的《盛世危言》相提並論，而且「更出色」。

在中國，推行「黨化教育」的始作俑者不是別人，正是孫中山。這也是胡適之所以要批評他的原因之一。早在 1921 年，孫中山就致函蘇俄方面的外交部長，表示對其組織機構、軍隊、教育皆感興趣。1923 年 10 月，俄國顧問鮑羅廷來廣州，隨之而來的還有大批俄國軍政人員，以協助孫中山在廣東開展「黨化」運動。這個運動包括：黨化公務人員、黨化司法、黨化軍隊、黨化教育等。其中，尤以「黨化教育」對中國未來的政治、教育、文化產

生過最為惡劣的影響。當時大理院長趙士北，因為不同意孫中山的這種做法，主張「司法不黨」，後來竟遭至撤職。到了 1924 年國民黨改組，明令仿效蘇俄，以黨治國，實行黨化教育，「以一黨之信仰，作宗教式之宣傳」（陳炯明語），不幸開了歷史的倒車。1927 年，陳炯明在香港出版的《中國統一芻議》中痛斥國民黨的這一倒行逆施。他說「至於黨化，已屬不通」，而「黨化教育，更屬荒謬絕倫。蓋黨者不過團體之謂，絕無神妙之說……」寫到這裏，我們不得不停下來打量一下這個陳炯明瞭。且不管他在「正統史觀」中的地位和名聲如何，僅以他個人品行出色這一點，連孫中山也不得不服「……炯明不好女色，不要舒服，吃苦儉樸，我也不如」。而在政治上，他亦絕非「草澤英雄」而毫無見識。他在當時不僅反對軍治和黨治，對「一黨專政」深惡痛絕，稱「實與民主政治，根本不能相容」；對其「訓政」更是直言撻伐，「……民主政治，以人民自治為極則，人民不能自治，或不予以自治機會，專靠官僚為之代治，並且為之教訓，此種官僚政治……中國行之數千年，而未有長足之進步……」以他這樣一個軍閥身份，對民主政治能有如此「灼見」，幾乎站到了與胡適這樣的自由知識份子同一高度上，實屬難得。

透過現象看本質——曾經是一句耳熟能詳的話。

對泰山無字碑的解讀，我不滿足於那種「爬羅剔抉、排沙簡金」的史海鉤沉，而是想透過一座無字或有字的碑，讀出其中的幾多「歷史深意」。從二千多年前的「焚書坑儒」，到二千多年後的「黨權高於一切」，也許不是簡單的歷史迴圈和巧合。秦朝的「無字」是焚書坑儒，不允許人們有自己的思想； 民國的「有字」則是輿論一律，只允許人們有一種思想。而這一切，則是「中國的政治傳統在本質上是專制的」(《流產的革命》)這一歷史宿命所決定的,「垂二千年而弗能改矣」(王夫之語)。晚清以降,不知有多少先賢諸公、革命志士想改變中國政治體制的不幸格局,其赴湯蹈火而在所不惜,從「百日維新」的康梁,到菜市口被殺的譚嗣同,莫不如此。如果說,1911 年的辛亥革命,總算是「否定了兩千年來的政治體制」(黃仁宇語)的話,那麼 1913 年的「二次革命」,其實際效果,卻直接導致了民主政治在中國的一次「流產」,是否可以這樣說,也是對辛亥革命「成果」的另一種否定呢?

我無意臧否孫中山先生。他一生革命,東奔西跑,殫精竭慮,在歷史上被稱為是中國革命的先行者。然而他發起的「二次革命」,舉兵討袁,授人以柄,確實讓當時的中國失去了許多嘗試變革的機會。且看孫在總結其失敗原因時所說:「辛亥之役,汲汲於制定《臨時約法》,以為可以奠定民國之基礎,而不知乃適得其反。」(《制定建國大綱宣言》)可見,「二次革命」的失敗,對孫中山本人來說,在政治上無疑是一次極大打擊。他之所以後來在日本組建「中華革命黨」,之所以將一些有著民主自由思想元素的國民黨元老「清除出局」,就因為這時他對民主政治開始產生了某種「懷疑」,並錯誤地將「革命失敗」的原因歸結於「不聽從他的領導」,從而下決心要建立一個由領袖個人獨裁的政黨,可見孫中山對民主政治的認識有著許多不足。1924 年,國民黨召開一大期間,傳來列寧逝世的消息,孫中山要求休會三天以示哀悼,並號召大家努力把該黨變成列寧主義政黨。所謂「以俄為師」就是在這個層面上,俄國的政治實踐與中國的政治發展邏輯找到了一個契合點。對於「二次革命」,胡適一直抱有個人的看法。晚年在與唐德剛的談話中,對民國初年「民主政治」在中國所遭至的曲折頓挫,

始終感到了惋惜，胡適認為「那時的北京政府已具備了民主政治的基本結構，而掌握結構的成員，如民初的國會議員，也都是些了不起的人物」(《胡適雜憶》)。胡適是「西學東漸」式的人物，對民主政治一直有著濃厚興趣。1913 年「宋案」之後，很顯然，胡適本人是反對「兵戎相見」的。否則到了晚年，也不至於耿耿於懷，並以一種過來之人的感慨口吻再次否定「二次革命」。正因為如此，胡適在 1929 年前後，之所以挑戰國民黨的「訓政」和「黨化教育」，且首當其衝，態度之堅決又堅定，也就不難理解了。從他晚年的談話中，更可讓後來的人一如我們，以今天的立場來加深對這位自由知識份子的理解和敬意，這就是：胡適先生一生都渴望中國能走上民主憲政之路。

胡適渴望走的路，應當說，也是孫中山早年想走的路。

孫中山提出「驅除韃虜，恢復中華，創立合眾政府」的口號，是在 1894 年「興中會」創立時。當年康有為主張英國君主立憲制，孫中山以美國模式的民主共和為理想，渴求建立一個「合眾政府」。1903 年，他在檀香山一次對華僑的演講中說得很清楚「……革命成功之日，效法美國選舉總統，廢除專制，實行共和」。1912 年，中華民國成立時，確實是按照美國民主政治的模式來組建臨時政府的。儘管「這種模式」還顯得十分脆弱，但實行代議制，行政、立法、司法三權分立，推行政黨政治，對一個剛剛擺脫了千年專制的國家來說，都是一個不可估量的大好時機。1912 的中國，各種政黨、社團紛紛建立，一如「過江之鯽」，註冊的政黨有 86 個，社團有 22 個。一時間，「民主政治」生機勃勃，千年老樹開了花，難怪乎已踏入「城頭望月」之境的胡適先生對此仍念念不忘。不過，在這「念念不忘」的背後，我們似乎還應當說點什麼？若以今天的眼光看，無論如何，1913 年的「二次革命」在其本質上都是一次冒險的軍事行動；或者說，也是國民黨的一次自殺行為，顯現出孫中山民主思想的局限性，以及 1924 年改組國民黨時提出「以俄為師」的心理基礎。我的朋友邵建在談及此事時認為，設若當時的孫文們不是採用武力，而是以甘地對抗英殖民者「非暴力」的方式來對待「宋案」（黨內確有「法律制袁」的另種意見），就不會給袁世凱在日後為解散國民黨，進而解散國會找到任何藉口，此話不無道理。唐德剛在《晚清七十年》中審視這件事時也說，他雖然「無心為『洪憲皇帝』打翻案官司，只是覺得袁的對手方也不那麼可敬可愛罷了……民國初年那個美國模式的破產，不能單怪袁世凱要做皇帝，雙方都有責任。」但孫中山的責任似乎更大一點。因為，「二次革命」從法理上來說是「非法」的，因為當時的國會還在，採用政治手段來解決這一問題的可能性並非一點沒有。而且，更重要的一點，在剛建立起來的「民主共和」這個框架中，政治家們對當前時局的認知，以及選擇解決這一「政治紛爭」的方式，都將會深刻影響和決定這個嬰兒般的「新政體」能否獲得一個合理的出發點，也就是中國政治未來的端倪。不幸的是，孫中山和他的追隨者在此時卻「迷路」了，他們最終選擇了「兵戎相見」。其結果是，民國名存實亡，內戰連綿不斷，這就是梁漱溟先生 1922 年之所以斥責「二次革命實在是以武力為政爭的開端」的根本原因。

甘地有句名言：「未來依賴於我們現在做的事情」。

對 1929 年來說，國民黨在中國全面實行「一黨專政」，所「依賴」的是 1924 年「以俄為師」，引進「黨治制」這個事實；1924 年引進「黨治制」，所「依賴」的又是 1921 年對蘇俄政體的推崇

備至，因而放棄對西方民主憲政的追求；放棄對民主憲政的追求，恰恰又是「依賴」於二次革命失敗後的不知所措；而這一切，說到底，又統統「依賴」於中國政治傳統「固有之血脈」的重大影響……於是，讓我們再回到民國 18 年，遙望國民黨 1949 年在中國大陸全面潰敗的「未來」，拼合前因後果，結局早已命中註定，而其中的每一個環節就是「現在做的事情」，對此，我們還能說些什麼呢？

想不到，對泰山無字碑的解讀，末了，竟讓我生出幾許悲哀來……。

不妨風雅更清狂
——從吳保初說開去

若干年前，讀到過金克木先生的一篇短文，是談清末四公子之一吳保初（字彥復，又字君遂，號癭公、嬰公、北山，人稱北山先生）的，並稱吳公子保初之所以「非比尋常」的被人列為四公子之一，就是因為這位官拜僅六品的名門公子哥，曾兩次大膽上疏朝廷，痛陳時弊，請求變法，均被他的那個上司、講過「寧贈友邦，不畀家奴」的剛毅（時為刑部尚書）「抑不上達」，一怒之下，掛冠歸隱，回老家廬江，辭官不做了。晚清是一個「棋局已殘」的亂世，國政不綱，民心衰微，危局難支，許多志士仁人憂心如焚。保初先生第一次應詔上書是在 1897 年，甲午戰敗後，即以〈陳時事疏〉篇，直「以亡國之說，告之於皇上」，冀其「怵危亡」而「謀富強」，主張變法維新，思索救治之道。名僧八指頭陀是其好友，聞之慨然贈詩云：「一疏驚天劾大璫，不妨風雅更清狂」；第二次是在 1901 年，庚子「義和拳」大起，各國聯軍公然犯京，有了《辛丑和約》之後，保初先生復入京，主動上疏懇請慈禧太后歸政於光緒帝，其書「辭旨切直，天下忌之」，梁啟超先生看了亦不禁感言萬分：「惟君毅然犯政府所最忌而言之」，其公子意氣可見一端。金克木先生這篇短文的緣起，大概是讀了黃山

書社出版的吳保初詩文集《北山樓集》。如今，知道吳保初先生的人確實不多了，屈指算來，即使以保初先生卒於 1913 年算起，也有九十多年過去了。

有一年秋末，在古城揚州「個園」小住時，得遇吳公子保初之孫吳業新先生。交談後，始知保初先生的《北山樓集》一書，最初由商務於 1938 年所刊印，係保初先生之門生陳子言所編定，上下兩冊，共兩千本。此人是保初先生的同鄉，名陳師，字子言，「詩筆勝於乃師」。《北山樓集》扉頁刊有先生之半身照，西裝又博士方冠，其新潮之狀，之於其風流倜儻的公子哥形象，風馬牛而不相及。吳保初是清末廣東水師提督吳長慶之子，說起來，也是正統的名門之後。吳長慶當年為李鴻章所重用的人物之一，曾任朝鮮軍事總統，「是淮軍中的儒將，亦是淮軍中罕有的比較廉潔的君子」（高陽語）。袁世凱尚未發跡時，曾在其手下謀事。當吳長慶因病移屯金州，袁世凱以同知辦理營務處，其所作所為，不為吳長慶留餘地。張謇等人將袁世凱大罵一頓，並作書致袁以絕交。年僅十六歲的吳保初渡海探父，並「割肉療親」，其孝舉感動了許多人。吳長慶病卒後，時為直隸總督的李鴻章向朝廷上報其事，褒獎吳保初，授主事，補刑部山東司主事，後改任貴州司。吳保初雖官拜僅六品，但在刑部任上時，「勤於吏職」，而名震一時。辭官後的保初先生，居家上海，經濟拮据，典衣留客，行吟憂傷。袁世凱一時生憐憫之心，在津門，曾力勸保初先生入京復仕，並謂「當月致千元」，而開出的條件卻是「不得議政事」（章士釗語），遭至保初先生拒絕。其實，任何人的錢都不可輕取，唯袁世凱手中的花花大洋，保初先生尚可拿得「心安理得」。袁世凱係長慶先生之義子，與保初先生有其手足之誼。以章太炎形容：「兩世恩舊，情逾昆季」。也可這樣說，倘若當年沒有吳長慶先生的提攜，野心勃勃的袁世凱，至後也不可能飛黃騰達。保初先生深知袁項城為人之秉性，不願為五斗米而折腰，有詩云：「丈夫餓死尋常事，何必千金賣自由」，可見袁世凱的大洋並不是那麼好拿，而良知上所付出的沉重代價，將遠遠超出這區區千元可接濟的範圍。清末四公子，其中三人最後的結局都不好，主要是由於他們不願與腐敗的清政府合作所致。最有名、也是最慘烈的當屬譚嗣同，被戮殺於北京菜市口。吳保初則因「貧至無法買藥」，在滬上，叫號而絕，年僅四十五歲。

作為名門之後，無論從哪個方面講，他們的不幸結局，在天下百姓眼中又何至於如此呢？吳保初官階不高，在其刑部任上，「勤於吏職」，但仰丈其父對朝廷的赫赫大功至少也能混得有模有樣。榮華富貴且不去說，至少衣食無憂、以車代步乃闊綽有餘也。保初先生一生擅詩詞，喜女人，自號「癭廬」，楚楚動人的彭嫣為其姬人。有像他這樣家庭背景的人，在那個時代，完全可以「俯仰身世，託之於詩」，抑或與滬上嬈媚動人的官妓調情，撫琴飲酒，唱和吟對，盡得一時風塵之歡。若在今天，不少人恐怕會這樣想，更會這樣做。這樣的事從來亦不鮮見。可作為一個朝廷命官，吳保初先生竟於頭上花翎而不顧，毅然摒棄了這一切，寧可「終是直鉤無所獲，不如歸去抱空山」，以其夫子自道，慨人生萬千。儘管先生「憂」的是一個腐敗的清政府，然民族生死、自強之大計恒生於心，其屈子遺風，猶可見也。1903 年元旦，保初先生作詩示其兩女，有「而父師孟軻，上書嘗責難」之句，並囑咐女兒不要學他，自己的所為不過是「徒空言」而已。保初先生無子有兩女。長女弱男，次女亞男。弱男之夫即章士釗。中國知識份子歷

來就是很特殊的一群，入世或出世，出世復入世，其矛盾心理始終如陰雲而不散。一方面，他們把自己看成是「社會的良知」，根據個人的價值判斷來批判不合理的一切；另一方面，則由於「弘道」在肩，一旦被「勢」壓得喘不過氣來時，便開始轉而走向「內聖」，就是孟子所說的「窮則獨善其身，達則兼善天下」，這一點，保初先生倒是身體力行，做到了。不過，他出身武門之家，卻同樣有著「名教」的傳統。所謂「名教」，用陳寅恪先生的話講，「即以官長君臣之義為教」，其功效在於維護群體的秩序，用今天的話說，就是「穩定壓倒一切」。從保初先生〈陳時事疏〉及後來的〈請還政疏〉兩奏摺中就可看出，雖然「披瀝直陳」，其目的卻是為了「挽人心而延國命」，畢竟那時大清江山已坐有三百年之久。所以，保初先生也自認為這是「直言所以竭忠」。正因如此，保初先生一直稱自己是「不祥之人」。這對朝廷來講，說得一點不錯，這人竟敢要讓真正的「第一把手」棄權讓位；而對於那段歷史，保初先生的憂患之心，乃至絕跡仕途，則是小人物挑戰大人物的一次「狂夫之言」，讓天下人皆驚。所幸先生官位不高，加上李鴻章暗中保護，慈禧太后總算給了吳長慶這位「武壯」（諡號）後裔一點面子，否則像譚嗣同那樣喋血菜市口亦未可知也。

保初先生兩次上疏的最大癥結，就在於勸慈禧太后讓位於光緒帝，「皇上一日不親政，則外間謠言一日不息，而外夷乘機挾制之心，乃反藉以為口實」。剛毅為慈禧太后的心腹，當然不可能將其奏摺送上，況且當時的「拳亂」實為慈禧太后在背後所操縱。吳保初畢竟是一個理想主義色彩很濃的「士」，他把維新變法的理想寄託在光緒帝的身上，從今天的眼光看，實在有點「見識不足」。光緒較之於慈禧太后顯得太年輕而又缺少章法，再加上康有為的

「急進執拗」，袁世凱的求生不義，「百日維新」只能釀成譚嗣同等六君子喋血菜市口，「殺身以成仁」的不幸悲劇，光緒本人也像後來的張學良一樣成了一具政治幽靈。唐德剛先生在《晚清七十年》一書中，稱慈禧是一個深通統治藝術的人，她「能以極高明的政治手法來『安內』，卻以最愚蠢的外交頭腦來『攘外』」。所以，慈禧統治大清帝國達四十八年之久。唐德剛先生認為，光緒帝也不是沒有機會和可能來推行變法，他應當首先建立自己的權力基礎，然後再伺機行事。不能光有幾紙詔書，讓朝內朝野「莫知所適」，有點迫不及待，這個辦法不行。康有為未能看清這一點，吳保初也不可能看清這一點，他們也許是幫了倒忙，這大概也是始料未及的。不過，歷史就是歷史，誰也不可能讓歷史回頭再來一次。然而，中國傳統知識份子中的「清流」，每當政治和社會出現某種危機時能挺身而出，顯示良知，發不平之鳴，其浩然之氣長留於天地間，真可謂：「士不可以不弘毅，任重而道遠」，讓不少後來者慨然於心，並起而效之。

孔夫子曾云：「天下有道則庶人不議」，余英時先生反其道而言之：「天下無道則庶人議」。這就是說，任何一個社會都有讓「庶人」批評或批判之處，從來就沒有十全十美的國家，更何況那個腐敗「魚爛」的清政府呢？保初先生秉書直諫，言他人所不敢言，體現了孟子「處士橫議」的清流傳統。就清代而言，順治、康熙兩朝政治上較為清明，其中最大特點之一，就是能夠「廣開言路」。康熙六年，有一位名叫熊賜履的湖北孝感人，是順治十五年進士，他借皇上屢詔天下名士直陳政事之機會，抨擊「託老成慎重之名，以濟尸位素餐之計」的部院大臣，見「樹義者謂之疏狂」，見「任事者目為躁競」，見「廉靜者斥為矯情」，見「讀書窮理之士，百

計詆排，欲禁錮其終身而後快」，其語直指當時之積弊，尖銳中肯卻未招殺身之禍，可見當時政治上的一種寬容。同為清末四公子，吳保初與譚嗣同的性情最為相似，兩人卻未曾謀面。不過，保初先生非譚嗣同「捨生取義」之同道，他只是寄希望於「聖人擇焉」。這固然有其自身的局限性，卻也反映出中國士大夫在那個時代「愚忠」的另一面。所以，當局者歷來有一種「施惠於人」的良好感覺，總以為是他們在「替天行道」，所以丁酉年因應朝廷下詔求直言，保初先生洋洋灑灑一篇萬言書遭至中途受阻，也就無怪其然了。

吳保初乃性情中人，一生慷慨，輕財好施，喜交天下豪傑。康有為在其墓誌記述：「母王太夫人遺財豐溢，君散以養士恤孤，舍田千畝為義塾恤族。」戊戌變法失敗後，吳保初憤然寫下〈哭六君子詩〉，有「聖朝不殺士，尼父吊三仁，西市諸君子，東林舊黨人」之句，並發憤「為亡人訟冤」，這也是他後來之所以對維新、革命兩黨的活動，多有同情和支持的緣故。保初先生直言上章，棄官不做，其短暫的一生，贏得不少新朋舊友的尊敬。在上海，時海內外凡有識之士，無不造訪先生，「偶及國是，抵幾縱言，亢直痛切」，聞者仍興起而忿然。章太炎與康有為素有不和，然在保初先生的態度上卻一致。章太炎曾有一首五律詩，起句便饒有意味：漸識吳君遂，高情奔直廬。高陽注解：「『漸識』者積久而始知，隱含有過去的渺視之意。大概章太炎先以為吳保初是紈綺一流，以蔭得官，不過普通富貴人家子弟而已。『奔直廬』即辭官，章太炎許之為『高情』，而亦因此改變了他對吳保初的觀感。」當然其中亦因上海的「蘇報案」，「……太炎亦在獄中。獄內外營救協助等事，先生均力任之」。保初先生在京任官時，與梁啟超、文廷式交好，政治見解受其二人影響較深。後保初先生早逝，章康二人，一個作墓表，一個作墓誌，可見保初先生的人格魅力和影響。梁啟超二十四歲初進京時，即受保初先生賞識，被目為「奇士」。尤其在先生力薦之下，得以進入自強書局，遂成一生中最重要轉捩點。保初先生逝世後，梁啟超作詩以挽之：「君遂之節如其才，呼天不應歸去來，海枯石爛詩魂哀，籲嗟吾國其無雷。」梁啟超在《飲冰室詩話》中又稱保初先生「以節氣聞一時」，後自己亦因從政屢受挫敗，心灰意冷，晚年遂轉爾研究學問，其心境與先生「行吟澤畔，一發於詩」（康有為語）毫無二致。1913 年 2 月 21 日，保初先生患風濕病而歿於上海，葬於上海靜安寺第六泉旁，四十年代遷至江蘇昆山佛教公墓。而今因規劃發展需要，其墓恐早不存焉矣。就這樣，一代名士「人往風微，音沉絕響」，但這又能勾起多少今人的滿腹心思，抑或「雖不能至，心嚮往之」，真是很難說了！

有些事大可不必

徐忻煒君是報社同事，與我共事多年。他是宜興徐氏的後代，他的外公就是國畫大師徐悲鴻的胞弟。他家與蔣碧薇女士也沾親帶故，是什麼親，我始終沒有弄清楚。不管什麼時候，只要說起悲鴻先生與蔣碧薇的那些陳年舊事，忻煒君總是默不作聲，也不作任何辯解。是不是家訓在耳，不便說，不好說，也說不好，誰也沒有問過。只覺得忻煒君長得頗像悲鴻先生，尤其是那鼻子。

說來也巧，我的祖父是悲鴻先生的朋友。文革初期，有大字報揭發悲鴻先生在上海時，曾送給祖父一隻防身手槍。這樣的事，如果不是得意時祖父說漏了嘴，恐怕誰也不會知道。我曾問過祖父，當時我還太小，只有十幾歲，祖父只輕描淡寫地說了一句：「那都是老底子的事了……」就沒了下文。後來，能與徐家的後代共事，而且成了好朋友，是一種緣份。

大概因為祖上的原因，忻煒君對我多少也透露過一點徐蔣二人的恩恩怨怨。從話中，我覺得他還是有點偏向蔣碧薇女士的。實際上，他不可能見過蔣碧薇，與廖靜文相熟卻很自然。但他為什麼寄同情於蔣女士，也許還有一些諱莫如深的事情。他不說，我也沒問。倒是有一年，悲鴻先生的長女徐靜斐教授來南京，在一個賓館裏，忻煒君讓我去。與徐教授談話很愉快，但她對生母

蔣碧薇頗多微詞，說她一生為人所利用，一生為情所惑，出乎我的意料。

我將徐教授的談話，寫成一篇採訪記，欲見諸報刊。忻煒不同意將他的名字也列入作者中，生怕添亂。因為其中若干細節鮮為人知，直接牽涉到廖靜文女士。果然，最後一稿時，徐教授從合肥打來電話，要求將文中最關鍵的幾大段刪去，態度很堅決。當時我很猶豫。因為第三稿時，我與忻煒曾專程赴合肥，教授審過，也簽了字，覺得問題不大。可突然改變主意，讓人措手不及。忻煒也說，算了吧，畢竟廖靜文還健在，這個家仍以她為中心，徐靜斐也沒有辦法，徐悲鴻是屬於她的。後來，文章見報，儘管缺少新意，各報刊還是做了大篇幅的轉載。據說，就是這樣，廖女士還是有意見。

事隔兩年，也就是現在，我對此事仍耿耿於懷。許多歷史真相，就因為某些人為的因素，最終被披上了神秘的面紗。雖然中國素有「為親者諱、為尊者諱」的傳統，但諱一時可以，諱一世卻很難。再說，公眾對所謂名人的期望就是真實二字，任何不真實都是對公眾的一種欺騙和嘲弄。而為文者，遷就具體的人和事，有失公允，更是對歷史的極端不負責。遠不說，就以廖靜文女士寫的《徐悲鴻一生》而論，其中將悲鴻先生與蔣碧薇之間的抵牾，全部責任都推向蔣碧薇一方，顯然就不真實。好在還有蔣碧微的書流傳在世，兩相對照，讀者自有公論。儘管蔣書也有隱晦之處。

廖靜文與悲鴻先生於 1946 年在重慶中蘇文化協會正式結婚，證婚人是郭沫若和沈鈞儒先生。之前，悲鴻先生愛的是安徽才女孫多慈。這時先生並未與蔣碧薇分手，嚴格地講，這是一場婚外戀。1938 年，徐悲鴻在長沙遇到正在那裏避難的孫多慈全家，並把他們帶到桂林，其間確實提出過結婚的請求，可遭到孫父的拒絕。後來孫多慈下嫁時任浙江省教育廳廳長許紹棣。1953 年 9 月 26 日，悲鴻先生在北京病故。消息傳到臺灣，孫多慈悲痛欲絕，並為先生帶了三年重孝。這話是孫多慈的同窗好友、著名的物理學家吳健雄在 1988 年來南京參加東南大學校慶時，站在那株「六朝松」下親口對徐靜斐說的。孫的婚姻好像後來也出了問題，沒幾年她就到了美國，住在吳健雄家，後死於癌症。

悲鴻先生病故時，廖靜文才三十歲。她將先生的全部作品和收藏品一件未留的捐給了國家，她還親任徐悲鴻紀念館館長一職。在周恩來的安排下，她曾去北大中文系學習，其目的是為了寫好《徐悲鴻一生》這本書。1956 年 7 月，廖靜文被組織上安排至北戴河療養。這時在海邊，一位年輕的軍官不經意地闖入廖靜文的視線，他就是當時解放軍某部防化連的一名指導員，叫黃興華。這一年，黃興華二十四歲，他高大英俊，跳起舞來步履輕盈，翩翩然儼如白馬王子。廖靜文很快與他從友誼而熱戀，這對於一個三十歲的女人來說，儘管她是名人的遺孀，但並不會因此而拒絕熱切的愛。黃興華當時是否知道廖靜文就是徐悲鴻的妻子，已無法考證。但有一點，廖靜文對他的印象很好。1958 年底，徐靜斐在杭州參與編寫《蠶體解剖生理學》全國統編教材，突然接到廖的一封來信，大意是：黃這個人不錯，對兩個孩子也好，自己打消了許多顧慮，準備與之結婚，並徵求徐靜斐的意見。面對繼母的情感世界，徐靜斐以客觀的態度面對，因為廖靜文畢竟太年輕了。她給廖回了一封信，表示尊重她本人的選擇，只要弟妹們能接受，自己也沒有什麼意見。不久，徐靜斐在杭州又收到廖和黃共同寄來的禮物，是一件綠底小白花的連衣裙。

這就是徐靜斐教授要求刪去的其中的一段。因為現在，在這個家裏，誰也不會再提起黃興華這個人。徐教授當時之所以和盤托出，是因為我的一再詢問。徐悲鴻生前有位好友，就是攝影專家高月秋先生。高先生與我祖父是結拜兄弟，我祖父最小，高先生行二，老大是卡通片鼻祖萬古蟾。七十年代末，我與父親去看望二爺。閒聊中，二爺與我們說起廖靜文改嫁後復又離婚的事，總之是一團糟。不知為什麼，這件事我就記得了。我問徐靜斐，她初以為是忻煒君事先告訴我的。既然徐教授要求刪除改嫁的一段，那麼離婚的內容，同樣也不能公佈於眾，這可能是怕有損廖靜文作為大師遺孀的美好形象，或是廖靜文的一塊心病亦未可知也。其實，離婚也很正常，徐悲鴻也是離婚的，而且還有過別的女人。問題在於如何正視生命中的這段情緣，誰也不必因為某種需要就將對方一筆抹去。廖靜文與黃興華在一起生活了有十年之久，超過與徐悲鴻的八年。

黃興華是何等人，聽徐靜斐的一面之辭，無法作出判斷。但在歲月風雨飄搖之際，黃未能頂住種種壓力，與妻子患難與共，反認為自己根正苗紅，而這個家庭問題太多，怕受牽連，也跟著出去造反，這是人格上的背叛，也是人性上的軟弱。文革期間，黃已轉業至北京市文化局工作，對廖靜文所受到的致命衝擊漠然處之，這使她徹底絕望。廖靜文曾當面質問他：如果她被人打死了怎麼辦？兩人的關係出現空前的裂痕。徐靜斐與黃興華同年，那一年，徐靜斐帶孩子去北京躲避武鬥，發現黃在家中的地位已一落千丈。孩子們不願理睬他，也無人給他燒飯。徐靜斐過意不去，就每天給他留一碗飯。有一天，黃對她說：「自己現在很孤立，在這個家裏沒有地位，只要一談起來就是徐悲鴻，好像就沒有他這個人。」黃又說想離婚，徐靜斐當時不置可否，只說讓他自己考慮。後來，黃與廖終於離婚，廖靜文不要他的錢，自己撫養三個孩子。黃和廖結婚後生有一子，起名「廖鴻華」，分別取廖靜文、徐悲鴻、黃興華姓名中各一字。廖鴻華現定居加拿大，已有三十多歲，與忻煒君的胞兄在一起。

這是一段往日的故事，浸透著一代人的悲歡離合。人生有時雖像一部二十四史不知從何說起，但對於親歷者來說，卻冷暖自知。我雖然理解徐靜斐對繼母廖靜文的那份感情，也深知家醜不可外揚的道理，但讓黃興華從自己的故事中悄然消失，甚至不復存在，這對廖靜文來說，是一種不可原諒的虛偽，對黃興華來說，是一種冷漠的無情，而對徐悲鴻先生來說，恐怕是一種最大的不誠實。在這個世界上，誰都可能出錯，一如徐靜斐指摘生母「捨徐近張」是情感的卑劣，那麼廖靜文看人走了眼，也只能自吞苦果了。更何況，在瘋狂的年代，由於各種原因，人一時之軟弱、彷徨、斷裂抑或背叛，也不能一概而論，黃興華整日生活在徐悲鴻先生巨大光環的壓力之下，其失落也可想而知。所以，在今天這樣一個開放的時代，為親者諱，大可不必，有時反倒適得其反；而為尊者諱，往往只能造就新的諸神，這又是我們斷然不能接受的。

打量文明的生死結

一

山東畫報出版社《老照片》編輯部收有數張清朝以降斬首場面的老照片。說起來，還得感謝洋人發明瞭照相術，更好後有好事者傳入中國，這血淋淋的真實場面才會在刀起刀落之間眨眼定格。從照片上看，裏外三層的圍觀者，表情或麻木、或驚愕，卻也彷彿聽得見那血濺耳膜的銳利聲響，這劊子手的刀也真是夠快的了！斬人首級的圍觀場面，對今天的人來說，大概早已陌生了。但魯迅先生在小說中卻形諸筆墨，躍然紙上，讓人過目難忘。斬首即死刑，與更早的中國對罪人施以「車裂」、「活剝人皮」、「凌遲」之刑相比，也許溫和了一點，或者說「人道」得多。中國古代酷刑的修理面極大，其慘忍程度，也算是費盡心機，且名目繁多，花樣百出。「車裂」即「五馬分屍」，二千多年前「秦人不憐」的商鞅乃遭此極刑；而「凌遲」更是慘無人道，「以短刀臠割人之肌膚」，處處體現了一個「慢」字，差不多把肉割盡，把人折磨透了，才剖腹斷首，所謂「千刀萬剮」莫過於此。至於說到斬刑，這是官方最常見的一種處決方式，相對「車裂」、「凌遲」而言，快刀見鋒見利之處，完全取決於劊子手的技能如何。此時的死囚，恐已別無它求，最後一點點心思，大概就是「仰仗」其刀落時的果斷與洗練了。《聊齋》中有個無惡不作的江洋大盜，被斬時不願

死得拖泥帶水，他大拍劊子手的馬屁，稱其「一流快刀是也」，果然一刀下去，乾淨利索，頭滾出幾步遠，在地上打轉，居然還能喊出「好快刀」三個字，這痛苦自然就少得多了。

二

斬首允許眾人圍觀，其動機一目了然，無非是想起到彰顯正義、震懾人心、警示後人的作用。一生大鬧臺灣的李敖曾戲言之：「身體刑在執行方面，倒多少有今古之分，現代派是偷偷摸摸，古典派卻光天化日，光天化日到公然立法為之的程度。」眼前這幾張斬人首級的老照片，竟成了這「光天化日」之下驚世醒人的一份歷史檔案。只是照片上的圍觀者神情大都木然，讓人多少有點懷疑死刑於社會功效的那點作用。「看殺人」與「被砍頭」從來就是兩回事，當那刀並未真的落到自己的頭上時，其心理多少還是有一點「歡欣鼓舞」的。魯迅先生在小說〈藥〉中曾寫到「看殺人」時，「那三三兩兩的人，也忽然合作一堆，潮一般向前趕」，然後「簇成一個半圓」……老栓向那邊看，實際上魯迅先生也在向那邊看，但先生卻看到了眾人對生命的一種麻木和無聊——本是一件令人驚恐不安的事情，卻興奮得不得了，甚至趨之若鶩，「從兩個脖子之間伸進腦袋去」，這種罕有的好奇心，以及心甘情願地去承受死刑之後的那份快感，難怪蘸著人血的饅頭可以當「藥」來賣了。以一種莫名的心態去觀賞對同類的懲罰，不獨是中國人的愛好。司湯達筆下的於連被判死刑的那天，客棧裏竟住滿了人，連女人們也不甘寂寞，這種人性的複雜一言難盡，其中的幾分快意亦未可知也。

三

在中國，殺人償命，天經地義。不過，死刑在其本質上，卻是一種「報應刑論」的具體落實，在傳統社會中，尤其深入人心。「報應刑論」的最大缺失就在於，完全視犯罪事實為個人行為的結果，從而忽略了其背後諸多的社會因素，包括不公社會的結構性壓迫，以及大眾傳媒或個人成長背景所帶來的種種心理誤導等。死刑暗藏「復仇」的因果，這大概是早已不爭的事實。《水滸傳》中就有這樣的情節，在第四十一回中，李逵割黃文炳的那一段，李逵說，今日你想快死，老爺非要你慢死！說完，便把尖刀先從腿上割起，揀好的當面在炭火上炙來下酒，割一塊，炙一塊。無片時，割了黃文炳，李逵方才用刀割開胸膛，取出心肝，把來與眾頭領做醒酒湯……就是這要命的復仇行為，進而獲得心理上的某種快慰，就這樣，一刀一刀地將人性的弱點暴露畢至。各個時代的酷刑，都是以摧殘和折磨生命為目的，其中的快意恩仇，實際上也是一部血淋淋的文明史。酷刑是封建專制的產物。君權之大，無所不在，生殺予奪，任其施為。所謂「法」，不過就是封建君王的一句話。君言一出，法理相隨，不知又有多少人頭落地。所以，李敖就說過：「我們看不到殷商的法律，卻看到殷商的刑罰……從原始的意義來說，刑不是法律的名目，而是無法無天的名目」(〈「緹縈救父」表示了什麼？〉)。亂世用重典，這是歷朝法律的普遍原則。對一個國家來說，殺一儆百，重建社會公道，以達到長治久安的目標，以傳統的觀念看，這也無可厚非。可殊不知，死刑恰恰又是一把雙刃劍，它不僅僅是刑律，同時還有著「以暴以暴」的另一面。而且，不管死刑的方式如何在變，萬變不離其宗，總是逃脫不了「怨怨相報」這個歷史迴圈。說到底，這反

映出人類一種善良的無奈，在對付「惡」時，似乎還沒有找到一種更好的辦法，不如從肉體上滅之，對自己也算有了一個交待。死刑讓人類的想像力在一個特定時期發揮到了極致。從最初對部落之間的戰俘以石砸處死，到後來的絞刑、腰斬、車裂、凌遲、剝皮、活埋、火焚、斬首等等，這些林林總總的行刑方式，其中最不能讓人接受的，就是人類以此來懲罰和折磨自己的同類，其殘忍程度，有時讓人類自己也打一個寒噤。

四

死刑不等同於自衛，與正義的戰爭也不可同日而語。社會總是強調理性的，從生命權的角度講，不能簡單地將死刑合理化。死刑不論作為什麼手段，在阻止人類犯罪時往往顯得蒼白無力，更無助於消除各種惡性犯罪。死刑牽涉到生命倫理的議題。贊成死刑，抑或提倡廢除死刑，無論從法律、宗教、道德哪個層面來講，其中的「生死結」，實際上是對人類文明的一種質疑。人是生命的一種載體，但人的理性與理智，畢竟有別於其他生命。僅從生存的角度來看，在人類最初的潛意識中，多少還存有動物性心理。從一開始的合夥復仇，到後來五花八門的死刑實施，時不時體現出人類自身文明的兩難境地。死刑的意義，並不能對人類最終的生命價值作出最理性的評估。也就是說，死刑從來就不是人性最完美的體現，更多的是以一種不顧理性的絕對方式，表達了對惡的復仇以及對生命的輕蔑。以「正義」的名義處罰人，其實也是一種被掩蓋了的不義。在西方，歷史上教會、教派、政治集團、黨派、民族對所謂「異端」的宣判，曾導致無數科學家、先進分子、大眾精英、平民百姓葬身冤海。而這些死刑的判決，往往是通過一定的司法程式，並聲言代表國家和人民的利益加以實施的。布魯諾何嘗不是這樣，教會對他就是以宗教裁判所的名義獲得審判之權的，而希特勒則是通過國家機器對猶太民族推行瘋狂的司法迫害。剝奪罪犯的生命權，將其視為社會公敵，必欲除之而後快，這種做法在有完善獄政制度的國家，難免會有「不正義」或「使用武力」之譏，其本質是簡化了犯罪問題的複雜性。當代刑學的核心內容是，強調以剝奪罪犯的權利來取代痛苦折磨，從對肉體的懲罰轉為對其精神上的改造，罪犯不再是社會大眾棄之惟恐不及的「惡人」，而是一個有理性的、可改造或可贖救的正常人。生命不是任何一種高尚目的的手段，更不是看客們的「玩物」。於是不斷有人提出，以「終身監禁而不得假釋」來取代死刑，其效力幾乎同等，而且還可消彌人類「以眼還眼」長久已然的報復心理。在 2000 年 4 月間，臺灣地區一個名叫「信望愛」的全球資訊網，在網上就「廢除死刑」這一主題進行了投票調查。調查結果表明：有 28%的線民反對廢除死刑，有 24%的線民贊成廢除死刑，有 42%的線民贊成「有條件的廢除死刑」，即「終身監禁而不得假釋」。這項調查有沒有權威性不得而知，但至少透露出這樣一個資訊，在現代社會中，人們對於死刑並不抱多大的信心。死刑的歷史不算短了，惡性犯罪率並沒有因此而減低，現代法律的最終目的不僅僅是為了懲罰犯罪、報復犯罪，而是應當更有效地預防犯罪行為的發生。

五

關於是否廢除死刑的爭論，已有二三百年的歷史了。爭論的一方，雖有著「威嚴」和「正義」，不免飄散出一點血腥味兒；爭

論的另一方，雖有著「寬鬆」和「理智」，卻不乏人道和人性的溫情……從 1988 年起，已有 67 個國家全面廢除了死刑，有 14 個國家在刑法上廢除了死刑，另有 24 個國家事實上已有 10 多年未曾執行過死刑。1999 年 4 月，聯合國有關組織通過決議案，要求所有會員國暫停死刑，並追求死刑的完全廢除。決議案畢竟是決議案，各國政府還是根據本國的實際情況對死刑作出了自己的解釋。2000 年 4 月 27 日，我國外交部發言人明確指出：中國保留死刑。死刑只適用於那些極其惡劣的犯罪分子。但中國對死刑的實施十分慎重，中國的法律對此做出了極為嚴格的限制。死刑案件不僅要經過中級以上人民法院的審判，還要有嚴格的死刑復核程式，最後才能給予確定。儘管如此，中國卻是世界上首倡「死緩」的國家。而在美國，1999 年，美國天主教的主教們在受難周前夕發表了一項有關廢除死刑的聲明，其理由是「我們反對死刑，不只是為了那些犯下恐怖罪行的加害人，而是為了它對我們整個社會的影響。對死刑信賴度的增加，將勢必毀滅我們每一個人。同時，它還是對人類生命越發不尊重的一個預兆。」由於國情不同，歷史背景又有著很大的差異，對於死刑的或留或廢，各國存在著政治、社會、文化、觀念及現實等諸多複雜的因素，一時難以律同。但有一個事實是，當今各國對死刑都持有一種更加審慎的態度。而更加接近人道主義的行刑方式（電椅、槍決、注射），以儘量減少死囚在肉體上的痛苦，這不僅得到法律人士的普遍認同，各國的政治家們也不再我行我素，社會趨向「輕刑化」的做法越來越明顯，而傳統中「以命償命」的觀念正日漸式微。儘管在這個世界上，全面廢除死刑的道路還十分遙遠，但廢除死刑，不僅是對法律制度的改革，更是捍衛生命尊嚴的一種籲求和社會文明進步的必然。既然死刑對惡性犯罪並無真正的遏止作用，與其這樣，還不如讓那些罪犯在漫長或有限的終生監禁中，真誠地對著靈魂自我懺悔。儘管這並不能洗刷他們身上的罪孽，但讓他們感受一次同類對自己的寬恕，無啻於是對生命和文明的一種拯救。

1946 年 10 月 1 日，紐倫堡國際軍事法庭判處十二名第三帝國的要員絞刑。十五天之後，凌晨 1 時 11 分至 2 時 52 分，除缺席審判的伯爾曼和行刑前一天深夜自殺的戈林之外，其餘戰犯在監獄體操房臨時搭建的三個絞架上被處決。這應當說是一次秘密處決，當時只有四十五名目擊者在場。這與生發此文的這幾張老照片上的情形大相徑庭，或許正好坐實了李敖講過的那句話「現代派偷偷摸摸」，而魯迅筆下的阿 Q 先生，恐怕再也無法在那裏眉飛色舞地吹噓什麼「你們可看見過殺頭麼」之類的話了。然而，就當死神在這些曾經顯赫一時的戰犯身邊轉悠時，第三帝國的外交部長約阿希姆・里賓特洛甫在聽到宣判後的第一個反應就是：「死刑……我連寫回憶錄的時間都沒有了。」在絞刑架下，他又說出了「寬恕我的靈魂」之類的話，最後的願望竟是「我的祖國恢復統一，為了世界和平，東西方能和睦相處」……假如這不是出自一個罪大惡極的戰犯之口，我幾乎就要相信這是一個神話般的預言，幾十年後的東西德統一竟有幸而言中。可見，約阿希姆・里賓特洛甫在臨死前講的都是人話，這誠實而又近乎淒美的懺悔，現在的人若再想起他，還有什麼不可以饒恕的呢？不妨再大膽地設想一下，如果當時對約阿希姆・里賓特洛甫執行的是「終身監禁而不得假釋」的話，他寫出的回憶錄對後人、對生命、對世界

是否更有其反思價值？既然大自然創造了生命，而生命中又有了人，任何強行終止生命的做法，總有點那麼不盡如天意和人意。在倫理學中有一個多年未解的著名悖論，即：為了全人類的幸福，心須將一個嬰兒扼殺在搖籃裏。這個難點的關鍵所在，就在於人類的幸福若是建立在一個幼小生命不復存在的基礎之上，這樣的「幸福」又將是一種怎樣的幸福呢？這雖與一個罪人之死不可相提並論，但是否處死了一個罪人，就可換取我們心靈上的真正安寧？其實，只要我們去戰勝對邪惡的恐懼，並學會寬容，人類的文明才有真正的希望，因為人畢竟都是受教育的產物。所以，「只要不再殺人（包括死刑），人類才得以為人」，這句話是法國人馬丁・莫內斯蒂埃說的，一直讓我感懷不已。儘管我不是基督教徒，但仍想對這位嚴肅的人類史學家說一聲「尊重生命，就是尊重人類自己，阿門！」

崇拜的權力在大多數

當我信手在電腦上寫下這行字時，感到自己有點「不合時宜」了。確實，我們這一代人曾長久生活在一個崇拜英雄和偉人的時代，卻從來沒有想過一個時代可以沒有自己所崇拜的英雄和偉人。大概受這種時風的影響，就我個人而言，在二十幾年的廣泛閱讀中，對各種名人自傳、評傳的興趣始終不減，這究竟是一種什麼樣的心態在作祟，追究起來已無多大意義。總之，我還是一直在讀著這類書籍，大凡能找到的。不久前，京城有一股「格瓦拉」熱，就去讀手頭邊有關格瓦拉的所有資料，這些資料是從舊書攤上廉價挑回來的，現在恐怕已是「物有超值」了；隨後又翻出七十年代刊行的《勃列日涅夫》、八十年代風靡一時的《病夫治國》，九十年代初出版的索爾・舒爾曼的《權力與命運》、費・布林拉茨基的《領袖與謀士》等書再讀，越發讀出歷史上的許多「偉人」和「英雄」原來都竟是一場誤會，這些人在一個歷史時期應運而生，有時是出於某種政治上的需要（亦即角色的需要），他們被一些人推上了至高無上的「神壇」，而自己也未加拒絕，也跟著「感覺良好」起來。前蘇聯領導人勃列日涅夫就是這樣一個典型的被時代所造就的「假偉人」和「偽英雄」，儘管他在位有十八年之久，僅次於史達林，可就是這位「國家社會主義的化身，最終把蘇聯的社會主義引入死胡同」（費・布林拉茨基語）。

1964 年 10 月，蘇聯領導人赫魯雪夫下臺，這在中國人的心中激起過一陣興奮和喜悅。曾幾何時，赫魯雪夫就是我們這個體制話語中「修正主義」的代名詞。若干年後，當這位前蘇聯領導人在鬱悶中默默地老去時，我們的官方媒體以〈赫魯雪夫死了〉這種「旗幟鮮明」的立場為標題，可見中國政黨和政府與他的分歧有多大，中國人民對他的成見有多深。勃列日涅夫就是最終取代赫魯雪夫的那個人，當時他五十八歲，我九歲，這是我第一次知道勃列日涅夫這個名字。不過，後來我才知道，勃列日涅夫上臺執政，完全是克里姆林宮內部一次不流血政變的結果。可即使這樣，在當時那個反赫聯盟陣營中，勃列日涅夫並非最關鍵的人物，充其量只是一個配角，他既不如同輩蘇斯洛夫那樣世故老練，精通馬列，也不如較之他年輕的謝列平才氣橫溢，野心勃勃。他生性就是一個膽小的人，不論從學識、氣質、品格、眼光、勇氣哪個方面看，都不具備有勝任一個大國領導人的能力。索爾・舒爾曼在《權力與命運》一書中曾描述過勃列日涅夫與蘇斯洛夫、謝列平等人密謀把赫魯雪夫趕下臺時的那種緊張和害怕：有人要他給正在南方度假的赫魯雪夫打電話，讓他立即回來參加會議，勃列日涅夫竟「害怕得差一點昏厥過去，後來不得不把他強拉硬扯到電話機前……」而又在聽說（僅僅是聽說）赫魯雪夫已知悉反赫聯盟的事時，他一下子撲到朋友的懷裏，驚恐不安地說「全完了，赫魯雪夫都知道了……你不瞭解他，他會把我們統統槍斃的」。然而，沒隔幾天，同一個勃列日涅夫竟搖身一變成了蘇共第一書記。

就是這樣一個心理反差極大的人，在反赫聯盟中對更多的人不構成真正的權力威脅，同時又是赫魯雪夫黨務工作上的副手，勃列日涅夫在眾人的推舉下「順理成章」地登上了權力的最高峰。儘管在謝列平等人眼裏，他不過是一個「過渡性」的人物而已。可勃列日涅夫竟能做到委曲求全，初以小心翼翼而行事，「見人必帶三分笑」，繼而則不斷力排異己，安插親信，從而使大權一步一步地從容在握。在一個極權主義的國家裏，政治也許就是這麼回事，既然史達林能將自己的政治對手一一消滅，既然赫魯雪夫能在史達林死後成功地剷除貝利亞這個員警頭子，勃列日涅夫雖然膽小，可為了坐穩自己的江山，這個「漂亮的摩爾達維亞人」，為什麼就不能如法炮製呢？只是在手法上變了花樣，讓那些曾經支持和擁戴過他的人，不再遭遇史達林時代那種殺戳，可以確保其生命上的並無實際危險，只是有一個條件，他們必須一個一個地從高層人物名單中悄然消失，抑或離開莫斯科，遠離權力的中心，抑或「光榮退休」，其政治生命到此中止或結束，連赫魯雪夫也不能例外。也許只有在這時，克里姆林宮的戰友們才如夢初醒，再也不會認為這個膽小的勃列日涅夫仍是一個「淳樸」的人了，其中最大的失算者就屬謝列平了，而像波德戈爾內、沃羅諾夫、米高揚等人則很快就從中央主席團和政治局中消失得無影無蹤。

其實，在那樣的體制內，很多年來，勃列日涅夫一直保持著一種低調，最後連自己也不相信就這樣輕而易舉地成了一國之君，且江山一坐，就是十八年。最初主政時期，他還有點自知之明，從不敢說自己是一個「領袖」，有時甚至還要做出迎合他人的姿態。不過，這也是沒有辦法的事情。勃列日涅夫確實是在各種權力紛爭和平衡之下，最後作為中間派而上臺的，這一點與列寧死後史達林的上臺頗為相似，而兩人最大的特點之一就是能「見風使舵」。勃列日涅夫在走過了一段鋼絲繩之後，才逐步做到大權

獨攬的，其間自然費盡了不少機關和心思。有一次，當他身著新制的元帥服，對昔日的老部下說了這樣一句話：「瞧，熬到了這一天⋯⋯」他在說這話時也許並不得意，但心裏至少也十分清楚克里姆林宮裏權力鬥爭的殘酷性。他之所以能有今天的風光，高踞其權力的最高峰，完全是「熬」出來的。可「熬」出來的勃列日涅夫，竟也漸漸地開始有恃無恐了，隨著在位時間越久，膽子越來越大，他為了使自己也成為一位歷史上的「偉人」，不斷地給自己頒發各種勳章（甚至包括文學獎），其總數超過兩位前任的總和。1981 年在基輔豎起了一座二次大戰的紀念碑，巨大的碑體上鐫刻著一萬二千名戰鬥英雄的名字，誰都不會想到勃列日涅夫的大名竟排列首位，而史達林的名字被排到了後面，若不細看竟很難找到。實際上，直至戰爭結束時，勃列日涅夫不過是一個名不見經傳的軍官（最初時是上校），子彈連他的皮都未擦過一下，哪來的什麼英雄業績可言並高居碑首呢？

權力確實可以改變一切，包括歷史。作為當事人來講，權力的無限膨脹，必定利令智昏，許多事情做得太露骨、太肉麻了，老百姓雖敢怒而不敢言，但心中自然會有一本帳。在前蘇聯，民間有關勃列日涅夫的政治笑話處處可聞，其中有一則令人笑掉大牙：有人問，近來總書記為什麼又住進醫院了？答：他必須接受一項特殊的手術——擴展胸脯，否則那些新的勳章就無處可掛了。實際上，政治笑話中總是暗藏著許多普遍的不滿情緒，這是人民對自己領導人的一種尖銳嘲諷和批評，勃氏本人雖不可能聽到，但人民的聲音卻不會因此而消失。在勃列日涅夫的私人收藏中，最多是獵槍，其次是豪華轎車，達幾十輛之多。在他的執政後期，對所有貴重的「進貢」照單全收，也導致了那個時期的蘇聯貪污腐敗之風盛行，卻很少有人因此而丟掉烏紗帽。更有甚者，當一次他與助手們討論公民工資過低時竟說：「你們根本就不瞭解實際情況。沒有任何人是靠工資過活的。我記得年輕時，為了上學去卸火車掙錢，知道我們是怎麼幹活的嗎？卸下三個麻包或箱子的貨扔到那邊，一個麻包就留給自己。全國的人都是這樣幹的嘛。」這就是勃列日涅夫，一個堂堂大國領導人所講的話，其弦外之音或許就是公民的工資待遇大可不必提高，反正他們有的是辦法，偷雞摸狗的事他勃列日涅夫自己也曾幹過，現在也可以幹，這就是國情嘛！

人民對領袖的認同，絕不是從什麼理論上來加以界定的。從某種意義上講，天下百姓，不論何時，從來想得都是那種實實在在的生活。任何一位欲成大事業者，按照自己的理想和信念，試圖進行政治上或經濟上的變革或改良時，首先借助的還是人民的力量。儘管時間將對每一位領袖作出最公正的評價，但一個成功治國者的標誌就在於是否能贏得民心。在赫魯雪夫下臺的第二天，一個美國記者的國際旅行社導遊竟為此「哭了好幾個鐘頭，兩眼哭得痛紅」，這位導遊解釋說，「當初全靠赫魯雪夫，她的全家才在五十年代中期從一個史達林時代的監獄裏獲釋」。這種感情應當相信是真實的，與政治上的那種竭盡阿諛奉承之能事大相徑庭。儘管有不少國家的領導人喜歡接受奉承（這是人性的弱點之一），一如在史達林和勃列日涅夫時代，因為屈服於權力，有相當多的人「不擇手段地厚顏無恥地討好每一位上臺的新領導人，以此確保自己成為政壇上的『不倒翁』」（費・布林拉茨基語），這可能恰恰就是一個領導人的不幸和悲哀，因為權力的中心未必就是真理的中心。

對偉人和英雄的崇拜應當是來自民間。儘管產生偉人和英雄的機緣各相不同，但偉人之所以成為偉人，英雄之所以成為英雄，都是以「真理、原則、正義、利他主義、尊嚴」為前提的，其中也應包含對生命和苦難的一種悲天憫人的情懷。當勃列日涅夫在最終一九八二年十一月九日的深夜，也就是在他的扎維達沃別墅裏再也沒有醒來時，一個「自以為是」的領導人就這樣悄然退出了政治舞臺。可在當時，沒有一個人為之掬一滴同情之淚，也沒有一個人將他視之為心目中的「偉人」，一切都是那樣的平靜和平淡，與廣播中政府要求人們去做的一切相去甚遠，人們只是在默默地期待新領導人的出現。史達林曾說過一句話：領袖來復去，人民的事業是永恆的（大意）。話雖然說的有道理，只是他自己無法做得更好。尤其是在一個專制的國家裏，人們對偉人和英雄的期待，一方面在體制之內，另一方面則在體制之外，這是兩種互相滲透著的一種希望，而且也只能是這樣了。現實的「境況種種」早就決定了更多的人「在本質上都很脆弱，容易受到損害，都有可失去的東西……」（哈威爾語）。不過，「無權者」並沒有因此而失去自己的權力，在「人人說真話，人人做實事」的同時——這是哈威爾所說的「無權者的權力」，實際上也正是由「無權者」在決定誰是真正的偉人，誰是真正的英雄。這個邏輯也很簡單，被崇拜的人從來就是少數，而真正的崇拜者則是「無權」的大多數。也就是說，由我們大多數人的「良心」所推舉的「偉人」和「英雄」與我們每一個人的利益、思想、情感息息相關，任何一個強加於我們眼中的「假偉人」和「偽英雄」，只能換取一種冷漠，或只是一個時代的一場鬧劇而已。

格瓦拉不可能活在今天

如今，知道切・格瓦拉的人確實不會太多，而為之著迷和顛狂的人恐怕更是寥寥，這就是一個時代與一個時代的不同。儘管薩特曾在一篇講話中說此人「不僅是知識份子，而且也是他那一時代的十全十美人物」，可這位睿智的哲學家還是把格瓦拉限定在了「他那一時代」裏，至於後來的人怎麼看則是另外一回事了。在中國，從一開始，格瓦拉似乎就不屬於我們那個時代「英雄」的象徵。長期以來，他的「游擊中心論」一直被認為是「反馬克思主義的軍事冒險行動」的。不過，這是三十年前的定論，今天或許可以重新認識一番。我所讀到的有關格瓦拉的書只有兩本，都是文革間作為批判參考書籍而「內部發行」的。一本是上海人民出版社於 1975 年出版的格瓦拉傳記，是一個名叫丹尼爾・詹姆斯的美國記者寫的，計 34 萬字；另一本是三聯書店於 1971 年出版的格瓦拉在玻利維亞的日記，有卡斯楚親自撰寫的「必要的序言」。這兩本書都是我幾年前從舊書攤上覓得的，當時覺得世界上還有如此狂熱的職業「革命家」，也就買下了，只有幾元錢。書攤小老闆或許覺得這樣的書已上攤多日而無人問津，能賣幾個就是幾個了。但他現在做夢也不會想到（我也沒想到），就是這個「格瓦拉」在五月的京城一夜之間人氣飆升，不僅有人將他搬上了舞

臺，將他與「魯迅精神」相提並論，標榜成「二十世紀的一種精神」，或者乾脆就是「革命」的代名詞，這多少讓人有點匪夷所思。

溽暑的八月之夜，讀「格瓦拉」未免熱上加熱。原因之一，就是現在民間一些人對格瓦拉的認識與政府當時的看法相去甚遠，從思想的自由來看，這是一件好事，但其中某些觀念是否與什麼思潮相暗合，確實難見廬山真面目。不過，我以為這個幾十年前堅持以「革命游擊鬥爭是拉丁美洲各國人民求解放的基本行動方式」（卡斯楚語）而聞名一時的人物，只是共產國際運動中一個堅定而又極端的範例而已，並不具備更為普遍的意義。對中國人來說，格瓦拉不存在所謂「平反昭雪」之類的問題。在地理上，他首先是一個外國人；在目標上，他是為拉丁美洲人民的解放鬥爭而獻身的；在時間上，又是在六十年代，那時中國的文化大革命正如火如荼……若將這些因素相加，我相信格瓦拉在當時的中國不可能「深入人心」，一如那時少年的我，既知道菲德爾·卡斯楚，知道金日成，知道胡志明，也知道恩維爾·霍查，就是不知道格瓦拉這個人。現在既然舊話重提，且不管以什麼樣的形式出現，也許與現實中人的某種境況和心態有關，但「格瓦拉」給當下中國人的實際生活所帶來的一種「不協調」也是顯而易見的。至少像我這樣五十年代中期出生的人，對所謂「暴力革命」就有自己的看法，更何況兩次世界大戰給人類所帶來的巨大災難和慘痛教訓，至今讓人不寒而慄。所以，在今天這樣一個提倡「和平、理性、合作、發展」的世界裏，讓人們再去接受一個隻把「自己看作是這個革命的一名戰士，而毫不關心自己是否能活到革命成功」（卡斯楚語）的過去時人物，未免與人類的理性目標有點背道而馳。

格瓦拉是古巴革命最主要的領導人之一，但他卻是地道的阿根廷人。1956 年，他二十七歲那年，在墨西哥行醫時得遇剛剛釋放出獄不久的卡斯楚兄弟。在一個寒夜裏，他與卡斯楚有過一次長談之後，從此「成了一個未來的遠征戰士」(切自語)。格瓦拉出身貴族，其母的家系可追溯到西班牙大公。他的母親漂亮迷人，年輕時「不斷有布宜諾賽勒斯的貴族公子追求」，她卻瞧不起這些人身上的花花公子習氣和拘謹的個性，她故意破壞一個又一個習俗，加入爭取女權的運動，她屬於首都「第一批剪短髮、自己簽支票、自己開汽車」的太太小姐之列。格瓦拉兩歲時第一次發哮喘，從此落下終生的痛疾。許多時候，父母都以為他會因此而「悶死」，又是咳嗽又是吐沫……整整兩年，想盡了一切辦法都無濟於事。最後為了他，全家人不得不搬到科爾多瓦省的中部山區，那裏的「空氣清新、乾燥」，對治療哮喘有效。由於不能上學，格瓦拉由母親教授文化，除應該教授的之外，貴族出身的母親還教他的「法語和法國文化」，母子之間從此有了一種異乎尋常的親密關係。可以說，格瓦拉「實際上就是母親的傑作」。母親對一切——生活、政治、阿根廷、整個人類都有自己明確的看法，這一些都過早地灌輸給了這個不時受到哮喘而折磨的孩子。因此，「未來的切・格瓦拉痛恨上層階級，痛恨資產階級」決非偶然，父親說他「從小就有領袖氣魄」，大學同班同學也曾這樣描述過他：「留著小平頭，五官端正，一對靈活的黑眼睛在通常病態的面容上顯得神采奕奕。……是個嚴肅的青年，過於少年老成、早熟……」(喬治・杜博伊《我的朋友切》) 而在他參加古巴革命之前，格瓦拉就已閱讀了家中所有馬克思主義的書籍，他十四歲時讀佛洛德，後來喜歡波特賴爾，還有聶魯達。

不可否認，切的貴族血統和特殊教育，與其說使他具備了一定的「領袖」素質，不如說更像一個詩人。若干年後，他即使在玻利維亞作戰，也在不斷地寫詩；同時又繼承了其母身上的叛逆精神，在他未來的諸多「革命冒險」行動中，人們或許可以從中找到一些合情合理的解釋。十九歲那年，格瓦拉進布宜諾賽勒斯大學就讀，他挑選的是醫學院，這也許與他的哮喘病有關。在醫學院期間，為了避免為庇隆政權服役，他故意洗冷水浴，使哮喘病再次發作，巧妙地逃過了那一關。在政治態度上，格瓦拉始終與母親一致。他母親曾面對親庇隆派的遊行隊伍高呼反對口號，被帶進了警察局。庇隆是在 1946 年 2 月 24 日以空前的多數而當選阿根廷立憲總統的，但他卻遭到了國內左派的深惡痛絕。因為庇隆在過去「狠狠地打敗過右派，也狠狠地打敗了左派」。實際上，庇隆政治主張的最大特點就是：走一條既不是資本主義也不是共產主義的「中間道路」，有人因此稱他是「第三世界」這一理想的先驅人物，而戰後許多不發達國家的領導人，包括後來的切・格瓦拉也曾是這一理想的追隨者，可見他當時之所以反對庇隆完全是鑒於母親的態度。格瓦拉身為古巴革命領導人後，對這位被廢黜的前領導人的黨羽給予了很大的支持，這種態度上的轉變，說明他與庇隆主義在本質上並沒有多大的區別。格瓦拉對蘇聯沒有好感，對美國更是憎恨不已，這個態度一直堅持到他於 1967 年 10 月在玻利維亞尤羅山峽被俘並遭處決，恐怕都沒有任何改變。

病疾並沒有讓切・格瓦拉變成一個懦弱無能的人。他在日記中不止一次提及「跟哮喘作戰」，但他在精神上所面對的更大壓力，則是許多人在指責他的激進的「冒險主義」。1965 年 4 月，格瓦拉曾給雙親寫過一封訣別信，自比「唐・吉訶德」，依然「相信武裝鬥爭是各族人民爭取解放的唯一途徑」，並承認自己就是一個冒險家，「只不過是另一種類型的，是一個為宣揚真理而不惜捐軀的冒險家」。在這封信中，他第一次意識到自己可能會死去，「也許結局就是這樣」，而後來的結局也真的是這樣。關於他的死，一時間鬧得沸沸揚揚，美國和阿根廷方面都閃爍其詞，古巴政府則長時間保持沈默。玻利維亞領導人想方設法隱瞞格瓦拉的死亡真相，甚至拒絕了格瓦拉的弟弟要求見到哥哥屍體的請求。不過，一場將格瓦拉「奉若神明」的運動很快在哈瓦那開始了，總導演就是他的戰友卡斯楚。實際上，古巴革命成功後不久，格瓦拉與卡斯楚兄弟之間的矛盾已日趨明朗化。格瓦拉任古巴國家銀行行長和工業部長期間，由於推行了一套不切合實際的金融和經濟政策，在幾乎不到一年的時間裏，差不多所有的企業都實行了國有化，結果導致了嚴重的經濟紊亂、通貨膨脹和物資匱乏，古巴「有史以來第一次出現了沒有雞蛋吃的日子」，格瓦拉在後來也不得不承認自己「工業化計畫」已失敗。1965 年，格瓦拉在古巴政權中的地位出現了動搖，有相當一部分人試圖將他逐出權力中心。尤其是克里姆林宮方面，他們把對格瓦拉的不滿通知了卡斯楚，但卡斯楚在表面上依然把他當成是自己最親密的戰友。同年七月下旬，格瓦拉的工業部長一職已被他人所取代；到了十月，卡斯楚終於在向全國的一次無線電廣播中宣讀了所謂格瓦拉的一封信，在信中格瓦拉出人意料地宣佈「我正式放棄我在黨內的領導職位，我的部長職務，我的少校軍銜，我的古巴國籍」，這意味著卡斯楚已決心將他清除出權力的最高層，這個阿根廷的「倔強的浪子」（切自語）在古巴的所有夢想至此全部破滅。

應當說，格瓦拉與卡斯楚的最後決裂，是導致他在玻利維亞遭到武裝部隊圍攻並處死的一個直接原因，有人甚至懷疑是卡斯楚「故意出賣了他」，儘管卡氏本人不會承認這一點。格瓦拉最後在古巴無法生存下去，加上他始終信奉「輸出革命」的政策，最後選擇了玻利維亞作為武裝鬥爭的又一戰場。然而，格瓦拉在玻利維亞山區進行的一系列游擊戰，非但沒有使那裏變成「第二個越南」，而他企圖使「美帝國主義」 也在那裏無休無止地陷下去的計畫也化為泡影。玻利維亞武裝部隊總司令曾向記者描述過切・格瓦拉臨死前講的一句話：「我是切・格瓦拉，我失敗了」，有人懷疑這句話的真實性，卡斯楚本人卻相信「這就是切的一貫口吻」。格瓦拉就這樣在玻利維亞山區孤軍奮戰了十一個月，因無法堅持更長的時間，終於結束了自己短暫的一生，死時只有三十九歲。可他本人並不想「找尋這樣的結局」，但「這又是勢所難免的」，在給父母的信中格瓦拉這樣寫道，他一切都很清楚。

格瓦拉的失敗固然可以看成是一次軍事上的失敗。若從更深的層面上去認識，還應當看到他的失敗實際上是一種理念的失敗，在意識形態上，格瓦拉在本質上與托洛斯基很相近，都是所謂「不斷革命」的鼓吹者，他的背包裏始終有托洛斯基的著作。格瓦拉是典型的極端理想主義者，而且崇尚暴力，就其個人的魅力來說，他有點像德國古代傳說中的那個「花衣吹笛人」，竟迷住了整整一隊人莫名其妙地向死亡進軍。三十年代，托洛斯基關注中國革命，而到了六十年代，格瓦拉關注的是非洲革命。格瓦拉崇拜毛澤東，可毛澤東生前對他始終無動於衷，所以他的死在中國官方媒體中反應平淡，包括前蘇聯、波蘭、東德、朝鮮、越南在內的社會主義國家也對他不感興趣，他就像是一個大家庭中不懂事而又不守規矩的孩子，從不聽人的勸告，他的「英勇」被人看成是一種盲動，他在「玻利維亞的冒險從頭至尾都是荒唐得無與倫比」，因此有「半個世界對他根本不理不睬」。而在另半個世界，尤其是在法、德、美三國，有相當一部分年輕人，包括新左派和一些改頭換面的老左派（當然也有一些國家的領導人），一夜之間掀起了一場不可理喻的造神運動，他們宣告「世上誕生了一個新的英雄」，他們打出「切活著」的標語，在街頭與員警發生衝突，波恩的青年甚至在玻利維亞大使館裏埋放炸彈……在他們看來，格瓦拉「生得英勇，死得也英勇」，他存心放棄安逸的生活以歷盡人間苦難，而世界上又有多少人能像他這樣「純粹為理想而生、為理想而死呢」？固然，格瓦拉作為一個人，堅守信念，勇於獻身，有著讓人激動不已的一面，同時又有著生性膽大、冷酷無情，讓人難以置信的另一面，卡斯楚等人奪取政權後，在哈瓦那，當人們在街頭彈冠相慶時，格瓦拉卻在到處搜捕反對他們的敵人，「這些人在草草設立的革命法庭上匆匆受審，然後就被押往刑牆」，據反卡斯楚的流亡者估計「有七千八百七十六人由革命法庭命令槍斃，另有九千二百四十五人未經任審訊就被處死」（《國際新聞公報》第六冊，第 754 號，1967 年 12 月 27 日），而格瓦拉在玻利維亞被捕後只承認有一千五百人被處以「刑牆」。當時古巴人口約在六百五十萬，史達林在進行大清洗時蘇聯的人口約在一億七千萬，若以百分比計，格瓦拉所謂「正義就是復仇」的決心並不亞於史達林。

卡繆對所謂的「革命」有自己的看法，他說任何革命「首先是一種政治，一種意識形態。鑒於它的功能，它不能避免恐怖和對現實施行暴力」。革命對現實「施行暴力」，就是對所有的「敵

人」絕不手軟，毫不留情，置那些人於死地而不得有半點寬容。八十多年前，俄國 1917 年大革命時期，大規模地鎮壓異端，最後連國王、沙皇及其家人都要統統處死，這種「革命」的復仇本性可見一端。就一個國家來說，對現實「施暴」所造成的巨大損失固然不可低估（如文革），但同樣，對「法律」的肆意扭曲和踐踏，卻可能是一種更大的、更潛在的危險。古巴憲法是禁止在和平時期施行死刑的，可在卡斯楚看來，他們之所以這樣做，是為了使「正義得到伸張」。而在格瓦拉那裏，完全是出於政治上的一種考慮，因為他親眼目睹了瓜地馬拉革命的失敗，即保衛革命政權不能依靠政府軍，「必須如何考慮消滅那些壓迫我們的軍隊」（格瓦拉《游擊戰》）這就是導致格瓦拉最終走向冷酷「刑牆」的一種邏輯，而他性格中那種「冷靜而出奇的膽大」往往則成了「暴力」的象徵。

一個人在歷史上的作用，總是由那個是時代所決定的。二戰後世界版圖重新劃分，基本上以「兩大陣營」為主，不論生活在哪一陣營裏的人，對自己所處的社會都有不滿。革命總是一個宏大的敍事方式，其間的複雜性幾乎沒有一個放之四海而皆準的定式，但非暴力的改良手段畢竟成了人類理性最終的選擇。格瓦拉的革命生涯還有一個最致命的弱點，就是「總是試圖在別人的國家裏鬧革命」，但對他自己祖國的命運——當時庇隆政權的獨裁專制卻始終不聞不問，這又作何解釋呢？事實上，幾乎沒有一個領袖能在自己國土之外的地方實現偉大的宏願，這一點，格瓦拉的母親比他看得更清楚，她寫信給這個長子說：「是的，你將永遠是異鄉人，這似乎是你命中註定的了。」古巴革命之所以成功，並不取決於格瓦拉，因為在他之上還有一個真正的古巴人，這就是卡斯楚。一個缺少應有民族基礎的領袖簡直就是一事無成，所以格瓦拉命中註定要失敗，而他的最大悲劇，就在於「崇尚暴力革命」的非理性色彩。至於格瓦拉的「個人魅力」，不同的人則可從不同的角度去欣賞，但絕不能成為我們以此「用不滿情緒打造聚光燈」（郝建語）的理由，也不能成為「叫賣紅旗下的蛋」（洪小兵語）的理由。「格瓦拉主義」與今天的世界風馬牛不相及，大凡有點思想的人，不可能因為他的「個人魅力」而喪失自己的判斷力。在今天的中國，我們需要更加理性、公平、民主的政治與經濟方面的改革，需要一個和平的生存環境，需要哈威爾式的堅定而又智慧的人物，但絕不是格瓦拉這樣的人。

不忘自由，才能體驗自由

許多悲哀大都是人為造成的。比如，想讀哈威爾，卻找不到。聽說是有版社要準備出了，李慎之、徐友漁先生也為之作了序，後來也讀到了，可《哈威爾文集》的出版最終還是夭折了。如果說，今天的中國，還不能接受哈威爾的諸多思想和觀點的話，儘管可以解釋成國與國的情況有所不同，但根本上還是由於意識形態的不同所造成的。捷克也曾是社會主義國家，許多體制內遺留下來的問題與今天的中國大同小異，哈威爾正是想通過自己的思想和行為將社會上的種種痼疾切除，並喚醒人性的回歸，真正使他的人民在物質和精神上都能受益。從這個意義上講，哈威爾思想並不代表一種什麼主義，他更是一個思想上的行動者。對他的人民來說，麵包、房子、汽車、還有種種福利，有時確實比「主義」更現實，但哈威爾還是看到了一種比這些都更為重要的東西，這就人的真實性。

人的真實與否，往往體現一個國家的自由度。哈威爾多次提出這樣的問題，為了建立起一種「國家的秩序」，若以「精神的麻木、心靈的寂滅」為代價，人就不可能生活在「真實」之中。所以，任何一種形式上的「穩定」，對捷克人民來說，都是不真實的。他以 1968 年蘇軍坦克侵佔捷克斯洛伐克為例，從表面上看，當時的社會確實有了一種「安定的局面」，可整個社會卻「噤若寒蟬」，

這「死水一潭的局面對整個民族意味著什麼呢」？1975 年，哈威爾給當時的捷克總統胡薩克寫信，指出這種安定之下所掩蓋的危機和全民族為此所付出的精神代價，其原因是出於「人們的恐懼」。在一個國家，人因恐懼而不能真實，人的意義就不復存在，套用一部中國電影的片名來說，這只是「活著」而已。而活著，只要有房子和麵包就可以了，這就是哈威爾所說的「人在本質上都很脆弱，容易受到傷害，都有可失去的東西……」的原因。事實上，人在有了麵包和房子之後，還可能去渴望別的什麼東西，因為當人們發現自己的權利還是在不斷地受到侵犯時，比如思想和言論的自由。與之相比，這是比麵包和房子更為重要的東西。有了這種東西，人們才可能向政府去要求麵包和房子，而不是聽天由命地去等待施捨。

人應當關心自己的命運。這不僅僅是國家的事情，更是自己的事情。人與國家是一種相互依存和互動的關係，人的自由往往受制於國家的利益。可實際上，國家的利益再大也是我們每一個人的自身利益，任何一個極權主義總是強調它代表了「人民」的一切，並以「人民」的名義來推行它的種種綱領。克里瑪在《布拉格精神》一書中曾說：「極權主義制度通過允許改善社會和人民的生活來實現其權力統治。由於破壞了組織社會的途徑，它失去了活力，因而也惡化了大多數人的生活。」捷克在「布拉格之春」後幾年的情況就是這樣，人民生活或許有點改善，但思想上的禁錮卻越發嚴厲，這就是典型的以失去「人的真實」為代價的痛苦經驗。在前蘇聯也是如此。作家羅曼・羅蘭曾作為高爾基的朋友訪問蘇聯，他後來在《莫斯科日記》中這樣描述，當他在前往高爾基郊外別墅的途中，看見一些農民和工人，目光是「陰鬱的」，一個上了年紀的婦女甚至向他揮動著拳頭。而與此形成對照的是，一些黨的官員「正在不顧一切地把自己變成一種特殊的階級」，「他們總是擁有給自己帶來好處，並給親朋帶來方便的無形的影響力……」羅曼・羅蘭在震驚之餘，預言式地發出了自己的警告：「可要小心震動，有朝一日，在一個美麗的日子裏，那震動會突然發生的。」這話不幸而言中。為了生存，人們有時雖然不得不說一些假話，甚至違心地去做一些自己並不願意做的事情，表面上的順從，骨子裏的怨聲載道，這種尖銳的社會矛盾，不啻於「地火」在那裏燃燒一般。若干年後，捷克終於發生了那場舉世矚目的「天鵝絨革命」。這真是一個美好的日子，在這場革命中，半年前還在牢獄之中的哈威爾當選為捷克總統。

在哈威爾看來，個人的權力應高於國家的權力。他說：「民族國家的榮譽，作為每個民族歷史的頂峰，作為世俗的最高價值——事實上唯一允許為之殺戮或為之捐軀的價值——已經過時了」。這個觀點，對許多人來說是無法想像的。許是當順民太久了，從來就以為人與國家的關係是國家高於一切，而沒有任何懷疑。哈威爾曾在加拿大國會演說中對此作出解釋：「有一個價值高於國家，這價值就是人。……國家是為人民服務的，而不是相反。如果一個人為其國家服務，此服務只能達到這樣一種程度，即有必要使國家更好地為它的所有公民服務。」為民服務是國家多年來一直提倡的義務和責任，但它的前提是，每一個公民必須首先認同國家的理念，服從政黨的需要，大凡與此相悖的人是不在其服務之內的。這就等於說，「個人主義」在目前的社會中還無法生根，更不要說什麼法律化了。因此，又牽扯出一個民主政治的問題，

而民主政治往往又是決定市場經濟能否成功的關鍵因素。看來問題的焦點就在這裏，很值得當下的中國人認真思索。

一個人若不能獲得真正的自由，即思想和行動上的自由，他要麼隨波逐流，應聲附合，這是最保險的一種辦法；要麼自我壓抑，沈默不語，任其調遣，這也是最保險的一種辦法。前者是不需要思索的那種人，跟著生活去生活就好了；而後者，已經意識到了個人自由的重要性，但他無法與強大的國家機器相對抗，只好放棄自己的自由理念。所以說一個人的命運是取決於自己還是國家，的確是一種選擇。但問題是：一個根本就已經忘記了自由是什麼回事的人，又怎能體驗到自由的可貴呢？在一個歷史時期，要求每一個人都能從更高的思想層面去思考自己的命運，這顯然是不現實的。因為長期以來，由於人們在認識上的局限性以及強大的意識形態教育，使更多的人還無法一下子擺脫極權國家理念的影響，而這種理念在歷史上也曾經感召過許多人。仍以捷克為例：1948 年和 1989 年兩次決定國家命運的群眾運動都是在廣場上進行的，前者民眾遊行是「要求結束民主」，後者則是「要求結束極權主義」，但克里瑪在《布拉格精神》一書中這樣寫道：「我回憶得出我的國家 40 年代前極權主義制度建立時的群情激昂，我也記得德國向希特勒上臺致敬的野蠻的興奮。這個世紀前 50 年表明，極權主義制度吸引了整個社會，全體民族……」可見人們對社會的種種理想也是經過若干曲折、反覆或選擇的，極權主義制度的建立與每一個人的選擇有關，這恐怕就是「人在路上」的一種局限性。所以，目前對哈威爾思想的接受還只停留在少數人的覺醒之上，這就需要更艱巨的啟蒙運作來逐漸完成，於是時間又成了我們一種新的期待。

在當時的情況下，捷克大多數人的生活，其「真實性」就是在現存的國家秩序中「安分守己」地去生活，或者是通過其他途徑去改變一下個人的生存狀態，這可能是最具共性的一種。然而，這僅僅是事情的一個方面，對大多數人來說，「安分守己」已然是生活的最後一個底線，他們幾乎不能超越這樣的生活，他們害怕失去一切，包括工作、汽車、房子、妻子和孩子，也許還有情人。而這一切，恰恰是以放棄思想自由和人格獨立為前提的，這種精神與物質在現實中的斷然割裂，構成了大多數人生存的「真實性」。這種「人的命運」，就像哈威爾分析中的那個「蔬菜店經理」一樣，大部分時間生活在自己編造的謊言之中，他的「良知」的支點是建立在「我沈默，我才生活」這樣的邏輯上，他寧可放棄生活的真實，而得到自己想得到的一切，這恰恰就是國家秩序所能認同的，也是穩定的一種實質，對國家來說，這同樣也不真實。

哈威爾的深刻之處，就在於他一眼看穿了人的這種不真實的生活狀態。與其說這是人的一種懦弱，還不如說是秩序的無比強大。所以，作為有思想的戲劇家，哈威爾一再強調個人與國家價值這樣的問題，儘管他的思想與我們當下的生活還有一段距離，可作為一個問題的存在，對我們來說，依然有著一種思考的可能性。關於人的命運，在更多的時候，實際上要比什麼「主義」都來得重要，人的命運中的每一個問題都太具體，而主義中的每一個觀點又太抽象。所以，秦暉先生認為「自由優先於『主義』」，如果不是那樣的話，我們「就不配稱之為『公民』」(《方法》1999年第一期)。應當講，人的命運最直接的問題就是「自由」，如果沒有自由，人就不可能真實的生活。法國大革命時最激動人心的一個口號就是：自由、平等、博愛，而「自由」是列在第一位的，

「因為人類生存的天性是自由的」（任劍濤語），這體現著人的尊嚴和價值，任何一種漠視人的自由的行為，實際上就是漠視人類本身。哈威爾作為一個國家元首，他不能接受。不僅如此，他還提出了「國家職權下放或上交」這樣尖銳的問題，不能不讓人驚歎這位戲劇家的思想遠見，他說「無論如何都很明顯，出於各種原因，發展趨勢必定是如此」。哈威爾的思想與人的現實處境環環相扣，因而使他的人民獲益多多。儘管他的論著目前還只能在第四媒體上讀到的，但他的思想終有一天會被大多數人所接受，並被視為人類思想的結晶。因為人類最終是熱愛自由的，這大概就是希望所在吧。

林昭之死與我們這代人

我們這些五十年代中期出生的人，親歷許多事情，唯獨缺少建國後十年間人生風雲際會的那一段經歷。這一時期，正好是我們一生中最懵懂、不知人間煙火的成長歲月。再以後，我們漸大，才又見到了許多，也明白了許多。一轉眼，人至中年，輕狂的年代早已被拋到身後，生命和情感，如一棵樹深深根植於這個人世間。偶有回首，往事歷歷，不免慨然於心，其中最大的幸運恐怕就是還活著，還能趕上在國際互聯網上湊湊熱鬧，冷眼打量這個擋不住的世界。

終於這一天，在網上讀到一篇用血和淚寫成的文字，這就是張元勳先生追憶北大中文系新聞專業1954級女學生林昭慘烈之死的長文。雖是在網上讀到，卻是報刊上正式發表的，據說反響強烈，震撼了很多人，一如震撼著我，在無言的淚落之後，是不盡的憤怒。由此，不得不想到，一種社會制度之於人性來說，不論它優劣與否，只要人性遭到了無辜摧殘、踐踏或泯滅，對於所有活著的人來說，都是一種最大的不幸。如果真是這樣，與其苟且偷生而活著，還不如勇敢地站起來抗爭，這是人到了迫不得已時才會萌生的一種念頭。然而，生活有時恰恰需要我們這樣。

1957年5月22日，一個悶熱的夜晚。對於北大才女林昭來說，卻是將自己推向斷頭臺的開始。她萬萬沒有想到，凡是熟識她的

人更沒有想到，否則，誰也不會輕易在北大十六齋東門外的馬路上介入一場早已受到嚴密監視的「論戰」。林昭當時是為了同學張元勳的一首小詩遭到群體的攻訐而忿然站出來的，面對討伐的人群，林昭一口夾雜著吳儂軟語的普通話，頓時使喧鬧、亢奮的會場安靜了下來。在她看來，張元勳既不是黨員，連團員也不是，就因為寫了一首詩，值得如此大動干戈，繼而群起攻之？林昭的質問，擲地有聲，劃破了那個夜晚的沉悶，但她的發言卻立即被一個陌生人的吼叫打斷：「你是誰？」黑暗中，看不清這個陌生人的嘴臉，他擺出的竟是一個審訊者口吻。林昭憤怒了：「我是林昭，你記下來，雙木三十六之『林』，刀在口上之日的『昭』……你是誰？還有你們是誰？怎麼不敢自報家門？」黑暗中的陌生人當然不會自報家門，在這一剎那間，僅僅是由於內心世界感到有一種「組織性與良心的矛盾」，這位被北大名教授游國恩先生看中的女才子從此踏上了命運的不歸之路。

這一年，正是反右「擴大化」人人自危的一年。我們這代人尚處於在生命的搖籃之中，儘管有母愛的庇護，而我們也無法知道窗外那一場突如其來的腥風血雨，但這並不意味這就是歷史對我們這一代人的特殊恩惠。因為我們的父母，隨時都有可能在一場「大鳴大放」的陽謀中失去自由，淪為階下囚。事實上也正是這樣，「在有人群的地方就有左中右」，我們的父母因時勢使然，也在悄然地變為多種人：一種是因言獲罪，無奈中不得不放棄對我們幼小生命的撫育；一種是逃過劫難，不再出聲，小心翼翼地和我們呆在一起躲閃風雨；另一種是因立場堅定，劃清界限，而主動放棄對我們的責任。這就是古人說的三種命運：「乘勢者成，順勢者存，逆勢者亡」，著名詩人公劉先生的妻子即是後者。她的女兒劉粹生於 1958 年，從出生的第一天起，就未吮吸過母親的乳汁。她的母親是一個堅定的左派人物，拒絕給一個右派的後代餵奶，於是公劉先生不得不「一口氣訂了三磅鮮奶」以維持這個幼小生命的成長。這樣的往事，說起來未免有點殘酷，可作為同代人，我的朋友劉粹的這一成長經歷，恰恰證明了在那個恐懼的年代裏，能僥倖活下來就是一件不易的事情了。在這場反右鬥爭中，全國有 55 萬之多的人蒙受不白之冤，波及的家庭不計其數。其中「半數以上的人失去了公職，相當多數送勞動教養或監督勞動，有些人流離失所，家破人亡。」這是當時的統戰部長李維漢在回憶錄中披露的。悲劇就這樣發生在我們恍惚的童年，如今倏忽已是中年的我們，是若無其事的「秋山又幾重」，一味「朝前看」呢，還是為了未來，「往日崎嶇還記否」，鼓足勇氣，去直面慘澹的人生？

人的成長總是囿於社會的大環境。

我們這代人，實際上是一個斷層。較之六十年代後出生的人，雖也趕上了「撥亂反正」，但卻多了點世故，少了點銳氣，在心理上的發育極不健全；較之四十年代末五十年代初出生的「老三屆」，遠沒有他們的那一份深沉和成熟，顯得有點孱弱和蒼白。六、七歲時，三年所謂的「自然災害」使我們的童年初嘗貧窮的滋味，儘管那時我們什麼也不懂，但缺衣少食的細節卻記憶猶新。現在來看，有一個問題始終存在：一個當時經營了十多年的政府，為什麼竟無法與天災相抗衡而死了那麼多的人？可後來才知道，這並非是真正的天災，而是地道人禍啊！而文革的到來，不由分說地打斷了我們的學業，我們成了一群盲從的小學生，在「停課鬧革命」的一片喧囂聲中，漸漸地變成了最不自信的一代。我曾在街頭為造反派賣過報紙，在蘆席棚的廣播站裏聲嘶力竭地宣讀過

傳單，甚至因年紀太小無法與「老三屆」的叔父串連全國而懊惱不已……那個時代，明確無誤地告訴我們一個「真理」——讀書無用。整整十年，從童年步入少年，我們這代人就像失血的患者，以致于高考恢復時，很少有幾人敢於躍躍一試，而「老三屆」中帶著孩子上大學的竟不乏其人。這是我們的悲哀所在，更是中國的悲哀所在。就在這時，一個並不為我們所知的北大才女，在獄中與極左路線抗爭了十一年之後，於 1968 年 4 月 29 日被秘密槍決，家屬還要上交五分錢的子彈費。林昭死時三十六歲，那一年我十三歲。她的死，正好應了她出事那夜脫口而出的「雙木三十六之林，刀在口上之日的昭」之讖語，這種巧合，莫非真有命運從中作祟，讓人辛酸得無言以對。

我們這代人，就這樣成長於一種惡劣的環境中。幾十年的世事滄桑，讓我們的眼睛掠過無數驚詫和迷惘。任何一個人，雖不能超越自己所處的那個時代，卻完全可以獨立於那個時代。一代人有一代人的思索，同是五十年代中期出生的詩人、我的朋友梁小斌曾說「我們是吃狼奶長大的一代」，說起來，這真是一代人的不幸。林昭之死，不僅僅在於她長於我們二十多歲，生不逢時，而是因其有獨立的思想、未泯的良知、無畏的勇氣，才最終罹「口舌之禍」，走向斷頭臺的，甚至都未能來得及哪怕是一次短暫的愛的經歷。從表面上看，林昭之死純屬一個冤案，但實際上，卻是一個專制社會的必然結果。它給後人所帶來的啟示，遠遠超過了冤案本身，至少也是我們得以打開這段歷史的一把鑰匙。林昭在獄中遭到非人的虐待，幾乎每天都要受到一群潑婦的毆打，其原因就在於這些人對林昭的摧殘越是殘忍，越是能爭取「積極表現，立功最大」，可見人性就是這樣被扭曲的！當張元勳先生決定以所謂「未婚夫」名義冒著危險去探望林昭時，林昭當著他的面指著一旁的獄警說：「他們想強姦我，我只好把衣服與褲子縫在一起，大小便則撕開，完了再縫……」人性泯滅到了這種程度，令人髮指！然而，天可變，道不能變，林昭一天也沒屈服過，她的頭頂蓋有一塊白巾，血書一個大字「冤」，直至生命的最後一刻。

歷史是一面鏡子。林昭之死，給我們無知的童年補上了嚴肅的一課。我們這代人，也包括所有的人，若不能對建國後這十年的政治運動有一個準確地瞭解，那麼對後來中國所發生的更大的歷史悲劇，就不可能在本質上有一個清醒的認識。人生的命運，總是和社會的命運結合在一起的。一代人的成長受制於時代的四季風雨，其間的電閃雷鳴，包括抹不去的嚴寒的記憶，有時會使我們的靈魂忐忑不安。但無論如何，我們再也不能像劇作家曹禺先生晚年所說的那樣：「明白了，人卻殘廢了」……保持沈默，在某些時候，確是大多數人的生存方式，因已看透了一切，還能說些什麼？但思想和良知，有時卻如地火一般在默默燃燒，時刻折磨著我們的身心，讓一代人的血液重新澎湃起來。林昭冤案雖在八十年代得以平反昭雪，但摧殘林昭之死的那種力量，以及滋生這種力量的土壤似乎至盡未絕，而人性的復蘇更是「路漫漫其修遠兮」，這是歷史留下的一筆慘痛的遺產，讓我們痛定思痛。可現在，一切好像已經開始，又遠遠沒有開始，這就是林昭之死於今天的重大意義。

在歷史的投影中打撈智慧

（代後記）

馮克力（山東畫報出版社《老照片》主編，以下簡稱甲）：這兩年，我一直在關注廣西師範大學出版社的一套連續出版物，一種叫做《溫故》的叢書。

范泓（以下簡稱乙）：與你一樣，我對《溫故》同樣給予關注，不僅因為我是它最早的作者之一，先後發表過〈兩個浙江人〉、〈《獨立評論》中的陶希聖〉、〈久違了，朱養民先生〉等文。在當時，《溫故》的書名吸引了我，是感到有一種從容而厚重的人文關懷在裏面，尤其是對編者在《溫故》（之一）「卷首語」裏提出的一個觀點留有深刻印象，大意是說：人類以往的活動就像是一種投影，不捨晝夜的時間之流將過去的一切都融入了歷史的投影，而人類則始終生活在這投影裏面……歷史就是這樣可咀嚼的，雖然五味雜陳，但設若站在不同的時間或角度，所得出的感受往往是不同的，而「知新」就在其中了。

甲：是啊，《溫故》所要做的，好像就是要從這「投影」裏面打撈智慧。

乙：「打撈」這個詞，聽起來饒有意味。不過，要從歷史中「打撈」，並非一件簡單的事情。這是因為，歷史的智慧

不僅來自人類以往成功的經驗，更來自於過去的失敗與挫折。通常情況下，從成功的經驗裏面汲取智慧並不難，難的是超脫情感的制約，從失敗與痛苦中獲取智慧。比如關雲長，他只希望別人談論自己「過五關斬六將」，而不願意別人老是提起他「走麥城」的事。

甲：這也是人之常情，作為個體來說，還是可以原諒的弱點。只是當我們站在社會的角度回望過去的時候，完全有理由比關雲長之類站得更高一些，胸襟更豁然、寬大一些。

乙：《溫故》的編者好像也有著這樣的運思，我曾經注意到，在《溫故》（之二）的「編輯絮語」裏，他們表達了一種很大膽的設想，原話我忘了，好像是說，就像讀書不應有禁區一樣，「溫故」也不應有什麼禁區。對於歷史上發生過的重大或並不重大的事件來說，今天的人有責任以寬容、平實的心情加以解讀，從這個角度看，「溫故無禁區」意味新的史觀，這正是與時俱進的。

甲：正因為如此，我理解《溫故》的編者們提出這一設想，並非是要提倡大家專門去闖什麼想像中的「禁區」。他們的本意無非是想通過這樣一種提倡，為「溫故」創造寬鬆的氣氛，使大家保持自由開放的心境，從而葆有一種更加從容而理性的態度。

乙：我同意這個看法，我們在「溫故」時一定要持有開放平和的心態，若一味地劍拔弩張，或「單向度」地要和誰去較什麼勁兒，「溫故」便會失去它本來的意義。說到底，「溫故」是為了「知新」，即一切歷史都是當代史，而這又要注意兩點：一，尋求歷史的真相，這就是「存信」。

只有真實，才能鑒往知來。大凡被遮蔽或篡改的史實不可能起到積極的作用；二，歷史上具體的人與事，不僅每役的功罪是非，我們不能不去談，而且還要從當時的背景加以分析，其中的複雜性或許正是需要我們加以思考的。比如，像陶希聖這樣的學者，在離開北大之後投身現實政治，實與當時的「國難」以及個人的黨派立場有關。儘管後來他在吊詭的政治氛圍中走失了自我，但其個人的「覺醒」或可讓我們深感在「知識與權力」之間的兩難。在那個紛亂年代，許多人都有這種體會，如王世杰、羅家倫、朱家驊等人，甚至包括胡適、傅斯年這樣的明白人，似乎都顯得有點力不從心。

甲：說到「溫故」的出發點，我很讚賞美國一位叫小亞瑟・施萊辛格的作家說過的一句話。

乙：就是寫《美國的分裂》的那個人吧。他是一位歷史學家，曾當過廿迺迪總統的助理。

甲：對。他的原話我記不清了，大意是：研究歷史不是為了提高某個群體的自尊，而是為了瞭解世界和明鑒過去。從所謂階級的、政治集團的切身利益的糾葛中跳出來，以「瞭解世界和明鑒過去」為目的去審視歷史，對於我們來說真是太重要了。大家知道，從孔子刪春秋起，我們的古人一向就把歷史當作政治工具、當作某種表達的手段來看待，什麼「借古諷今」，什麼「影射史學」，都是從這裏面衍生出來的。今之「溫故」者，不應再落入「影射」的窠臼。

乙：古人把歷史當作政治工具，主要還是因為官修歷史的結果。記得參加過李大釗、王光祈發起組織的少年中國會的李璜說過，官修歷史與民間修史應當齊頭並進。他說：如果像從前斷代史，專用前代實錄或皇帝起居錄注，奉命來寫官史，那種辦法就不大能客觀的搜集與批判。李璜舉例二十四史，說每一朝完了，下一朝接上去，總要命史臣纂修前朝的所謂一代興亡。在開國的興起時候，總是天生奇才或天縱聰明，太祖高皇帝都是了不得的人，而亡國之君，固然該罵，也並不是一無可取……所以我們說「滅人之國，必先去其史」是古人官修歷史的一個誤區，而「影射史學」的出現，恐怕又與古代的當政者封殺議論時政有直接關係，既然你不讓品評當下，我便只好拿歷史說事了。由此帶來的負面效應，就是自古以來的統治者對歷史敍述往往抱有的某種警惕——儘管你說的可能是幾百年、上千年前的事。扯得有點遠了，我們還是回到《溫故》本身。剛才你說到《溫故》的編者倡導「溫故無禁區」，實在是為了讓今之「溫故」者葆有更加從容而理性的態度……

甲：是的，只要翻翻已經出版了七輯的《溫故》，便不難看出，「從容而理性」正是其貫徹始終的原則。所謂「從容」，便是作者們暢遊在歷史的長河中，不為成規所束縛，從重大事件到瑣屑末節，從領袖名人到尋常百姓，無所不涉，無所不「溫」。所謂「理性」，便是《溫故》所秉持的以史料、以親身經歷說事的平實態度。當然，我不是說所有的文章都有這樣的水平，出語偏激、持論武斷的也有，但總體的風格還是一致的。

乙：重溫歷史，強調理性，這是一種負責任的態度。《溫故》（之七）上有南京邵建教授的〈重勘三・一八〉一文，可算是對重大事件的一次「重溫」吧。關於「三・一八」慘案，我最早還是從魯迅的雜文裏讀到的，段祺瑞是製造這一血案的十惡不赦的劊子手，在我們各種教科書裏都是這麼說的。邵建教授根據新發現的史料，尤其是前蘇聯解密的檔案，就整個脈絡進行了梳理和釐清，給出了許多新的詮釋，發人深思。

甲：當然，作者並無意為段祺瑞開脫什麼，在他主政的政府門前十幾個學生倒在了血泊裏，這沒有什麼好開脫的。作者只是根據自己的研究，釐清了從請願到血案的來龍去脈，補充了以往歷史敍述的缺陷，比如馮玉祥的國民軍，比如蘇聯人，還有國共合作的北京黨組織，各種政治力量在從中扮演了各自不同的角色……總之，最終導致執政府衛隊開槍，是矛盾一步步激化的結果，有種種複雜的原因，至少不像教科書上說的那麼簡單。

乙：假如魯迅當年也看到了與此有關的蘇聯解密檔案，瞭解幕後的情事種種，他的文章還會那樣寫嗎？所以，以理性、求實的態度方可起到溫故而知新之效，千萬別再重蹈「史官記注，取稟監修，一國三公，適從何在」的舊轍，否則就是顧亭林所說的「國無信史，士之恥也」。因此，就事直言，言必有據，同時捨棄出主入奴的成見，摒除成王敗寇的觀念，才有信史可言！

甲：我們無法替魯迅作什麼假設。不過，通過對「三・一八」的重勘，至少表明，隨著新的史料的不斷發現，歷史是應該不斷被重述的，哪怕是對一些已有定論的「事件」或「人物」。所謂「溫故無禁區」，大概也是這個意思吧。

乙：類似這樣的重述，還有《溫故》（之四）袁小倫先生的〈利劍緣何難出鞘〉一文，作者通過對公開出版的毛澤東文稿的悉心解讀，講述了建國初期主政華南的葉劍英在諸如「鎮反」、「土改」、「三反」等運動的政策把握上，與毛澤東、陶鑄等人的分歧。這種重述是以前沒有過的。

甲：所謂「分歧」，好像並沒有什麼實質性的不同吧。主要表現在進度的快慢上、整肅面的大小上等等。

乙：但這已經很不一樣了。這「快慢」、「大小」之間的差異可不得了，關乎多少人和多少家庭的命運呀！葉劍英主張進度慢一點、整肅面小一點，恰好證明了共產黨的領袖們在嚴峻複雜的政治鬥爭面前，也不乏頭腦冷靜者，這應當為歷史留下一筆。

甲：而陶鑄的雷厲風行、果斷幹練，也給人留下了深刻的印象，廣西的剿匪遲遲沒有奏捷，陶鑄一去，快刀斬亂麻，三下五除二就解決了，難怪毛澤東那麼倚重他，一再委以重任。只是，因為這一段共事的經歷，葉劍英、陶鑄、張鼎丞幾位領導人之間好像產生了一些隔閡。

乙：其實這也沒有什麼不正常的，工作中的磕磕絆絆，難免要影響到個人之間的感情，一點不影響卻不正常了。如果有人以此說事，詬病共產黨的領導人，反而淺薄無聊。黨史專家何方在《溫故》（之七）上有一篇口述，講述跟隨張聞天在外交部工作的日子，其中談到了在外交政策上在工作方法上張聞天與毛澤東、周恩來、陳毅的一些分歧，你想啊，面對當時那麼複雜的國際環境，大家的意見、政策取向怎麼可能事事都一致呢？有時僅僅因為性格的不同，對一些事情也會有截然不同的態度。比如陳毅，元帥詩人，豪爽而不拘小節，在會見某國一跛腳外長時，見他拄著雙拐走來，竟與他開起了玩笑，說：現在都裁軍了，你老兄怎麼還帶武器來？弄得來客老大不高興。這樣的玩笑，只有陳毅能開，當時雖然惹起了外交上的一點小麻煩，不過幾十年以後，回過頭來想一想，陳毅這個人的性格還是挺可愛的。作者還說到陳毅身為外交部長，在部裏很少過問具體事務，其實這也正符合他的個性，假如事無巨細什麼都管，那就不是陳毅了。再比如張聞天性格上不怎麼喜歡與人交往，也不喜排場，而周總理卻熱情好客，在外交接待上比較注重禮節，講究點排場，因為張聞天主持起草的有關規定過於節儉，周總理還發了脾氣……

甲：作者還說到周總理因在南寧會議上無端受了批判，並在一次宴會上「借酒消愁」，以至喝得酩酊大醉，看了真讓人想落淚呀！

乙：領袖也都是人，他們有喜怒哀樂，有七情六欲，甚至也有各自的弱點。《溫故》有些「破例」地呈現領袖們的原生態，不僅絲毫無損於他們的形象，反而讓人覺得與他們更親近了。何方先生做過張聞天的秘書，親歷若干重

大歷史事件，他對歷史的敍述似更能引起史家和讀者的關注。

甲：就是啊，像何先生這樣的當事人，就是歷史的見證者之一。而《溫故》關注更多的，好像還有芸芸眾生的遭遇。《溫故》（之一）裏面講了一個「爬卡子」的故事。國共內戰期間長春被解放軍包圍，為了讓老百姓待在城裏一起消耗國民黨軍隊的糧食，除非餓得支撐不住了，圍城的解放軍一般也不讓他們出城。雖然回憶的是很個人的、很特例的遭遇，折射的卻是大時代的苦難。毛主席曾經為淮海戰役題詞，曰：「人民的勝利」，換個角度想一想，所有那些因內戰而流離失所的人，都為那場戰爭付出了自己的代價，值得憐憫，也值得尊敬。

乙：這些私人化的歷史敍述，可能從更深的層面上、以富於情感的方式表現了我們這個民族的真實性格。無論如何，宏大的歷史敍述有時是需要微小的細節來加以證實或支撐的，為了達到求信和求真，就必須注意廣徵史料，越周詳越好，而私人化的歷史敍述在這方面往往可起到多元的、多角度的印證；《溫故》重視私人化敍述，反映了《溫故》這本讀物溫潤、感心的一面。我注意到，在《溫故》的「徵稿啟事」裏列舉了《溫故》三方面的內容，其中「對人類以往生存狀態的追懷」，是排在第一位的。

甲：另外，與此相關的，《溫故》還闢有一「風物」專欄，關注的是那些已逝的或行將逝去的生活場景與狀態，在《溫故》（之一）裏發過沈繼光的一組照片和文章，作者這些年裏一直留意於生活中已逐漸消失的那些物件，並用照相機記錄了下來，像小推車、襪子板、撥浪鼓、門轅、搖籃等等，從先人手澤中傾聽歷史的回聲，讀之溫馨而悵然。

乙：是的。《溫故》似乎很看重這些閃光的碎片，好像也是一直在用沈繼光的這些照片做封二的照片和封面的題圖。從表面上看，這大概是有意與時尚保持距離的一種姿態，實際上，我以為還是對歷史餘溫的一種親切感知。這種感知在傳遞著一個民族的智慧與文明，恰恰為今人所不容忽視的。

甲：從歷史的投影裏打撈智慧，不能光從「經國大事」裏面去尋找，好像什麼人說過，每個人的經歷都是一部「聖經」，都值得我們細細去品味，而那些祖先曾經使用過、而今已悄然隱去的一什一物，也都在默默地向我們昭示著什麼。

乙：關鍵是要有心去「打撈」，去領悟，一人一事也好，一什一物也罷，曾經的喜怒哀樂，曾經的滄海桑田，這一切的一切，歸結到一點，都與每一個人的生命與生存有關。歷史是過去的，也是今天的，更是將來的；在歷史的投影中，我們或許可以更清楚地看到現在的模樣。所謂「論從史出」，即不以一時的毀譽成敗論人，也不以一時的短視近利論事，這不僅需要勇氣，更需要智慧和眼光。「鑒往知來」，就是要給予具有共同歷史的群體一種認同的歸屬感，歷史的作用及影響力，往往這樣既深且遠。

國家圖書館出版品預行編目

在歷史的投影中 / 范泓著. --一版. --
臺北市：秀威資訊科技, 2008 .10
面； 公分（史地傳記類；PC0055）

BOD 版
ISBN 978-986-221-087-1(平裝)

1. 知識份子 2.傳記 3. 中國

782.248 97018027

史地傳記類 PC0055

在歷史的投影中

作　　者 / 范　泓
主　　編 / 蔡登山
發 行 人 / 宋政坤
執行編輯 / 賴敬暉
圖文排版 / 郭雅雯
封面設計 / 蔣緒慧
數位轉譯 / 徐真玉　沈裕閔
圖書銷售 / 林怡君
法律顧問 / 毛國樑　律師
出版印製 / 秀威資訊科技股份有限公司
台北市內湖區瑞光路 583 巷 25 號 1 樓
電話：02-2657-9211　　傳真：02-2657-9106
E-mail：service@showwe.com.tw
經 銷 商 / 紅螞蟻圖書有限公司
台北市內湖區舊宗路二段 121 巷 28、32 號 4 樓
電話：02-2795-3656　　傳真：02-2795-4100
http://www.e-redant.com

2008 年 10 月 BOD 一版
定價：420 元

讀　　者　　回　　函　　卡

感謝您購買本書，為提升服務品質，煩請填寫以下問卷，收到您的寶貴意見後，我們會仔細收藏記錄並回贈紀念品，謝謝！

1.您購買的書名：______________________________

2.您從何得知本書的消息？

□網路書店　□部落格　□資料庫搜尋　□書訊　□電子報　□書店

□平面媒體　□ 朋友推薦　□網站推薦　□其他__________

3.您對本書的評價：(請填代號　1.非常滿意 2.滿意 3.尚可 4.再改進)

封面設計____　版面編排____　內容____　文/譯筆____　價格____

4.讀完書後您覺得：

□很有收獲　□有收獲　□收獲不多　□沒收獲

5.您會推薦本書給朋友嗎？

□會　□不會，為什麼？______________________________

6.其他寶貴的意見：______________________________

____

____

____

讀者基本資料

姓名：____________________　年齡：______　性別：□女　□男

聯絡電話：________________　E-mail：____________________

地址：____

學歷：□高中(含)以下　□高中　□專科學校　□大學

□研究所(含)以上　□其他________________

職業：□製造業　□金融業　□資訊業　□軍警　□傳播業　□自由業

□服務業　□公務員　□教職　□學生　□其他__________

請 貼
郵 票

To：114

台北市內湖區瑞光路 583 巷 25 號 1 樓

秀威資訊科技股份有限公司　　　收

寄件人姓名：

寄件人地址：□□□

(請沿線對摺寄回,謝謝!)

秀威與 BOD

BOD（Books On Demand）是數位出版的大趨勢，秀威資訊率先運用 POD 數位印刷設備來生產書籍，並提供作者全程數位出版服務，致使書籍產銷零庫存，知識傳承不絕版，目前已開闢以下書系：

一、BOD 學術著作—專業論述的閱讀延伸
二、BOD 個人著作—分享生命的心路歷程
三、BOD 旅遊著作—個人深度旅遊文學創作
四、BOD 大陸學者—大陸專業學者學術出版
五、POD 獨家經銷—數位產製的代發行書籍